# CUIDE DA SUA CRIANÇA INTERIOR

Bryana Kappadakunnel

# CUIDE DA SUA CRIANÇA INTERIOR

*Como ser a mãe ou o pai que você gostaria de ter*

Tradução
LÍGIA AZEVEDO

O selo Fontanar foi licenciado para a Editora Schwarcz S.A.

*Grafia atualizada segundo o Acordo Ortográfico da Língua Portuguesa de 1990, que entrou em vigor no Brasil em 2009.*

TÍTULO ORIGINAL Parent Yourself First

CAPA Fernanda Mello

PREPARAÇÃO Ana Clara Werneck

ÍNDICE REMISSIVO Gabriella Russano

REVISÃO Renata Lopes Del Nero e Ingrid Romão

Dados Internacionais de Catalogação na Publicação (CIP)
(Câmara Brasileira do Livro, SP, Brasil)

Kappadakunnel, Bryana
Cuide da sua criança interior : Como ser a mãe ou o pai que você gostaria de ter / Bryana Kappadakunnel ; tradução Lígia Azevedo. — 1ª ed. — São Paulo : Fontanar, 2025.

Título original : Parent Yourself First.
ISBN 978-65-84954-70-0

1. Autoajuda 2. Autoconhecimento (Psicologia) 3. Desenvolvimento pessoal 4. Família – Aspectos psicológicos 5. Pais e filhos – Aspectos psicológicos 6. Pais e filhos – Relacionamentos 7. Vida familiar I. Título.

25-255276 CDD-649.1

Índice para catálogo sistemático:
1. Pais e filhos : Vida familiar 649.1

Aline Graziele Benitez – Bibliotecária – CRB-1/3129


EDITORA SCHWARCZ S.A.
Rua Bandeira Paulista, 702, cj. 32
04532-002 — São Paulo — SP
Telefone: (11) 3707-3500
facebook.com/Fontanar.br
instagram.com/editorafontanar

*Para meus filhos, cuja risada é meu som preferido,*
*e para meu marido, que viu em mim*
*o que eu mesma não via*

# Sumário

# Introdução

Eu sei por que escrevi este livro (e já vou falar sobre isso). Mas por que você pegou este livro?

Talvez porque a parentalidade é uma tarefa difícil, porque a demanda constante te leva à exaustão, porque o comportamento dos seus filhos te tira do sério, ou porque você tem medo de se tornar sua mãe ou seu pai (muito embora tenha se prometido que isso não aconteceria). Estou aqui para te dizer: é *normal* ter dificuldades na criação dos filhos. Essa é uma das coisas mais difíceis que você vai fazer na vida. E ela é especialmente desafiadora quando você tenta se curar de feridas do passado para estar presente para a sua criança de maneira mais plena.

Cada família é diferente. Seus pais podem ter sido rigorosos, ou permissivos, ou ausentes, ou abusivos, ou quem sabe estivessem sobrecarregados. É possível que estivessem envolvidos com as próprias questões. Talvez não tenham sido presentes da maneira como você precisava. Qualquer que tenha sido a situação, o resultado provavelmente foi o mesmo: você não tem o melhor modelo a seguir em se tratando de parentalidade.

Mas prometo: você não precisa *ter tido* bons pais para *ser* uma boa mãe ou um bom pai.

* * *

Michelle chega ao meu consultório parecendo perfeitamente controlada por fora, ainda que esteja um caos por dentro. Ela tem trinta anos e duas crianças, de quatro e três anos. Veio me ver porque identificou um problema: não sabe se comunicar com os filhos de uma forma saudável ou que os incentive, muito menos quando fica irritada com o comportamento dos dois.

"Simplesmente não fazem o que eu digo", ela explica, com tristeza e frustração evidentes na voz. Michelle me conta que explode com eles quase todo dia e chora até dormir na maior parte das noites. A julgar por seus olhos inchados, está exausta. Ela sabe que deve haver um jeito melhor, algo que vá além de fazer o oposto do que seus pais fizeram quando ela era pequena (na maioria das vezes, nada: o desinteresse dos dois a deixava louca). Michelle está determinada a ser presente e a demonstrar envolvimento na vida dos filhos. No entanto, não consegue se controlar e se sente levada além dos limites pelos dois.

Michelle quer que eu conserte seus filhos. Teme que haja algo de errado com eles. Ou pior: que haja algo de errado com *ela*. Está convencida de que todas as outras pessoas estão dando conta. Então por que ela não está?

Sou especializada em terapia de casal e de família, com foco em crianças, famílias e saúde mental na primeira infância. Em meu trabalho, vejo muitas mães como Michelle: cansadas, sobrecarregadas, no limite. Elas acreditam piamente que estão falhando e que nada do que fazem é suficiente para a família. Em sua tentativa de fazer com que tudo pareça fácil, acabam destruídas pela perfeição ilusória.

Michelle não é uma mãe "ruim". É uma mãe amorosa enfrentando dificuldades. Quando nos vemos em meio a experiências complicadas e desafiadoras, queremos botar a culpa em outra pessoa, em outra coisa. Isso é especialmente verdade quando nossos pais não assumiam a responsabilidade pelas coisas e tornavam seus problemas nossos problemas. Michelle precisa aprender que não cabe a seus filhos não acionarem os gatilhos dela. Cabe *a ela* reconhecer seus gatilhos e garantir que eles não sejam um problema dos filhos. Michelle os ama e morre de medo de que tenham uma infância traumática, como foi a sua. Como muitas de minhas clientes, ela acredita que é um fracasso retumbante.

Essa é uma história que se repete com frequência no meu atendimento clínico. Michelle não teve pais presentes ou em sintonia com ela, portanto essas habilidades não lhe vêm naturalmente. Por sorte, para ela e para todas as pessoas que se identificam com ela, essas habilidades podem ser aprendidas. Não importa onde você está na jornada da parentalidade: sejam seus filhos bebês ou adolescentes, você pode fazer mudanças para se transformar na mãe ou no pai de que sempre precisou para si própria/o, e ao mesmo tempo se tornar a mãe ou o pai que seus filhos precisam que você seja.

Talvez você crie seus filhos com medo. E se eu causar um sofrimento irreversível às crianças? E se eu for como os meus pais? E se meus filhos acabarem se ressentindo? E se me deixarem, como todo mundo faz? E se não gostarem de mim? A estratégia para chegar à criação sem medo é começar por você.

Isso mesmo: criar seus filhos começa com *você*, e não com eles.

A maior parte dos livros de parentalidade vai tentar te convencer de que tem algo de errado com o comportamento dos seu filhos, e então apresentar diretrizes para lidar com as crianças que fazem birra, respondem, testam limites, são agressivas ou apresentam outros comportamentos comuns. Muitos desses livros sugerem que os pais precisam "consertar" os filhos, prometendo mudanças de conduta consistentes. Na prática, essas abordagens ensinam os responsáveis a exercer controle sobre as crianças em seus anos de formação... e depois eles ficam surpresos quando seus adolescentes se revoltam, em uma disputa por esse controle. Os pais então muitas vezes reagem com mais rigor, punindo o comportamento indesejado. Cria-se um círculo vicioso, que transmite a disfunção à geração seguinte.

Você tem o poder de interromper isso. Quando concentra seus esforços em fortalecer o relacionamento em família, além de mudanças de comportamento você verá também mais confiança, segurança emocional, conexão e alegria entre você e seus filhos — que é o mais importante. Isso se traduz em mais cooperação e colaboração, dois pontos essenciais para uma casa (relativamente) em paz.

Para entrar na cabeça dos seus filhos e compreendê-los melhor, é preciso mergulhar fundo na própria história e descobrir por que você age como age e como se tornou quem é. Neste livro, você examinará a narrativa central da sua vida: o que aconteceu na sua infância que ainda não foi resolvido? Você compreenderá padrões decorrentes da sua criação que continuam a impactar no presente, com seus próprios filhos. Vai descobrir as influências sociais e culturais das quais sua psique é refém, e que ditam como você pensa, sente e age, com base em fatores fora do seu controle.

Por fim, você aprenderá a se libertar de crenças e padrões de comportamento que não lhe servem mais. Vai descobrir como adentrar o desconhecido com confiança e como superar influências passadas que geram caos no cotidiano da criação dos filhos. Com essa experiência, você se tornará a mãe ou o pai que sempre deveria ter sido: sensata/o, presente, intencional e confiante. Mais ainda: você vai se tornar a mãe ou o pai que nunca teve, oferecendo a seus filhos a oportunidade de crescer sem ter que carregar sua bagagem emocional por você.

Sou terapeuta há mais de trinta anos, e sei que este material é intimidador não apenas por conta da minha profissão, mas por ter eu mesma sobrevivido a um trauma de infância.

Levei um tempo para admitir — ou mesmo perceber — o trauma, e olha que trabalho com isso! A primeira vez que tive uma pista foi quando saí da casa dos meus pais e comecei a comparar minhas experiências de infância com as dos outros. Lembro de estar na fila da pizzaria com Juliette, uma amiga da faculdade que conhecia havia pouco tempo. Tinha acabado de me mudar de uma cidadezinha perto de Pittsburgh, Pensilvânia, para estudar na Escola de Artes Tisch, da Universidade de Nova York. Eu tinha dezoito anos e era muito ambiciosa: queria ser atriz da Broadway.

Juliette pediu uma salada e me perguntou: "O que você vai comer?".

"Ah, eu não almoço", falei.

Ela me olhou como se aquilo fosse um absurdo. "Como assim você não almoça?"

Intrigada com sua reação, respondi: "Minha mãe diz que almoçar é ruim, porque engorda, então a gente deve fazer só uma refeição por dia".

Juliette revirou os olhos. "Sua mãe é louca."

Como assim, minha mãe era louca? Não era o que todas as mães diziam aos filhos? Se algo tão normalizado na minha infância era tão claramente disfuncional para minha amiga, o que estava acontecendo? Meus olhos começaram a se abrir naquele mesmo dia, e minha jornada de cura teve início.

Agora tenho dois filhos, e confesso que eles revelam feridas que eu nem sabia que precisava curar. Todo. Santo. Dia. No âmbito profissional, ajudei pessoas com uma ampla gama de históricos profissionais e socioeconômicos a se tornarem pais mais conscientes e aptos, examinando a sabedoria e as "verdades" que herdaram sobre si mesmos de sua família. Vale a pena manter parte dessa herança e transmiti-la à próxima geração. No entanto, grande parte dela simplesmente não funciona mais, e é preciso encontrar uma nova maneira de criar os filhos, mais alinhada com seus valores, princípios e crenças pessoais. Faremos isso juntas/os agora.

Ao longo deste livro, recorrerei às minhas experiências pessoais e profissionais para orientar você. Compartilharei experiências reais de clientes (ocultando informações que possam identificá-los em nome da confidencialidade) que já estiveram na sua posição, na esperança de que a história deles te inspire a curar feridas do passado e fazer as mudanças necessárias na sua vida familiar. Haverá exercícios e estímulos à autorreflexão, para que você vasculhe seu passado e construa um plano de ação intencional para se curar e crescer. Sugiro que você faça um diário durante esta leitura e anote suas respostas e quaisquer reflexões que surjam ao longo do caminho. Este livro vai oferecer orientações, ferramentas e incentivos para você se abrir e aprender sobre si mesma/o. Mas não para por aí.

Também fornecerei informações e ferramentas que abrirão o caminho para um futuro que permita que você se conecte com seus filhos, comunique-se melhor, discipline-os com amor e respeito e ofereça a eles as habilidades necessárias para encarar o mundo, sem sobrecarregá-los com a bagagem emocional da sua própria infância. Do meu lugar de mãe, sei que é difícil mudar a forma como você cria seus filhos, mas também sei o quão gratificante é se tornar a mãe ou o pai que você quer ser. O círculo vicioso da disfunção familiar pode ser forte, mas é possível rompê-lo. Você é capaz de alterar a trajetória da vida dos seus filhos através da maneira como escolhe se colocar no relacionamento com eles. Esse é o seu verdadeiro poder como mãe ou pai.

Tudo começa com *você*.

# PARTE I

# CUIDANDO DA CRIANÇA DENTRO DE VOCÊ

# 1. Reconheça sua criança interior

## *Como o passado molda seu presente*

Jessica acreditava que Dani, sua filha de cinco anos, era uma criança "raivosa e grosseira", que não conseguia fazer amigos e simplesmente não ouvia. Dani fazia o que queria *quando* queria, e não parecia se importar com as consequências.

"Nem tenho certeza se gosto da companhia dela", Jessica falou. "É algo horrível demais de se dizer?"

Jessica queria se sentir mais próxima de Dani. Ela amava a filha. Só que às vezes tinha dificuldade de *gostar* dela. Jessica não queria ser essa mãe, mas não sabia como romper o círculo vicioso.

Pouco tempo depois de iniciarmos nosso trabalho juntas, Jessica revelou que, quando pequena, não se sentia próxima dos pais. "Era como se eu atrapalhasse os dois. Às vezes eu me perguntava por que tinham desejado que eu nascesse", admitiu. Jessica resumia sua infância em uma palavra: solitária. Ela achava que ter filhos seria a resposta para sua solidão, porém agora tinha uma menina e se sentia mais sozinha do que nunca.

Não era surpresa que Jessica tivesse dificuldade de se aproximar de Dani. Ela continuava carregando parte da bagagem emocional da própria infância, principalmente o abandono que vivenciou por parte dos pais. Aquilo estava distorcendo a maneira como Jessica via sua filha. Quanto mais Dani personificava a raiva que ela aprendera ao longo de anos a reprimir e negar, mais a mãe rejeitava a filha. Jessica se via presa em um ciclo de solidão e vergonha que desejava desesperadamente romper. No entanto, não sabia como.

"Pensar nisso é muito doloroso", Jessica admitiu para mim. "Passei a infância me sentindo indesejada. Nunca quis que minha filha sentisse o mesmo. Mas é o que estou fazendo com Dani. E tenho medo de que o dano já esteja feito." Jessica se perdia nos próprios medos de inadequação, semeados muitos anos antes de Dani nascer.

Para que as coisas realmente mudassem, Jessica precisava estar disposta a explorar a criança encurralada que tinha dentro de si, que sentia medo demais para causar transtorno. Ela precisava maternar a *si mesma* primeiro, para então poder ser uma mãe melhor para Dani.

## OUVINDO SUA CRIANÇA INTERIOR

Como você se apresenta como mãe ou pai é influenciado por suas experiências de infância, tanto as dolorosas quanto as positivas. Parece algo simples, mas muitos de nós ignoram o efeito que nossa infância tem sobre o estilo que adotamos de maternar/paternar. Eu entendo. Pode ser desafiador ao extremo olhar para trás e recordar tudo pelo que passamos quando crianças. Às vezes esse processo se revela bastante difícil. Então seja gentil. Você está aqui para romper o círculo vicioso da vergonha e para aprender a criar seus filhos com intenção e conexão. É um esforço nobre. Independente de quão acidentada seja a estrada, quero que você se lembre de que foi feita/o para isso.

Nas próximas páginas, vou falar bastante sobre sua "criança interior". E o que quero dizer com isso? A criança interior é uma representação psicológica dos maiores medos e ansiedades, e das necessidades de infância não atendidas. Sua criança interior vem ouvindo e aprendendo desde antes de você adquirir consciência do seu entorno, e acumulou muitas informações (até algumas das quais você talvez nem saiba) sobre quem é e do que precisa. As experiências passadas sustentam nossa criança interior, mesmo depois de adultos. Alguns têm uma criança barulhenta, carente, cheia de exigências, que assume o controle quando uma oportunidade se apresenta. Outros aprenderam a silenciá-la só para que ela exploda depois, com consequências potencialmente autodestrutivas. Nossa criança interior se manifesta mais em momentos de conflito e discussões. No entanto, ouvindo-a, revelamos verdades sobre nosso passado — e entendemos como nos relacionamos com os filhos hoje.

Ao longo deste livro, aprenderemos mais sobre como ouvir e curar nossa criança interior para ser uma mãe ou um pai melhor para os nossos filhos. Pode ser um trabalho bastante desafiador. Então se lembre de ser gentil com a vozinha infantil que há dentro de você. Nossa criança interior deseja (e merece) se sentir aceita como é, e não devemos rejeitá-la, tanto quanto não rejeitaríamos nossos filhos.

Para se sentir segura, nossa criança interior precisa de gentileza, benevolência e compaixão. Todos merecemos isso, não importa a idade. No entanto, muitos internalizaram uma voz dura e crítica ao falar consigo mesmos, o que só desmerece ainda mais a criança interior. Você já se perguntou por que se sente um fracasso? Culpada/o? Indigna/o de amor? Insuficiente? Incompreendida/o? Esses medos estão todos relacionados à sua criança interior e às feridas que acaba abrindo quando não a trata com compaixão. Quando não são investigadas e cuidadas, essas feridas se tornam a narrativa central da sua criança interior, a história inconsciente que influencia a maneira como você se vê e vê todos à sua volta.

Crianças não nascem frustradas nem desalentadas. Em sua forma pura, a criança interior é curiosa, observadora, presente, aberta a riscos, persistente e alegre, aceita a si mesma, confia nos outros e não tem medo do fracasso. No entanto, as crianças são uma tela na qual os pais pintam suas esperanças e seus sonhos não realizados. Como resultado, muitas delas sofrem com o peso dessas expectativas. O espírito livre da criança interior se perde e é substituído por habilidades de sobrevivência como competição, comparação, perfeccionismo, julgamento, necessidade de agradar aos outros, síndrome do impostor e por aí vai.

A criança interior não é racional, e sim emocional. Um gatilho costuma indicar uma necessidade da sua criança interior que não está sendo atendida de maneira adequada. Se você acha que está só e não tem certeza se suas necessidades estão sendo satisfeitas, talvez sinta raiva, ansiedade, nervosismo. Você pode fugir, esconder-se ou se recolher. Talvez fique sem saber o que dizer, entre em pânico ou empaque. Talvez finja que está tudo bem mas definhe por dentro, mesmo que esteja sorrindo. Quando esses padrões vêm à tona, saiba que é a sua criança interior se pronunciando, que suas feridas estão pedindo para ser curadas.

Quando crescemos, muitos dos padrões formados na infância se tornam automáticos. Ao reservar um momento para analisar os pensamentos, sentimentos e necessidades da sua criança interior, você possibilita uma conexão mais profunda com seus filhos. Abrindo espaço intencionalmente para sua criança interior, você começará a amadurecer como pessoa adulta — e como mãe ou pai.

Praticamente ninguém deixa a infância sem feridas. Russ, um cliente que nunca tinha feito terapia, foi rápido em me informar que sua esposa o havia "obrigado" a me ver. Eles tinham quatro filhos, e quando um deles se comportava mal Russ explodia e ela chorava. Repetidamente. Tratava-se de um círculo exaustivo e infrutífero. No entanto, ninguém sabia como rompê-lo. Quando perguntei a Russ como poderia ajudá-lo, ele baixou os olhos.

"Não estou acostumado a pedir ajuda, então nem sei por onde começar." Russ era bombeiro e socorrista, portanto sua dificuldade de pedir ajuda fazia sentido. Como uma pessoa ferida que ajudava os outros a se curarem, eu sabia que muitos indivíduos com um passado difícil eram atraídos por profissões que envolviam ajudar os outros. E me perguntei se esse não seria o caso de Russ.

Ele me contou que sua mãe se sentia sempre sobrecarregada com a criação dos filhos, e como resultado não se mostrava emocionalmente disponível de maneira consistente. Ela gritava bastante, e com frequência o lembrava de que ele não atendia às suas expectativas. O pai o ameaçava com punições e consequências caso não obedecesse, e muitas vezes batia no filho quando desafiado. Russ sentia que não tinha voz sob aquele controle autoritário. E os padrões permaneceram na vida adulta. Os pais moravam por perto, e, muito embora Russ tivesse se tornado marido e pai, continuava sentindo a pressão de atender às exigências de tempo e atenção cada vez mais urgentes dos pais, como se ainda fosse uma criança. Ele sempre fazia o que os dois pediam, e se via cada vez mais impaciente com a própria família.

"Meus filhos me chamam de Papai Assustador", Russ admitiu, com lágrimas nos olhos. "Meu maior medo era ser opressor como meus pais, e parece que consegui." Ele repetia inconscientemente os padrões a que fora condicionado: gritava quando frustrado, ameaçava quando não conseguia o que queria. Mas pelo menos um padrão havia rompido: jurara nunca bater em seus filhos, e de fato nunca batera.

Como seu trabalho exigia que ele passasse dias seguidos fora, quando *estava* em casa Russ queria que seu tempo com a família fosse livre de caos. O que era pedir demais quando se tinha quatro crianças. Ele enxugou as lágrimas e me perguntou o segredo para fazer com que seus filhos o ouvissem.

Como muitos pais, Russ acreditava na ilusão de que fazer com que as crianças "obedeçam" é criá-las bem. *Se me ouvirem*, pensamos, *saberei que não sou um zero à esquerda na criação dos filhos.* Por extensão, quando eles *não* se comportam, é porque não somos bons pais. Assim, quando os quatro pequenos de Russ escapavam ao controle, como sempre acontece nessa faixa etária, a criança interior dele lhe dizia que não apenas era um pai ruim, mas uma pessoa ruim.

A questão é que o papel dos nossos filhos não é confirmar que somos bons, e sim se mostrar como são. E o seu papel, como pessoa adulta, é encontrá-los onde quer que estejam. Para isso, é preciso desaprender os padrões que levam você a duvidar de si e aprender a se aceitar. E se seus pais não te ensinaram a fazer isso, vai precisar encontrar o caminho por conta própria.

Como começar? Primeiro, é preciso se voltar para dentro e refletir sobre o que sua criança interior está pedindo. Mesmo na vida adulta você tem uma criança interior, que deseja se sentir vista, ouvida, compreendida e segura. A criança interior de Russ havia sido criada com a ideia de que para "merecer" amor era preciso atender aos desejos dos pais, independente de quais fossem. Décadas depois, ele continuava fazendo aquilo. Funcionara, de certa maneira.

Quando Russ fazia o que quer que seus pais exigentes pedissem (mesmo que fosse inconveniente para ele ou para sua família), a paz era mantida. Porém a que custo? Que lição ele estava reforçando, no caso dos pais, e transmitindo, no caso dos filhos, quanto ao que era preciso para sentir "segurança" naquela família?

Russ chegou insistindo que o modo como seus filhos o desafiavam impedia uma conexão emocionalmente segura entre eles. Quanto mais se agarrava a essa crença, mais acreditava que seus filhos eram o problema — um padrão na família. É o que seus pais devem ter feito — e continuavam a fazer — no caso dele. Assim como Russ internalizou que sempre que exercia seu livre-arbítrio *ele* estava falhando, seus filhos provavelmente estavam internalizando a ideia de que, sempre que quisessem algo diferente do desejo do pai, eles seriam o problema.

Para superar a necessidade inconsciente de transformar as necessidades da sua criança interior nos problemas de seus filhos, Russ precisava perceber que sua criança interior desejava se sentir ouvida e respeitada, e ao mesmo tempo compreender que seus filhos não tinham como solucionar esse desejo. Russ precisava fazer o trabalho necessário por sua criança interior, que necessitava de paciência e compaixão, além de carinho, previsibilidade e limites claros. No caso dele, isso poderia significar estabelecer limites com os pais, em vez de esperar que eles mudassem de comportamento — e manter a compostura quando seus filhos começavam a resistir a *ele*, o que é perfeitamente normal no processo de crescimento. Russ tinha 42 anos e não poderia ser eternamente a criança da dinâmica familiar (mesmo que os pais continuassem a vê-lo desse jeito!). Ele certamente não poderia esperar que seus filhos desempenhassem o papel de pais, pedindo que gerenciassem as emoções dele e fossem responsáveis por elas. Nunca cabe à criança ser mãe ou pai de seus pais. Russ precisava curar suas feridas para então estabelecer uma nova dinâmica relacional com os pais e se tornar o pai que desejava ser para seus filhos.

## QUANDO SUA CRIANÇA INTERIOR ESTÁ FERIDA

Um mito é vendido aos pais contemporâneos. Dizem que, se aproveitarmos cada oportunidade de estimular o cérebro de nossos filhos — com aulas de dança, línguas, esportes —, eles serão melhores. E, se forem melhores, terão uma vida melhor.

Garanto que, não importa quais forem suas aspirações e tentativas, você terá uma criança que deixa as melecas na parede antes de dormir. Uma criança que fala "cara de cocô" durante o jantar achando que é a coisa mais engraçada do mundo. Uma criança que vai lidar com rejeição, dor e decepção, e provavelmente vai fazer escolhas arriscadas.

Nosso desejo de controlar a vida dos filhos vem do medo. Temos receio de que, ao abrirmos mão do controle, estejamos abrindo mão de nós mesmos. Não resistimos a projetar nossos sonhos e esperanças nos filhos. Não é errado querer compartilhar nosso amor por música; mas isso não é o mesmo que esperar que os filhos amem música. Não é errado querer que tenham uma carreira de sucesso; mas isso não é o mesmo que limitar suas oportunidades profissionais a direito ou medicina porque acreditamos que é o melhor para eles.

Às vezes os sonhos e as habilidades de uma criança podem entrar em conflito com as fantasias que os pais alimentam. A criança interior começa a ser ferida quando os filhos ouvem coisas como:

- Meninas não devem agir assim.
- Não seja mole, garotos precisam ser durões.
- Não fique aí à toa. Levante e vá fazer alguma coisa!
- Você precisa se controlar. Chega de drama!
- Ninguém vai gostar de você se continuar agindo assim.

*Não posso ser quem sinto o impulso de ser porque isso magoa os outros*, a criança interior aprende. *Preciso ser quem os outros precisam que eu seja. Assim vou sobreviver.*

Sua criança interior pode ter se ferido de maneira mais grave. Talvez você tenha passado por uma infância agressiva, dura, dramática ou prejudicial de outra maneira. Talvez você tenha sido vítima de castigos físicos, violência, caos, abuso, negligência, vício ou problemas sérios de saúde mental na família. Sua criança interior pode ser mais vulnerável a estresse, pode ser mais reativa ou até dissociativa — estado psicológico em que você se fecha ou congela, como se fosse mentalmente transportada/o para outro momento e outro lugar.

Sua criança interior precisa se sentir vista, compreendida e segura. Na infância, dependemos dos pais para nos fornecer um ambiente que permita que essas necessidades vitais sejam atendidas de maneira consistente, de modo que possamos desenvolver noções saudáveis de autoestima e confiança. Nosso sistema de crenças central aceita que, embora o mundo pareça imperfeito, contamos com pessoas seguras, confiáveis e previsíveis a quem recorrer nos momentos de necessidade. Como resultado, desenvolvemos uma criança interior tranquila, o que permite que a maturidade emocional, a empatia e a comunicação direta nos guiem em momentos de conflito, dificuldade ou angústia.

Quando essas necessidades emocionais básicas são repetidamente ignoradas, reprimidas, silenciadas, punidas, deixadas de lado, diminuídas ou rejeitadas, a criança interior adquire um sistema de crenças ferido, que fica enraizado em sua noção central de si e se torna o guia de seus relacionamentos futuros.

### EXERCÍCIO: SUA CRIANÇA INTERIOR ESTÁ FERIDA?

Reserve um momento para refletir sobre as seguintes afirmações:

- Não sou o bastante.
- Sou ruim.
- Sou um fracasso.
- Não sou digna/o de amor.
- Ninguém me quer.

Alguma delas lhe é familiar? Em caso positivo, você provavelmente desenvolveu um sistema de crenças ferido em resposta ao ambiente emocionalmente reprimido de sua juventude. Foi assim que aprendeu a sobreviver, e agora, como mãe ou pai, está reproduzindo os padrões de sobrevivência com seus filhos, muito embora não lhe sirvam mais. Não precisa ser assim!

A filha de Russ o chamou de Papai Assustador quando ele explodiu depois de pedir pela décima vez que ela arrumasse seus brinquedos, o que tocou a ferida central da criança interior dele ("Você é uma pessoa ruim e merece punição"). Russ culpou a filha instantaneamente por sua explosão, uma projeção da vergonha que sua criança interior havia aprendido a reprimir. Ele não precisava de mais julgamento ou rejeição, porém recorreu a isso quando o medo do fracasso o inundou. Russ aprendera a sobreviver quando criança julgando a si mesmo com severidade e, no processo, moldando-se e se aperfeiçoando. Sua criança interior soou o alarme, e ele precisou defender sua honra para não sumir.

De repente, Russ teve um momento de clareza. Ele se deu conta de que era duro com os filhos porque sempre fora duro *consigo mesmo*. Sua criança interior precisava da garantia de que erros não são fatais, rupturas podem ser reparadas e que seus filhos não iam condená-lo por ser um "pai ruim". Ele punia a si mesmo com padrões impossíveis, que não permitiam que sua humanidade aflorasse.

Como muitas pessoas com quem trabalho, Russ aprendeu que sua necessidade de uma casa perfeita e livre de caos não era apenas impossível de atender, mas também absurda. Nossos filhos precisam que sejamos imperfeitos para aprenderem a existir em um mundo imperfeito. Precisam que sejamos gentis para aprenderem a ser ternos em um mundo duro. Precisam que demonstremos nuances para pensarem mais criticamente em um mundo extremista. Precisam que nos curemos para serem a cura para o mundo.

Antes de ter filhos, talvez o sistema de crenças da sua criança interior não se mostrasse com tanta força, ou de maneira tão disruptiva. Tenho certeza de que você notou que ser mãe ou pai obrigou você a se olhar no espelho e se ver sob uma nova luz, pois essa mudança torna impossível ignorar as feridas da sua criança interior. Seus filhos podem personificar o que você se recusa a ver em si própria/o.

Não se trata de um trabalho fácil. Você pode se pegar repassando todos os seus deslizes e tudo o que deveria ter feito e não fez quando se deita na cama à noite. Também pode sentir tanta culpa e vergonha dos erros que cometeu — como mãe ou pai, ou mesmo em geral — que nem consegue ver uma saída. Porém isso tudo são informações. São sinais de que há algo com que você precisa lidar. Demonstre curiosidade e se mantenha aberta/o à descoberta do que pode ser. As feridas emocionais causam mais dor quando não são abordadas nem resolvidas. Quando você lança luz sobre sua dor hoje e vê que é apenas uma sombra de suas experiências do passado, algo incrível talvez aconteça: você se torna capaz de fazer escolhas diferentes. Pode decidir criar seus filhos de maneira diferente de como seus pais te criaram.

### EXERCÍCIO: DO QUE A SUA CRIANÇA INTERIOR PRECISA?

Para compreender do que você mais precisava quando criança (e do que sua criança interior precisa agora), reflita e responda às perguntas a seguir no seu diário:

- O que seus pais viam em você? O que eles diziam se alinha com como você se vê?
- De que maneiras você se sentia ouvida/o na infância? E de que maneiras sentia que isso não acontecia?
- De que maneiras você sentia que seus pais compreendiam você? E em que momentos não compreendiam?
- De que maneiras você sentia segurança? Quando não sentia, o que fazia com que sentisse proteção e apoio?

Quando você se perceber em um momento difícil com seus filhos, faça as seguintes perguntas:

- Que ferida central da sua criança interior está sendo ativada?
- Do que sua criança interior precisa neste momento?
- O que essas necessidades envolvem? Por que agora?
- Do que você precisa para se sentir em segurança aqui e agora?

Refletir sobre essas perguntas ajudará você a integrar a sabedoria do seu adulto interior, mesmo que seus pais não tenham te apoiado como você precisava. É assim que você passa da criança interior irascível, que se sentia provocada, ansiosa e assustada (aquela que muitas vezes fala a partir do medo e da inadequação) para o adulto interior estável, sensato e regulado que fala a partir de sua curiosidade e integridade.

## ENCONTRANDO O SEU EU AUTÊNTICO

À medida que você desconstrói sua criança interior e começa a aumentar a compreensão do que aconteceu, pode se ver diante de todo um espectro de emoções. Alguns dos meus clientes se sentem confusos, outros, aliviados, outros ainda têm a impressão de que sua vida está ruindo. Se o processo de olhar para dentro está sendo um pouco perturbador, saiba que é normal. Não significa que você tenha um defeito tão grave que não possa se recuperar. Os sentimentos difíceis e dolorosos talvez revelem o quanto você tem buscado se manter no controle. É preciso um esforço enorme para conter o medo, a vergonha e as feridas de que estamos acostumados a fugir. Você não está se perdendo. Essa é a sensação de curar sua criança interior. Você finalmente pode aceitar as suas partes tristes, solitárias, magoadas, rejeitadas e humilhadas que aprendeu a esconder com um sorriso. Não é à toa que falamos em "dores de crescimento".

Você não está só nesse processo. Confie que, quanto mais abrir seu coração, mais fácil será aceitar e apoiar sua verdadeira essência — e a de seus filhos. No entanto, iniciar esse trabalho faz as pessoas se darem conta de algo incômodo: elas vêm escondendo quem realmente são (o que chamo de "eu autêntico") há tempo demais. Quando a desconexão entre o eu mascarado e o eu autêntico se torna evidente, alguns indivíduos enfrentam uma crise de confiança.

Sheena, mãe de dois, tinha uma ferida profunda e nunca permitia que ninguém visse o que havia por trás da máscara. Ainda muito nova ela aprendeu, através da convivência com pais dependentes químicos, que para sobreviver não podia sobrecarregar ninguém com seus desejos e necessidades. Sheena tinha medo de vulnerabilidade e intimidade; quando contava sobre seu divórcio litigioso e as questões emocionais desafiadoras que enfrentava com um dos filhos, era sempre em um tom monótono e desprovido de emoção. Havia uma desconexão óbvia entre sua narrativa e a realidade. Ela escondia tudo atrás de uma máscara, acreditando que assim seria melhor para as outras pessoas em sua vida. Embora a máscara tivesse permitido que sobrevivesse a uma criação traumática, agora causava estragos em sua vida familiar.

O filho de nove anos de Sheena, Zayne, tinha uma aversão intensa e inexplicável a vômito. Ele entrava em pânico só de pensar em passar mal, e muitas vezes dizia: "Não quero vomitar! Tenho medo!". O garoto não ficava aterrorizado apenas com sua própria turbulência corporal: tampouco suportava o som de outra pessoa vomitando. De início, Sheena procurou tratamento para a ansiedade de Zayne, porém logo descobrimos que ele espelhava a turbulência interior dela. Como Sheena tinha medo de revelar as emoções complicadas que escondia havia décadas, Zayne era inconscientemente sugestionado a também reprimir as coisas. Para que o medo de vomitar de Zayne desaparecesse, Sheena precisava estar disposta a tirar sua máscara e permitir que o que sentia de "feio e inaceitável" em si mesma enfim se revelasse.

Assim como Sheena, muitos de nós ficamos tão acostumados a mascarar as emoções que quase nem percebemos o que estamos fazendo. No entanto, essa atitude não prejudica apenas a nós: também impacta nossos filhos.

## EU MASCARADO × EU AUTÊNTICO

O eu autêntico é a expressão ilimitada da complexidade da experiência humana: alegria, amor, empatia, compaixão, egoísmo, raiva, revolta, descontentamento etc. No entanto, não é porque esses sentimentos são normais que seja necessariamente *fácil* mostrar o seu eu autêntico. Aspectos do eu autêntico são muitas vezes indesejados e rejeitados pela sociedade. No caso das mulheres, sentimentos autênticos de raiva ou uma tendência a contar verdades desconfortáveis podem ser mal recebidos. No caso dos homens, manifestações autênticas de gentileza ou carinho podem não ser apoiadas ou acolhidas — afinal, você não é homem? Quando a pessoa esconde esses aspectos da sua personalidade, apresenta ao mundo o seu eu mascarado. Ao fazer as pazes com o seu eu autêntico, no entanto, você descobre a liberdade de existir alinhada/o com quem sente que é, em vez de com quem a sociedade, a cultura ou sua família doutrinaram você a ser.

Se você já ficou vendo crianças pequenas brincarem, sabe que elas apresentam seu eu autêntico. Não buscam validação, aprovação nem garantias dos pares, ou pelo menos não a princípio. Mas elas *aprendem* a procurar essas coisas, porque condicionamos sua psique a precisar delas. Se não apresentamos nosso eu autêntico como pais, projetamos nossa necessidade de validação, aprovação e garantias em nossos filhos.

O mundo conspira para reprimir a natureza autêntica da alma. Seus pais provavelmente achavam que era melhor controlarem você para que se encaixasse. Resultado: você toca a vida com seu eu mascarado, que esconde seu eu autêntico. O eu mascarado representa a visão limitada que a sociedade, a cultura e sua família consideram aceitável sobre quem você deveria ser. Você adota máscaras para sobreviver a quaisquer que sejam os ambientes restritivos em que esteja; elas são uma proteção, uma armadura. Com frequência, adotamos máscaras em resposta a nossos pais, que de uma maneira ou de outra dizem: *Conheço você melhor do que você se conhece.*

O eu mascarado aprende:

- Devo agradar.
- Devo atender às necessidades dos outros.
- Devo negar a mim mesma/o porque é conveniente para os outros.
- Minhas necessidades não são tão importantes quanto as dos outros.
- Não posso estar errada/o.

- Não posso parecer um fracasso.
- Não posso ser uma decepção.
- Preciso deixar os outros orgulhosos.
- Sou aquilo que realizo.
- Se não consigo, não sou digna/o.
- Preciso da aprovação dos outros.

É preciso um tremendo esforço para ser alguém que não somos. O preço emocional é altíssimo. E quem paga por ele muitas vezes não somos apenas nós, mas também nossos filhos.

Elsa, personagem do filme *Frozen*, é um excelente exemplo de alguém que teve que reprimir seu eu autêntico. Quando era ainda muito nova, disseram-lhe que seus poderes mágicos eram perigosos. Para manter a si mesma e aos outros em segurança, seus pais lhe ensinaram a mascarar seu eu autêntico. Quanto mais longe Elsa ia com seu eu mascarado, mais sozinha, isolada e deprimida se sentia.

Quando não conseguiu mais sustentar aquela versão falsa de si e se deu conta de que, em seu esforço para agradar aos outros, estava negando a si mesma paz interior, felicidade verdadeira e conexão profunda, ela assombrou sua comunidade e causou grandes danos. O eu mascarado não era a versão "mais desejável" ou segura de Elsa. Como não teve permissão para mostrar seu eu autêntico, não aprendeu a lidar com um mundo que esperava que ela fosse algo que não era. Na música "Let It Go" (que todos os pais sabem cantar), ela explica que teve que escapar do mundo atrás do qual se escondia para encontrar seu eu autêntico.

Embora Elsa seja uma personagem de ficção, sua história é comum — fora a parte dos poderes mágicos. Talvez você se identifique com a tentativa de ser alguém que não é só para manter a paz, ou para agradar aos outros. Como Elsa, você nunca será o bastante se continuar tentando ser o que os outros precisam que seja. Você precisa se libertar. Aposto que você adoraria deixar algumas máscaras caírem também. Como Elsa, você está aprendendo a dar as costas para tudo o que lhe disseram que era verdade a seu respeito. Você está adentrando algo inteiramente novo, sendo fiel a quem é.

## SOMBRAS E ESTRELAS

Adriana, uma cliente sofrendo de depressão pós-parto, quando criança passou pelo divórcio litigioso dos pais. Os dois não foram capazes de criá-la de maneira amigável, e como resultado Adriana assumiu o fardo emocional da responsabilidade e da maturidade em nome da família inteira. Como filha mais velha, recaía sobre ela a expectativa de cuidar das necessidades emocionais da mãe e dos irmãos. Embora Adriana recebesse aplausos por sua inteligência e sua postura "adulta", ela se sentiu morta por dentro a maior parte da infância. Não chega a surpreender que, quando diante das responsabilidades extremas da maternidade, muitos anos depois, ela tenha finalmente cedido sob a pressão. Máscaras não eram mais uma alternativa. Adriana não conseguiria fugir de suas emoções racionalmente. O bebê recém-nascido a forçou a confrontar o que vinha escondendo aquele tempo todo: seu verdadeiro eu.

Você provavelmente passou por experiências que te forçaram a usar uma máscara. Essas situações são suas sombras:

experiências de vida e pessoas que fazem você sentir que não está em segurança, que não te veem e não te compreendem, ou que provocam alguma ferida em você. Sombras são lembranças, sentimentos e experiências que você preferiria manter escondidos. A maioria dos meus clientes quer reprimir suas sombras; não quer pensar nelas, muito menos falar a respeito. No entanto, elas não podem ser evitadas. As sombras nos seguem e estão sempre à espreita. A melhor maneira de lidar com elas é encará-las, com coragem e determinação.

Todos temos sombras. Muitas vezes percebemos que as sombras das nossas experiências de infância são sombras das experiências de infância dos nossos pais. Se há algo sobre seus filhos, seu/sua companheiro/a, ou alguém da família que você considera difícil, provavelmente há uma sombra escondida ali, esperando para ser reconhecida e desconstruída. A sombra existe para proteger sua criança interior de reviver a dor e o sofrimento que você suportou no passado. Na verdade, é a sombra — a experiência assustadora que não foi resolvida — que faz com que a criança se sinta inadequada, insegura e desprotegida.

O fato de relembrar as sombras da sua vida ser ou não um desafio para você depende da sua história. Se você passou por um trauma significativo, talvez lhe pareça fácil — ainda que opressivo — lançar luz sobre suas sombras. Se você aprendeu a proteger sua família de origem a todo custo, talvez nem consiga se lembrar das suas sombras. *Ou talvez tenha concluído que o passado é passado, e não há o que se possa fazer agora.* Embora seja verdade que o passado não pode ser mudado, negar sua relevância no presente só prepara o palco para que a história volte a se repetir. Resista à necessidade de ignorar suas sombras, em nome de todo o autoconhecimento que você pode acessar só ao se permitir observá-las sem julgamento ou crítica.

Além das sombras, temos nossas estrelas. São as experiências de vida e as pessoas que ajudaram a fazer com que nos sentíssemos vistos, ouvidos, compreendidos e seguros. Embora eu tenha muitas sombras da infância, também tenho uma estrela muito importante nos meus primeiros anos. Se não fosse por sua influência, dificilmente eu estaria aqui, compartilhando essa sabedoria com vocês.

Eu era uma criança indisciplinada e incontrolável, um grande desafio para os adultos na minha vida. Eu fazia muito barulho — literalmente não sabia sussurrar —, e era irascível e impetuosa. Os médicos acreditavam que eu tinha TDAH e queriam me medicar. Minha mãe não tinha interesse naquela abordagem, mas me mandou para a pré-escola com um aviso para a professora, a sra. Bunnel: *Ela não fica quieta.*

A sra. Bunnel podia me dar nota zero em comportamento ou me punir, por exemplo, me deixando na sala durante o recreio, ainda que eu ansiasse pelo contato social e precisasse dele. Felizmente para mim, a sra. Bunnel era uma professora sensível e que talvez estivesse à frente do seu tempo. Ela foi uma estrela na minha vida, sem dúvida nenhuma.

Tive sorte. A sra. Bunnel escolheu honrar quem eu era. A professora me pôs sentada perto dela e me manteve como sua assistente o ano todo. Ela decidiu que a melhor maneira de concentrar minha energia sem fim era me colocar em uma posição que me permitisse conversar com outros alunos que precisavam de ajuda. Ela viu algo dentro de mim que meus pais não conseguiam ver — uma cuidadora e uma líder —, e se encarregou de incentivar essas habilidades, algo que educadores deveriam fazer com todas as crianças.

Eu me lembro bem de ter iniciado o jardim de infância me sentindo uma criança ruim. Por dentro, era dominada pela ansiedade e pela raiva; por fora, ficava desesperada por atenção positiva e conexões verdadeiras. Embora só tenha subido em um palco aos dezesseis anos, eu vivia representando. Meu ano na turma da sra. Bunnel me fez entender que eu podia ser aceita como era, e que não precisava ser perfeita para ser amada. Embora eu ainda lide com a narrativa da criança interior ferida, manter frescas as lembranças da estrela ajuda a não cutucar as feridas.

Se você tem uma história significativamente calcada no trauma, pode ser difícil imaginar uma estrela em sua vida. Tenha em mente que a estrela não precisa ser uma presença consistente — um momento breve ou um encontro podem ser uma estrela. Se você não consegue pensar em nada parecido mesmo assim, sugiro que trabalhe com um terapeuta profissional. Isso não apenas ajudará você a viver o luto de algo importantíssimo para o desenvolvimento da sua alma, mas também pode colaborar para descobrir algumas estrelas enterradas sob as sombras da dor e dos desafios.

**EXERCÍCIO: DESCOBRINDO SUA CRIANÇA INTERIOR**

Use seu diário para contrapor seu eu autêntico e seu eu mascarado; suas sombras e suas estrelas, e verifique o que você descobre sobre sua criança interior.

- De que maneiras você acredita que suas experiências de infância moldaram seu eu mascarado e descaracterizaram seu eu autêntico?
- Em seus principais relacionamentos, você é seu eu autêntico ou seu eu mascarado? Como você acredita que isso impacta seu papel de mãe ou pai, companheira ou companheiro etc.?

- Sem a restrição do eu mascarado, como sua vida seria?
- Quem ou quais foram as sombras que te influenciaram?
- Quem ou quais foram as estrelas que te influenciaram?
- Como suas sombras e estrelas interferem em seu papel de mãe ou pai hoje?

Se você não consegue se lembrar de circunstâncias específicas, tudo bem. Procure se concentrar em sentimentos e sensações gerais, e verifique o que vem à tona. Às vezes (nem sempre), não sentir ou não lembrar nada é um sinal de que você aprendeu a sobreviver através da fuga ou da dissociação. Isso é bastante comum. Então, por favor, seja gentil à medida que se torna mais consciente dos seus padrões.

Compreender mais sobre a sua criança interior permitirá que você reflita sobre o passado e se conecte com o que está acontecendo hoje com seus filhos. Esse é apenas o começo da jornada para se tornar a mãe ou o pai que você nunca teve e transformar o relacionamento com seus filhos.

# 2. Rompendo círculos viciosos

Sou de uma família ítalo-americana de uma cidade pequena dos Estados Unidos que tinha uma regra tácita: o que quer que aconteça em casa fica em casa. Qualquer outra atitude seria trair minha família, e se eu traísse minha família o problema era *eu*. Havia pouca ou nenhuma autorreflexão, responsabilização ou desejo de crescer ou mudar; uma combinação difícil para uma criança peculiar como eu, que ainda não aprendera a silenciar seu eu impetuoso. Eu imaginava que toda família era como a minha: feliz, funcional e sorridente por fora; deprimida, caótica e violenta por dentro.

Agora vamos colocar seu passado sob o microscópio e examinar como condicionaram você a pensar, sentir e agir. Esse passo requer coragem, e você sentirá que está violando regras tácitas da sua família sobre lealdade. Talvez as regras fossem aplicáveis na infância e possivelmente necessárias para sua sobrevivência psicológica. No entanto, aquele contrato venceu há muito, e agora você pode se curar da dor, da tristeza, do sofrimento e da vergonha que aprendeu a esconder tão bem.

Seus pais não são culpados de todas as dificuldades que você enfrenta. Culpá-los é outra maneira de tentar escapar da responsabilidade individual de sentir o que sentimos, curar nossas feridas e crescer apesar da dor. É importantíssimo que você guarde isto no coração: (quase) todos os pais têm boas intenções. Praticamente todos os pais que conheci querem que seus filhos tenham uma vida feliz e bem-sucedida, mesmo quando não levam suas intenções a cabo de maneira funcional e saudável.

No entanto, como talvez você já saiba, intenções positivas não resultam automaticamente em um impacto positivo. Quando minha cliente Tammy repetidamente bateu em Carson, seu filho de três anos, por ele ter saído da cama, sua intenção era ensiná-lo a não sair, o que ela acreditava ser o melhor para o menino. Na cabeça dela, Carson era esperto o bastante para entender que estava apanhando por sair da cama, o que o incentivaria a optar por evitar a experiência dolorosa e garantiria aos dois uma boa noite de descanso. Isso não se concretizou. Carson continuou saindo da cama, e levou repetidos tapas no bumbum. Ele chorava, enxugava as lágrimas e voltava ao quarto. Assim que a mãe lhe dava as costas, lá estava o menino de novo, logo atrás dela.

Tammy não se deu conta de que a motivação de Carson não era evitar a dor. Ele buscava conforto, mesmo que doesse. Tammy, consumida pelo luto da perda repentina do marido — o pai de Carson — meses antes, estava exausta demais para avaliar plenamente o impacto de suas ações. A cada tapa, ela confirmava para Carson que a segurança era imprevisível e que solicitar apoio era doloroso.

O problema se agravou quando Carson começou a ser agressivo com as crianças na pré-escola. Sempre que era avisada de que ele havia batido em uma criança, Tammy o punia, batendo nele também. Sua intenção era ensinar Carson a controlar o corpo e usar as palavras em vez das mãos. No entanto, sem querer, ela acabava reforçando a mensagem de que era batendo que se comunicava que havia algo de errado. Carson era inteligente. Aprendia muito no convívio com a mãe. Só que não eram as lições que ela esperava.

Quando o comportamento de Carson se intensificou, na escola e em casa, Tammy decidiu agir. Ao me procurar, sua frustração era evidente. "Por que você não pode simplesmente ensinar Carson a não bater?", Tammy me perguntou. Era a pergunta errada, no entanto. Quanto mais fundo íamos, mais claro ficava que sua maior preocupação era com o que ter um filho que batia dizia sobre *ela*, e não as questões com as quais Carson lidava internamente. Se Tammy ficava na defensiva e culpava o filho, era porque tinha medo de sua responsabilidade na situação. Ela ainda não sabia, no entanto, como mudar o próprio comportamento. Semana após semana, Tammy expressou seu incômodo sobre como Carson era uma criança "ruim". Não era o comportamento do filho que ela estava julgando, mas o filho em si. Tammy o considerava uma criança ruim e não conseguia imaginar o que havia feito para merecer uma coisa daquelas.

Tammy não é uma mãe ruim. Ela não precisava de um sermão. Nem que eu a julgasse. Só necessitava da minha atenção incondicional e curiosidade. Quando ouço alguém dizer "Sou uma pessoa ruim" ou "Ela é uma pessoa ruim", recebo isso como uma dica para ir um pouco mais fundo, como primeiro passo para desconstruir padrões e romper círculos viciosos.

Pedi que Tammy encarasse seus medos. "O que significaria para você Carson realmente ser uma criança ruim?"

"Significaria que sou uma mãe ruim. E um pai ruim, sabe? Porque o pai dele morreu, então preciso desempenhar os dois papéis." A ideia inicial de Tammy era que eu ajudasse seu filho, porém eu desconfiava que ela ainda tinha questões da própria infância por resolver. "Quando era pequena, o que acontecia caso você se comportasse mal?", perguntei.

"O que acontecia caso você...?" é uma pergunta muito útil, que ajuda a refletir sobre o passado e a relacioná-lo com o presente. É uma ferramenta que pode ser usada quando percebemos que a questão de ser ruim ou se sentir um fracasso se repete no cotidiano. No caso de Tammy, conduziu a muitas informações úteis — não apenas sobre seu passado, mas sobre como criava Carson.

A princípio, no entanto, Tammy apenas riu e revirou os olhos. Então explicou que sua vida não tinha sido fácil como a de Carson. Quando se comportava mal, ela sempre apanhava dos pais. Ninguém se importava com seus sentimentos ou com como ela estava. Ninguém lhe dizia que era uma boa menina, inteligente, bonita ou digna. Tudo o que ouvia era que não estava se esforçando o bastante, que nunca chegaria a lugar algum e que ninguém tinha orgulho dela. Tammy dava muito mais atenção às emoções de Carson do que haviam dado às dela. Aquilo não contava?

Falar sobre o assunto liberou algo em Tammy. Foi como se ela se ouvisse pela primeira vez, e visse aquela menininha como ela realmente era. Desamparada. Inocente. Merecedora de muito mais compaixão e apoio do que recebera. Ela levou as mãos ao rosto e passou vários minutos alternando entre um choro de soluçar e gritos, botando para fora décadas de dor, sofrimento, raiva e tristeza reprimidos.

Tammy também começou a encarar a dor que infligia em Carson ao dar sequência a um legado de violência física —

mesmo que "pegasse mais leve" comparado ao estilo de criação com que crescera. Deveria haver uma maneira diferente de se comunicar com o filho. Pela primeira vez, Tammy foi capaz de relacionar sua infância à maneira como criava Carson. Só então foi capaz de admitir que seu comportamento contribuía para a situação dele. No entanto, o processo precisava ser conduzido com aceitação. Talvez tivesse sido a vergonha que a levara até mim, porém eram a compaixão e a responsabilização pessoal que iam levá-la de volta a seu eu autêntico.

Investigar suas feridas e sua história de vida pode levar a uma catarse. Também é possível que o processo não seja sentido com tanta intensidade no corpo. Não há caminho certo ou errado para se curar. Sua missão é ir além das crenças limitantes às quais você se agarra como se fossem fatos. Quando se trabalha pela criança interior, a prioridade é confiar no processo e manter a curiosidade em relação a seu crítico interno.

## RECONHECENDO O PADRÃO

As palavras que seus pais lhe diziam se tornam as palavras que você diz a seu próprio respeito e as que usa com seus filhos. Se essas expressões costumavam te diminuir ou ser negativas, você começará a acreditar nesse "crítico interno" e ignorará coisas boas e igualmente válidas (embora não ditas) sobre você e as pessoas à sua volta. É assim que transmitimos práticas negativas de criação através de gerações.

O crítico interno sempre parte de uma necessidade de proteção. Ele tem uma missão principal: garantir que você não se torne "ruim". No entanto, sua maneira de atingir objetivos é bastante bizarra. Seu crítico interno julga e policia seu comportamento, na esperança de que a vergonha que vem junto te impeça de tomar decisões ruins. Ele também abafa quaisquer mensagens positivas que você possa receber, falando mais alto que elas e tornando-as ininteligíveis.

Pense em Tammy, cujo crítico interno gritava com um megafone 24 horas por dia, sete dias por semana. Seus pais a julgavam e criticavam de maneira constante, e na vida adulta ela desenvolveu um crítico interno (e externo) estrondoso, mandão e exigente. Tammy ouvia claramente seu crítico interno: *Você sempre estragou tudo. Agora precisa mostrar aos professores que é uma boa mãe, mesmo sendo mãe solo. Só que você é péssima nisso, porque seu filho é um horror. Vamos parar com isso agora, ou você vai acabar perdendo Carson também.*

O crítico interno mira na jugular, porque acredita que a vergonha seja necessária para motivar a pessoa a se comportar bem. Estratégias de criação tradicionais, baseadas na vergonha, "funcionam" de maneira parecida, julgando e criticando a criança para levá-la a obedecer e ser "boazinha". Quando você não tem consciência de como o crítico interno persegue os próprios objetivos, corre o risco de projetar seus sentimentos em um alvo fácil: seus filhos. É assim que padrões e círculos viciosos são perpetuados.

Tammy chegou a uma fase importante do processo terapêutico: pela primeira vez conseguiu ver os padrões de vergonha, crítica e disfunção. Porém o que podia *fazer* a respeito?

Expliquei que era hora de parar de culpar tudo e todos por seus comportamentos e ações. Tammy precisava reconhecer que tinham lhe ensinado a ser emocionalmente evasiva e extremista em se tratando de expectativas. Ela precisava reconhecer o impacto que isso causara nela quando criança e que lhe causava agora, como mãe. E então poderia começar a compreender o impacto que seu comportamento tinha no filho. Falar é uma coisa, fazer é outra, claro. Veremos isso de maneira mais aprofundada ao longo deste livro.

Quando você cuida de si primeiro, vive o luto do que não teve na infância. O processo permite que você compreenda, sinta, cresça e, enfim, supere isso. No entanto, vivenciar os sentimentos e reconhecer o crítico interno pelo que é (uma visão parcial) consiste em um importante primeiro passo. Na infância, todos temos necessidades materiais, emocionais, relacionais e de desenvolvimento, e é saudável esperar que os pais garantam que elas sejam atendidas. Para alguns, ter suas necessidades atendidas vinha com condições. No caso de muitos de meus clientes, os pais forneciam o mínimo em termos de comida, roupa e abrigo, e negavam outras necessidades importantes, como conexão e segurança emocional.

Quando você reflete sobre como parte da sua infância tem um impacto negativo em sua vida atual, talvez se lembre de frases como: "Quanta ingratidão, com tudo o que sacrifiquei por você". Muitas pessoas crescem com um sentimento de dívida em relação aos pais e à família de origem, e como resultado têm dificuldade de realizar o trabalho interno necessário. No entanto, a liberdade psicológica nasce de uma disposição a compreender a verdade em relação ao passado, qualquer que seja ele.

De uma maneira ou de outra, somos todos produtos de como fomos criados. Algumas pessoas tiveram uma criação claramente disfuncional, enquanto a de outras pode ter causado danos de maneira menos óbvia. Independente disso, é provável que haja aspectos que você gostaria de mudar na criação de seus filhos. No entanto, mais uma vez, falar é uma coisa, fazer é outra. Todos os pais (incluindo eu) já se pegaram agindo da maneira como prometeram nunca agir. Por exemplo:

- Gritando, criticando ou não fazendo nada.
- Batendo, envergonhando ou controlando.
- Tendo um filho preferido.
- Fazendo-se de mártir, depois reclamando que ninguém te ajuda.
- Explodindo em meio ao conflito, ou varrendo tudo para debaixo do tapete.

Você pode sentir culpa por achar que alguns aspectos da sua juventude não lhe foram benéficos. Também pode ter a impressão de que se trata de deslealdade. Muitos clientes meus acreditam que se falarem mal de certas partes de sua criação é porque não são gratos a *tudo* que os pais sacrificaram por eles, *tudo* o que ofereceram a eles. A narrativa de que as crianças deveriam pagar sua "dívida" com os pais permanecendo leais ao sistema familiar, sem nunca mudar padrões de disfunção, é bastante problemática. Criar filhos é simples? Não. Envolve sacrifícios? Sim. Isso não significa que a criança deva se sentir em dívida com os pais pelo restante da vida.

Independente de quem você era quando criança e dos padrões que reproduz como mãe ou pai, o primeiro passo para romper círculos viciosos familiares é abordá-los com curiosidade.

## COMO FINALMENTE ROMPER O CÍRCULO VICIOSO

Naomi era uma mãe jovem que começou a fazer terapia devido à exaustão e à depressão severas pelas quais passou após o nascimento de seu quinto filho. Em nossa primeira sessão, Naomi manifestou seu medo de que eu entrasse em contato com o Conselho Tutelar para tirar os filhos dela.

"Quando fico frustrada com eles, seguro esse sentimento pelo máximo de tempo possível... então explodo", ela contou. Naomi se sentia muito culpada, principalmente porque via em seu comportamento ecos das explosões dos próprios pais — viciados em álcool e drogas. "Não uso drogas, nunca faria isso com um filho meu. Só que minha raiva me assusta, porque me lembra a raiva dos meus *pais*. Sei que estou errada, mas na hora não consigo me segurar." Logo descobri que Naomi carregava as marcas de um sistema de bem-estar infantil opressivo e punitivo. Dava para entender por que não confiava em ninguém.

Naomi queria romper o círculo vicioso, criar seus filhos de maneira diferente de como havia sido criada. No entanto, havia trauma intergeracional, dor e disfunção enraizados tanto na família de sua mãe quanto na de seu pai, e ela se sentia à deriva, sem ter em que se agarrar. Terapia não ajudara no passado, e Naomi tinha suas dúvidas de que eu poderia ajudá-la agora.

Foram clientes assim — que sabem que reagem negativamente a fatores de estresse cotidianos da parentalidade, mas não conseguem mudar isso — que me inspiraram a criar uma estrutura para curar os padrões repetitivos que impedem as pessoas de serem os pais que desejam ser. Meu método LIDE consiste em executar quatro passos de maneira firme e consistente, a fim de reconhecer a maneira como você reage ao estresse e então mudá-la.

O LIDE é um processo que ensina a dissecar suas vulnerabilidades e compreendê-las de uma perspectiva diferente. Em resumo, ele permite que você identifique reações automáticas e enraizadas quando depara com uma situação estressante envolvendo a criação dos filhos. Por exemplo, quando a criança não quer tomar banho, ou quando irmãos brigam. Em vez de reagir com raiva e frustração (como fez tantas vezes antes), o método interrompe a reação. E se, em vez de erguer a voz ou bater, houver outro caminho? É isso que o LIDE promete.

LIDE significa:

Localize um lugar seguro.

Investigue o padrão sem julgar.

Defina os gatilhos.

Escolha um novo comportamento ou ação.

Entraremos em detalhes quanto ao que cada passo envolve nas páginas seguintes, mas é importante frisar que os resultados que observei em meus clientes foram transformadores.

Antes de pôr o método em prática, Naomi reagia ao estresse de maneira previsível: ficando ansiosa, contendo-se, pensando no que de pior poderia acontecer, gritando e por fim batendo. Então ela entrava em pânico e tinha que suportar o peso da vergonha e do próprio julgamento. O método LIDE a ajudou a ver a si mesma sob uma nova luz, com mais nuances. A reflexão leva à ação, e a ação leva à mudança. Para romper o círculo vicioso de reagir com raiva e depois chafurdar na culpa, Naomi primeiro precisava entender a raiz e a natureza da sua raiva e se conscientizar do propósito a que sua culpa servia. Ela precisava deixar de rejeitar a si própria e adquirir o hábito da autorreflexão.

### L: LOCALIZE UM LUGAR SEGURO

Para ser capaz de desconstruir um padrão familiar ou realizar um trabalho interno, você precisa se sentir em segurança. Quando digo "Localize um lugar seguro", não estou necessariamente falando de um espaço físico, embora também possa ser. Esse lugar seguro pode estar na sua cabeça, ou assumir a forma de um grupo de pais que pensam parecido, de terapia individual, de um/a companheiro/a que te apoie, de amigos próximos ou até mesmo um diário. Quando começamos a revirar o passado e o presente, precisamos armar uma rede de segurança caso tenhamos dificuldade de lidar com o que descobrimos. (Acredite em mim quando digo que a maior parte de nós enfrenta essa dificuldade em um momento ou outro.) Sinais como se sentir distante, empacado, desconectado, hesitante, ambíguo ou muito autocrítico indicam que é preciso voltar à segurança antes de seguir adiante com esse trabalho tão importante.

Caso você perceba que se desliga quando começa a realizar esse trabalho, reserve um momento para recuperar a sensação de segurança através do aterramento físico. Sente-se em uma posição confortável e sinta seus pés no chão. Preste atenção em seu entorno. Diga uma coisa que consegue ouvir, uma coisa que consegue ver, uma coisa que consegue tocar, um gosto que percebe e um cheiro que sente. Esse exercício envolvendo os cinco sentidos é uma maneira simples e acessível de voltar ao momento presente em qualquer momento de estresse, e é especialmente útil quando se tem a intenção de abrir um espaço e um tempo para desconstruir sua história relacional e familiar.

Procurar um lugar seguro ajuda a erguer o parapeito emocional necessário quando abrimos um portal para o passado. A seguir, algumas orientações importantes:

- Escolha o espaço físico onde você realizará esse trabalho de reflexão, um lugar que te inspire, e se comprometa com o processo.
- Trabalhe com alguém em quem confia, como uma amiga próxima, sua terapeuta ou um grupo pequeno de pais que pensam parecido. Cerque-se de pessoas que preferem manter a curiosidade a julgar.
- Crie um ritual para dar o clima e o tom do seu trabalho reflexivo. Experimente fazer uma caminhada meditativa, durante a qual você possa treinar perceber seus pensamentos e sensações sem julgamentos. Pise com os pés descalços na terra e visualize seu coração e sua mente se expandindo. Ou se mantenha imóvel por cinco minutos e procure mentalmente a tensão em seu corpo.

À medida que você abre o coração para o método LIDE, tenha em mente que é importante honrar sua necessidade de dar um tempo e não mergulhar fundo demais, rápido demais. Percebi que muitos clientes, sobretudo os ansiosos, têm uma propensão maior a pensar excessivamente na cura, de modo que ficam o tempo todo procurando o sentido por trás de seus comportamentos. Valorizo seu comprometimento com o processo, mas não estou sugerindo autorreflexão constante. Meu convite é para que você tire um dia, um momento e um lugar a sua escolha para realizar esse trabalho. Assim como você pode reservar um espaço na agenda para terapia, torne o método LIDE parte da sua rotina semanal. Se um gatilho for acionado e você sentir que requer sua atenção, lembre-se de processá-lo no momento específico reservado para a reflexão.

### I: INVESTIGUE O PADRÃO SEM JULGAR

No processo de romper círculos viciosos, você pode resistir instintivamente a vasculhar os padrões que te limitam. Muitos clientes meus querem que eu lhes ensine a parar de gritar ou de punir seus filhos. Eles querem saber como fazer com que as crianças obedeçam de primeira, e sempre. Querem a receita para não brigar mais com o/a companheiro/a. Querem encontrar uma ilha privativa gloriosa, onde tudo é calmo e sereno, sem cruzar as águas traiçoeiras que levam até ela. Usar o método LIDE para descobrir a raiz da disfunção em sua vida deve acontecer ao mesmo tempo que você se compromete com uma existência de mais compaixão e curiosidade.

*Há temas que se repetem em sua vida?*

Em nosso trabalho juntas, Naomi e eu sempre voltávamos aos temas desconfiança, fuga, inadequação e solidão. Devido aos problemas dos pais com drogas e álcool, ela sentia uma falta de apoio constante ao longo da infância. Culpa ("Por que não consegui ajudá-los?"), vergonha ("Eles não me amavam o bastante para entrar na linha?") e revolta ("Por que eles fizeram isso comigo?") ecoavam em sua própria jornada de criação de cinco filhos. Seu mundo interno era caótico, porém Naomi usava uma máscara para agradar às pessoas com tanta elegância que ninguém diria que estava desesperada.

"Não quero que ninguém saiba que estou enfrentando dificuldades", ela explicou, "porque se eu passar por dificuldades, como meus pais passaram, ou, Deus me livre, se eu pedir ajuda, tenho medo de que tirem meus filhos de mim." Encarar os medos exigiria abraçar sua vulnerabilidade, portanto era muito mais seguro fingir que estava tudo sob controle — e ninguém viria em seu socorro caso ela pedisse ajuda.

Quando mapeamos os temas por trás de nossas ações repetitivas e inconscientes, começamos a ver uma rede de narrativas interligadas que permitem compreender por que continuamos fazendo escolhas que não servem a nossos interesses, e por que nos descobrimos presos a dinâmicas ou situações indesejadas. Naomi percebeu que tinha o costume de se fazer de mártir e negar a necessidade de ajuda, e então explodia com os filhos porque estava sobrecarregada.

Para romper de fato os círculos viciosos, é preciso começar a mapear os principais temas da sua vida interior que motivam comportamentos específicos. Ficar se sentindo culpada toda vez que gritava não contribuía para mudar o comportamento de Naomi. Em vez disso, ela começou a observar o que desencadeava sua ansiedade. Foi só então que reconheceu um padrão: evitar pequenos conflitos ao longo do dia, com os filhos e o marido, fazia com que sentisse que não era ouvida, o que parecia terrivelmente perigoso para ela, que crescera em um sistema de acolhimento infantil disfuncional. Quando Naomi explodia por causa do que parecia ser pouco, era por conta da raiva acumulada.

Seus padrões eram compreensíveis, mesmo que não servissem a seus propósitos. Ela precisava de carinho, não de culpa. Quando era pequena, morria de medo de conflitos, que muitas vezes terminavam com Naomi sendo levada para outra família. Ela aprendeu a ficar quieta para evitar a rejeição. No entanto, quando não aguentava mais, Naomi gritava, desesperada por apoio, só para ser punida na mesma hora. E esse padrão se repetia em sua vida adulta.

À medida que refletir sobre *sua* vida, você notará que muitos padrões repetitivos com que lida hoje surgiram no passado. Há diversos temas comuns para ficar de olho quando examinamos nosso comportamento:

| TEMA | NARRATIVA DA CRIANÇA INTERIOR FERIDA |
|---|---|
| Vergonha | Eu deveria saber. |
| Inadequação | Sou um fracasso. Sou ruim. Não presto. |
| Rejeição | Ninguém me quer. Sou demais para os outros. Não me encaixo. |
| Desconfiança | Não estou em segurança. Não tenho poder. Estou desamparada/o. |
| Fuga | Estou melhor sozinha/o. |

Pense nos temas por trás dos padrões dos quais você deseja se afastar. Eles contam a história de como você percebe a si e aos outros, e de como acredita que os outros percebem você. Sabe a criança interior ferida da qual falamos no capítulo anterior? Ela está desesperada para que você dê atenção a esses temas. Ficar mais alerta a como eles se manifestam em seus relacionamentos é um passo na direção de interações mais intencionais com as pessoas na sua vida.

Depois que relacionar os temas com a narrativa da sua criança interior ferida, reserve um momento para refletir um pouco mais:

*Quando penso em [tema], penso em/lembro que ________.*

Por exemplo: "Quando penso em vergonha, lembro que meus pais me passavam sermão se eu me comportava mal. Era como se eu não acertasse uma".

Não há certo ou errado aqui. Avance no seu próprio ritmo. Não se pressione. Não é um trabalho urgente. Devagar e com constância, você chegará aonde precisa.

*Como reescrever as histórias que você se conta?*

Se você cresceu em circunstâncias rotineiramente desagradáveis ou difíceis — com pais cujo autoconhecimento era muito limitado, que não se responsabilizavam pelo impacto que causavam, que não se conectavam com seus pensamentos, sentimentos e necessidades —, é maior a probabilidade de que tenha desenvolvido uma história sobre quem você é e o que merece que não reflita a realidade. Essa é a narrativa da sua criança interior ferida; é a voz que se apressa a concluir coisas a seu respeito e sobre seu valor não com base em fatos, mas por medo e por um instinto de preservação. No entanto, ao se dar conta de que essa voz é só uma opinião, você pode reescrever as histórias que conta a seu respeito.

Antes de iniciar nosso trabalho juntas, Naomi concluíra que ninguém, nem mesmo seus filhos, a queria por perto. Ela não sabia se a vida valia a pena com todo aquele sofrimento.

"Arrasto todo mundo para baixo com a minha energia negativa", ela desabafou. "Estou sempre gritando, eles estão sempre chorando. Provavelmente ficariam melhor sem mim."

Com uma criança interior ferida, os pensamentos negativos e as falsas percepções persistem na vida adulta. Você pode concluir que ninguém te ama porque associa amor a dor, e resiste ao amor para evitar a dor. Você pode se agarrar à ideia de que é um fracasso, porque recebe tantas críticas que parece mais fácil sustentar um diálogo interno negativo.

Em uma criação saudável e funcional, com pais autoconscientes e atentos aos pensamentos, sentimentos e necessidades do filho, este muitas vezes desenvolve uma narrativa de sua criança interior que permite que se sinta seguro, ouvido, visto e compreendido. Isso permite que ele aborde seus relacionamentos com confiança. Ele se sente conectado e apoiado, e costuma ter uma visão positiva da vida.

Embora a ferida em si não possa ser mudada, é possível alterar sua relação com ela. Eis alguns exemplos para inspirar você a ir mais fundo:

| NARRATIVA DA CRIANÇA INTERIOR FERIDA | NARRATIVA DA CRIANÇA INTERIOR PLENA |
|---|---|
| Eu deveria saber. | Sou um ser em construção. Posso aprender com isso. |
| Sou um fracasso. Sou ruim. Não presto. | Erros nunca são fatais. Posso consertar isso. |
| Ninguém me quer. Sou demais para os outros. Não me encaixo. | Sou amada/o e sou o bastante como sou. Talvez não por/para todo mundo, mas tudo bem. |
| Não estou em segurança. Não tenho poder. Estou desamparada/o. | Minha segurança importa. Há pessoas cuidando de mim. |
| Estou melhor sozinha/o. | É saudável confiar nos outros. Posso pedir ajuda. |

Naomi usou esse processo para reescrever a história que contava a si mesma. Em vez de pensar que era uma mãe inútil, ela passou a dizer para si que a maternidade era difícil e que ela não precisava ser perfeita. "Tudo, até meu pavio curto e minha reatividade, pode ser consertado", Naomi constatou quando já estávamos trabalhando juntas fazia algum tempo. "E pedidos de desculpa não são vazios, como eu imaginava, só porque ninguém nunca *me* pedia desculpas quando eu era pequena. Estou mudando meu comportamento, e meus filhos estão começando a perceber."

Ao fim de nosso trabalho juntas, Naomi era capaz de oferecer conforto a *si mesma* de maneira consistente em momentos de estresse. Na prática, ela se tornou a fonte de conforto parental tranquilizador e regulador que não teve na infância. O trabalho individual também rendeu dividendos na maternidade. Naomi se tornou uma mãe mais compassiva, e seus filhos desabrocharam sob a confiança e a conexão recém-descoberta.

*Como esses padrões persistem ao longo das gerações?*

Como o dr. Nabil Hanna, meu terapeuta e mentor, diz:

*Aquilo a que você resiste persiste.*

*O que é reprimido é exprimido.*

*Se você não fala, você age.*

Não podemos limitar nossa vida às experiências que vivemos na pele. Não somos apenas indivíduos; somos parte de um sistema familiar intergeracional complexo, que inclui aqueles que vieram antes de nós e aqueles que virão depois. Os teóricos dos sistemas familiares argumentam que padrões relacionais são passados de geração a geração, o que significa que os problemas que nossos ancestrais enfrentaram têm o poder de influenciar o funcionamento do nosso cérebro no nível inconsciente. Os teóricos da epigenética afirmam que o trauma pode alterar a expressão genética. Nossas experiências culturais e societais moldam não apenas o que vivenciamos, mas como vivenciamos.

Isso quer dizer que, quando estamos desvendando qualquer padrão a que nos sentimos presos, é importante demonstrar curiosidade em relação ao quadro geral. Você já observou esse padrão se repetir com outras pessoas da sua família? Se o comportamento dos seus filhos constrange você, sabe dizer se seu pai ou sua mãe se sentiam assim com o seu comportamento? E a mãe ou o pai *deles*?

Talvez você tenha uma história de trauma e abuso físico, como Naomi, e como resultado seu corpo esteja instintivamente programado para reagir a qualquer ameaça percebida à sua segurança explodindo de raiva e depois se encolhendo de medo. Naomi estava convencida de que sua reatividade significava que ela era uma péssima mãe. Reconhecer que o trauma na primeira infância[1] e perturbações ambientais significativas transformam a saúde da pessoa oferece um contexto importante e significado à sua narrativa, criando mais espaço para a gentileza e a autocompaixão.

Todos adotamos padrões para sobreviver. Alguns deles são funcionais, ou seja, nos ajudam a amar e a cuidar uns dos outros, a nos sentir apoiados, e oferecem uma base sólida para o crescimento e a conexão. Padrões familiares disfuncionais, por outro lado, atrapalham o desenvolvimento e a saúde dos nossos relacionamentos. Tanto padrões funcionais quanto disfuncionais estabelecem a base de como interagiremos com nossos próprios filhos.

Há inúmeros padrões disfuncionais e habituais que são passados de geração a geração, alguns mais claramente prejudiciais que outros — punição desproporcional ao comportamento (deixar uma criança trancada fora de casa, passar sabão em sua boca), controle físico (bater), negligência emocional, física ou financeira. Qualquer um desses padrões pode se manifestar na maneira como você cria seus filhos. Se você reage a algo que seus filhos fazem sem pensar no motivo, é possível que seus padrões estejam se consolidando. Cabe a você demonstrar curiosidade por esses padrões e procurar entendê-los, em vez de julgá-los.

Reservar um momento para examinar o comportamento de seus pais e rastrear como isso se manifesta na sua vida é algo que pode ajudar na jornada. De novo: não se trata de culpar seus pais, mas de lançar luz sobre aquilo pelo que estavam passando. Por exemplo, se eles tinham algum tipo de vício, como os pais de Naomi, isso pode ter interferido de maneira dramática em sua capacidade de serem os pais de que você precisava. Naomi não tinha um vício, mas as reverberações de sua criação por pais lidando com o abuso de substâncias ainda eram sentidas em sua vida adulta.

A violência física ou emocional (ou ainda a ameaça de violência) também pode ser passada de geração a geração. Punições corporais são muito comuns e uma forma de disciplina e controle quase esperada em algumas famílias. Gritar, culpar e envergonhar talvez fosse algo cotidiano na sua infância. Com frequência, o que é "normal" e aceito na sua família é incorporado à maneira como você se comporta com seus filhos. Talvez você nem saiba que há alternativas.

Padrões geracionais também podem se impor ao que consideraríamos um bom comportamento parental. Pensamos na atenção dos pais como algo positivo, porém, quando eles são superenvolvidos — o que hoje chamamos de parentalidade helicóptero —, seus instintos intrusivos ou protetores acabam exercendo um impacto negativo na oportunidade da criança de desenvolver autonomia, independência, autoconfiança e autocontrole. É preciso dar aos filhos a chance de abrir as asas e cometer seus próprios erros, principalmente quando ainda são novos. Se isso não acontece, eles correm o risco de cometer erros muito maiores e mais graves quando ficarem mais velhos, e talvez não contem com as habilidades emocionais necessárias para lidar com o fracasso.

Explorar a ampla gama de padrões familiares problemáticos ou disfuncionais que existem está além do escopo deste livro. Cada família é diferente, e desafios e disfunções se manifestam de maneira diversa em cada lar. Mas e no seu caso? Que padrões reconhece em seu sistema familiar? Faça um inventário de suas experiências de vida a partir das seguintes perguntas:

- O que aconteceu comigo na infância?
- Como o que aconteceu comigo se manifesta em mim hoje?

Não insista em tentar recordar incidentes específicos do seu passado que não lhe vierem com facilidade. A maior parte das nossas lembranças é sentida fisicamente mesmo que o cérebro não consiga registrar os detalhes. Mais adiante, ensinarei como ouvir a sabedoria do seu corpo. Por enquanto, se estiver com dificuldade de fazer um inventário das suas experiências de vida, inverta a ordem das coisas:

- Que temas estão presentes na minha vida atual?
- Eles parecem familiares ou relacionados às minhas experiências de infância?

Os padrões se repetirão até que você faça um esforço intencional para impedi-los. É difícil romper círculos viciosos porque eles estão profundamente enraizados em quem somos. Na verdade, nosso sistema nervoso busca padrões familiares e previsíveis mesmo quando eles não nos servem. O familiar é confortável, mesmo que desafie a lógica ou nossa segurança.

Esse certamente foi o caso com Naomi. Quanto mais consciente de sua tendência a evitar a vergonha reprimida através da raiva, mais raiva ela tinha de si mesma. "Eu me suportava mais quando não tinha noção do que estava fazendo. Agora que tenho, sinto uma pressão e uma responsabilidade ainda maiores de parar, e em alguns dias simplesmente não consigo", ela me disse. Sua criança interior vinha carregando décadas de dor, fardo que recaía apenas sobre os ombros de Naomi. Ela se ressentia dos pais por não terem atendido nem mesmo suas necessidades mais básicas, e ainda descobriu um ressentimento do marido por não se mostrar emocionalmente disponível. Para abordar sua solidão crônica, Naomi teve que aprender a ser vulnerável e a dizer do que precisava. Teve que aceitar o fato de que havia sido uma criança emocionalmente órfã e perdoar seus pais por não terem sido presentes de uma maneira confiável. Ao mudar sua mentalidade, ela encontrou o caminho para uma cura profunda.

Reações negativas fortes podem surgir nessa análise dos padrões com os quais você está tentando romper. Essas emoções são importantes, e é vital que você as sinta para então liberá-las. Permitir-se vivenciar a raiva, o ressentimento, a dor e a vergonha é uma parte importante da sua jornada de cura. É possível amar, valorizar e honrar seus pais ao mesmo tempo que sente que algo faltou no relacionamento de vocês e no modo como eles te criaram. Você pode guardar carinho por lembranças de infância e ainda sentir que suas necessidades não foram reconhecidas ou atendidas de maneira adequada.

Embora não dê para voltar no tempo e mudar a família na qual você nasceu ou o modo como te criaram, uma conscientização sobre o passado permite que você siga em frente e melhore a relação com seus próprios filhos. Tenha em mente, no entanto, que nem todo círculo vicioso será rompido por você. É inevitável que algo seja passado a seus filhos, algo que eles terão que examinar e trabalhar em sua vida adulta.

Talvez você interrompa o legado de abuso físico e controle coercitivo da sua família. Excelente! Seus filhos não chegarão à vida adulta trazendo no corpo os resquícios psicológicos do abuso. Talvez você ainda esteja trabalhando para romper círculos viciosos envolvendo perfeccionismo, autossabotagem ou vício em trabalho. E tudo bem. Seu poder de ação é limitado, e não cabe a você legar a seus filhos uma vida perfeitamente curada e livre de sofrimento. Sua missão é ensinar a eles como lidar com o sofrimento e os desafios inevitáveis que fazem parte da condição humana.

**QUESTIONE-SE:**

- Que padrões disfuncionais me cercavam na infância?
- Como esses padrões se manifestam na minha vida hoje?
- Qual é a relação entre os temas da narrativa da minha criança interior ferida e os padrões que desejo mudar?
- Que tipo de situação/problema tem maiores chances de me fazer repetir um padrão?
- Quando um gatilho é ativado ou a reatividade toma conta, o que acontece no meu corpo? Se ele pudesse falar, o que diria?

## D: DEFINA OS GATILHOS

O passo seguinte no método LIDE é apontar quando e como você está reproduzindo fisicamente padrões na sua dinâmica familiar e no relacionamento com seus filhos. O objetivo aqui é aprofundar seu conhecimento do que desencadeia uma reação em você, e assim romper o círculo vicioso de maneira mais eficaz.

Antes de tudo, é importante dizer que ter um gatilho não é um sinal de fraqueza ou incompetência como mãe ou pai, mesmo que você sinta que perde o controle e apenas reage. Não há nada de errado com você, e isso não significa que você é uma mãe ou um pai ruim. Todos os filhos são capazes de acionar gatilhos nos pais.

No entanto, também é verdade que as crianças não acionam gatilhos de propósito. Elas não estão te manipulando para conseguir o que querem nem são responsáveis por suas reações. Quando seus filhos (ou quaisquer outras pessoas, na verdade) acionam um gatilho seu, sua reação revela algo a *seu* respeito, e não a respeito deles.

Por que nossos filhos são tão bons em acionar nossos gatilhos? Bom, crianças desafiam as maneiras como aprendemos a sobreviver nos relacionamentos. Os filhos nos ensinam a amar, honrar e respeitar as partes de nós que talvez tenhamos aprendido a rejeitar, negar ou abandonar, aprendendo a amá-las neles. É como se mostrassem com um espelho nossas reações arraigadas e respostas automáticas. E nem sempre gostamos do que vemos.

Quando fazia cerca de seis meses que estávamos trabalhando juntas, Naomi pediu ajuda para Harlow, sua filha de quatro anos. A mãe a descreveu como uma menina espirituosa, impetuosa e obstinada. Harlow nunca aceitava não como resposta, testava os limites que os pais impunham e era fisicamente agressiva com os irmãos. Tinha dificuldade de fazer amigos na escola. Apesar da idade, ela já começava a assumir o papel de "rebelde" da família.

Naomi não era a única que tinha um gatilho acionado pelo comportamento de Harlow: o mesmo parecia ocorrer com os outros. A escolinha ameaçava expulsar a menina, e os irmãos odiavam ter que desviar dos brinquedos que ela atirava. No entanto, usando as ferramentas LIDE com que já vínhamos trabalhando, Naomi conseguiu compreender por que o comportamento de Harlow era particularmente frustrante para ela como mãe.

Em nosso trabalho juntas, Naomi já havia reconhecido uma narrativa falsa que definira grande parte de sua vida na infância: *Não sou inteligente o bastante para lidar com isso. A culpa é minha.* Lembre-se de que ela foi criada por pais viciados em drogas e álcool. Naomi havia internalizado muita culpa e sabia que sua resposta imediata ao monólogo interior negativo era congelar, como se tivesse visto um fantasma. Aquela era a maneira de seu corpo pedir que prestasse mais atenção.

Naomi se deu conta de que sempre que se sentia insegura no próprio corpo — quando ficava tensa e começava a ouvir crenças negativas invadindo seus pensamentos —, ela desligava. E fazia exatamente o mesmo quando Harlow se comportava mal. Em vez de reconfortar a filha (cujo comportamento disruptivo era um sinal óbvio de angústia), Naomi fazia o oposto. Ela se recolhia. Sentia o desamparo da filha e sua resposta imediata era se encolher, tornar-se invisível, evitar o fogo cruzado.

O comportamento teve sua serventia quando Naomi era criança. Permitiu que ela sobrevivesse a um trauma de infância significativo. No entanto, já não era relevante para ela como mulher adulta ou como mãe. Harlow não era uma ameaça física, mas o corpo de Naomi estava programado para reagir como se fosse. A filha necessitava do oposto de distância: precisava que a mãe a acolhesse.

Harlow sentia a desconexão de Naomi, o que só intensificava o comportamento exigente, agressivo e emocionalmente desregulado da menina. Ela sabia que a mãe estava "desligando" e fazia tudo o que podia para trazê-la de volta. A ausência materna ou paterna — seja física, emocional ou psicológica — é profundamente sentida pela criança, que é programada para fazer o necessário para recuperar o envolvimento da pessoa que deveria protegê-la.

Conscientizando-se de como Harlow desencadeava uma reação física nela, Naomi foi capaz de reconhecer que contribuía, ainda que sem intenção, para uma dinâmica com a filha que resultava em estresse e sofrimento para todos. Relacionando suas reações atuais ao *impacto* de suas experiências passadas, Naomi foi capaz de reescrever a narrativa ferida da qual era culpada. Ela abandonou a necessidade de estar "totalmente curada" para ter um relacionamento curativo com a filha. Honrou o fato de que complicações em sua criação não a prepararam inteiramente para responder a Harlow da maneira como precisava, porém a maternidade lhe ofereceu infinitas oportunidades de aprender, crescer e evoluir junto com seus filhos.

### *Lidando com seus gatilhos*

Da próxima vez que um padrão reativo for desencadeado, faça um intervalo. Respire. Sinta os pés no chão. Relaxe os ombros. E então:

- Nomeie: *Sinto-me* _______. Descreva a emoção da maneira mais simples possível. Isso inspira empatia.

- Formule: *Sinto-me* _______ *porque* _______. (Por exemplo: *Sinto-me chateada/o porque não me ouvem.*) Faça a relação entre o gatilho e a emoção que ele desperta em você. Estenda-se nisso tanto quanto achar necessário e apropriado no momento. Isso inspira gentileza.

- Assuma: *Sou responsável pela maneira como interpreto meus sentimentos e pelo atendimento das minhas necessidades.* Perceba o papel que você desempenha na perpetuação da dinâmica repetitiva que você espera mudar. Isso inspira sua coragem.

Nomeie, Formule e Assuma é um exercício poderoso que você pode fazer no momento do gatilho ou depois que ele passou. Como ser capaz de controlar as reações desencadeadas exige prática, a maior parte dos meus clientes inicia esse processo refletindo sobre os gatilhos posteriormente. Use o método LIDE para identificar o que te incomoda. Isso tornará mais intuitiva a mudança de comportamento imediata.

### E: ESCOLHA UM NOVO COMPORTAMENTO OU AÇÃO

Imagine que você tem vinte malas, todas elas lotadas. No LID do LIDE, você basicamente tira tudo de dentro, organiza e determina o que quer fazer a respeito. O último passo é o E, quando você põe sua decisão em prática. Escolher um novo comportamento é um passo corajoso para começar a ver uma mudança significativa em si e em sua dinâmica familiar.

Desenvolver novos padrões de comportamento exige tempo e esforço. Quanto mais você for capaz de identificar e desfazer de maneira consistente padrões disfuncionais ou problemáticos, mais inspiração você sentirá para fazer escolhas intencionais.

Quanto mais Naomi se permitia reconhecer o impacto do seu retraimento emocional ao menor sinal de conflito com Harlow, mais confortável se sentia em mudar seu próprio comportamento. Quando parou de esperar que Harlow não acionasse sua necessidade interna de desligar, ela começou a ver o comportamento da filha com mais compaixão. Em vez de alimentar seu crítico interno (*Você não é a mãe certa para essa menina!*), Naomi ofereceu mais compaixão a si mesma: "Harlow é uma criança difícil de decifrar, mas, mesmo que erre, não vou desistir de entendê-la". Com o tempo, Naomi se viu oferecendo mais abraços gentis, mais presença física e mais afeto nos momentos de desequilíbrio de Harlow. A mãe fechava os olhos, ancorava-se no próprio corpo e se tornava um espaço seguro para a filha (o mesmo espaço seguro de que ela própria precisara quando pequena).

O método LIDE é um mergulho introspectivo profundo na dinâmica, nos padrões e nas regras tácitas da sua família, aquelas que levaram você até onde se encontra hoje. Com a consciência apurada de como o passado te moldou e com o comprometimento de não julgar e de demonstrar mais compaixão, você pode mudar drasticamente a maneira como se mostra a seus filhos agora. E, como verá no capítulo a seguir, isso vai te libertar para ser uma mãe ou um pai melhor, e uma versão mais feliz de si própria/o.

# 3. Autoconhecimento e liberdade

Laura, uma mãe de meia-idade, sorria e chorava ao mesmo tempo, enquanto expressava uma profunda preocupação de que seus filhos sofressem de ansiedade extrema.

"Eles não são como as outras crianças", ela insistiu, emocionada. "Tudo parece superimportante para eles. A menor mudança, eu me afastar um segundo que seja, mesmo quando estão fazendo algo que adoram... tudo é um verdadeiro pesadelo para meus filhos. Eles não conseguem lidar com a vida."

Eu ainda não conhecia os filhos de Laura, mas ficou claro para mim que quem sofria de ansiedade era *ela*. Como no caso de muitas outras clientes, seu foco estava nos filhos, e ela não se dava conta das próprias necessidades.

Quando os pais insistem que seus filhos têm um problema específico, muitas vezes percebo que se trata de alguma dificuldade que eles mesmos enfrentam. Se a criança é violenta, os pais podem estar envolvidos em padrões agressivos ou passivo-agressivos. Se a criança sofre de ansiedade ou depressão, é possível que haja uma perturbação de humor em um dos pais ou em ambos. Se o problema é com comida, talvez um dos pais estimule uma cultura de dieta ou que exista na família um histórico de dificuldades de processamento sensorial. E por aí vai. A questão envolvendo seus filhos provavelmente começa com você, então, se há alguma preocupação específica com relação ao bem-estar deles, volte-se para si, reflita e pergunte-se: *Tem a ver mesmo com eles? Ou é algo meu que estou projetando?*

De acordo com Laura, sua filha de oito anos tinha transtorno obsessivo-compulsivo, tiques e pensamentos ansiosos relacionados à morte; o de cinco anos se recusava a ir a qualquer lugar ou ficar com quem quer que fosse se a mãe não estivesse junto. Com base no que ela contou, fiquei preocupada que as crianças estivessem sofrendo. No entanto, nas avaliações que fiz em seguida, não observei nada relacionado a tais questões. Na verdade, os dois me pareceram crianças bem reguladas, que gostavam de brincar com a mãe. Pelos relatos de Laura, eu esperava pessoas socialmente inaptas; o que vi, no entanto, foram crianças bastante comuns, sem nada digno de nota em termos de desenvolvimento, gentis e com apego seguro. Após várias sessões com brincadeiras incluindo pais e filhos, concluí que os dois não precisavam de tratamento.

Sem perceber, Laura havia transformado seus medos e ansiedades em problemas das crianças. E fazia isso não por maldade, mas por não conhecer a si mesma. Ela interpretava de maneira equivocada comportamentos típicos da infância — como a filha enrolar uma mecha de cabelo no dedo e expressar emoções dramáticas — como questões sérias de saúde mental. Por si sós, tais comportamentos muitas vezes não passam de mecanismos de enfrentamento do tédio, da fome, da exaustão ou da própria infância. Para Laura, encarar sua perturbação interna abertamente parecia demais, de modo que ela fez o que muitos pais fazem: concentrou seus esforços em "ajudar" os filhos.

Afinal, ajudar outras pessoas é muito mais seguro, do ponto de vista psicológico, que se ajudar. Ser uma mãe ou um pai eficaz, no entanto, implica se ajudar primeiro. E, para fazer isso, é preciso conhecer seus pontos fortes e fracos.

## AUTOCONHECIMENTO E PARENTALIDADE EFICAZ

Não nos desconectamos intencionalmente dos nossos filhos quando o estresse se torna alto demais. O que acontece é que reagimos ao estresse das crianças com base nos comportamentos que aprendemos. A forma como respondemos é um reflexo de como aprendemos a nos sentir em segurança nos relacionamentos, sobretudo em momentos de vulnerabilidade, dificuldade ou desafio.

Se sua mãe ou seu pai:

- Gritava sempre com você, é possível que tenha aprendido a se desligar e evitar a dor do conflito. Talvez você se perceba repetindo o padrão de se fechar e se desligar com seus filhos.

- Perturbava e criticava você, isso pode ter culminado em ansiedade e em uma postura defensiva. Talvez você reproduza esse padrão com seus filhos.

- Soltava os cachorros, depois ficava em silêncio completo, você acabou desenvolvendo a tendência de se agarrar a ela/e para se certificar de que não seria abandonada/o ou rejeitada/o. Talvez você pise em ovos com seus filhos para não sentir a mesma ansiedade.

- Era abusiva/o, mas também sua única fonte de segurança, talvez você sentisse certa confusão quanto a ter que buscar conforto na mesma pessoa que lhe provocava medo. Esse padrão de cabo de guerra interno pode ressurgir quando as necessidades e os comportamentos dos seus filhos te sobrecarregam, e você se vê dividida/o entre querer ser o porto seguro deles e sentir que é a pessoa que lhes causa mais danos.

Sua reação aos seus filhos na maior parte das vezes não está relacionada ao que acontece no presente. Com frequência, é uma resposta ao que aconteceu com você no passado. A capacidade de parar e refletir ajuda a reconhecer a maneira como a narrativa da sua criança interior ferida impacta como você se mostra para seus filhos hoje.

Como aprendemos no capítulo 1, as necessidades mais profundas da experiência da criança interior são se sentir vista, ouvida, compreendida e segura. Ao se investigar em momentos estressantes e desafiadores, você abre caminho para que essas necessidades sejam atendidas no seu caso e no de seus filhos.

De vez em quando, meu filho mais velho rejeita meus abraços, me afasta e diz que não quer que eu o incomode. Quando isso acontece, minha narrativa da criança interior ferida se revela. Meu coração acelera, minha garganta fecha, meu corpo faz o que pode para escapar da ameaça. Tudo o que ouço é: *Você não é boa o bastante* e *Você me dá nojo*. Sem autoconhecimento, eu ficaria muito mais propensa a reagir de maneira visceral e na defensiva. *Quem você pensa que é? Sou sua mãe, você não pode me faltar com o respeito.*

A vergonha e a tristeza das feridas da criança interior podem parecer insuportáveis, por isso a mãe ou o pai que não se conhecem as transformam em um fardo que os filhos devem carregar. Com um pouco de autorreflexão, no entanto, começamos a ver as coisas com mais clareza. Por exemplo, talvez você acredite que a rejeição da criança parece uma punição. Talvez seus pais tenham se defendido da própria angústia punindo você. Essa consciência permite que você seja uma mãe ou um pai mais capacitada/o, porque você agora escolhe como reagir.

Você pode decidir romper o círculo vicioso. Em vez de culpar seus filhos, escolha lidar com a sensação desconfortável da punição e oferecer amor, compaixão e carinho.

É um processo que dura a vida toda, com avanços e retrocessos. Com o tempo, a autorreflexão leva à paciência, à consistência e à mentalidade harmoniosa necessária para criar os filhos de maneira curativa. Quanto mais você mergulha em si, mais se conscientiza de por que é como é, abrindo um portal para compreender por que seus filhos são como *eles* são.

A autorreflexão incentiva ativamente a pessoa a encontrar o significado por trás dos comportamentos dos filhos, e então poder amá-los por quem eles são. No fim das contas, todos queremos nos sentir valorizados, vistos, parte de algo maior e importantes. Isso não significa deixar os filhos mandarem. Significa aceitar a responsabilidade psicológica e relacional que vem com o privilégio da parentalidade: se comprometer a se conhecer para ajudar nossos filhos a se conhecerem também.

## A PARENTALIDADE É UM RELACIONAMENTO

A maior parte dos livros sobre parentalidade considera a dinâmica pais/filho uma via de mão única, indo dos primeiros para o segundo. Seu suposto trabalho é "consertar" a criança. Se ela dá um "chilique", você tem três opções a seguir. Se ela não ouve, há uma solução "simples". Se o processo de desfralde está sendo difícil, eis o que você deve e o que não deve fazer.

No entanto, a parentalidade é uma via de mão dupla. Sem orientações claras quanto ao que significa estar em um relacionamento com seus filhos, dicas rápidas para "melhorar" o comportamento deles terão no máximo um efeito provisório. Por um tempo, as coisas podem parecer mais tranquilas, mas a questão central não é devidamente abordada.

Relacionamentos de verdade envolvem toma lá dá cá — e não apenas entre você e a criança. Como vimos, o relacionamento (ou a falta dele) com *nossos* pais tem um impacto profundo em como criamos nossos filhos. Este livro ajudará você a começar a compreender como foi o relacionamento com *seus* pais na infância. Esse conhecimento, por sua vez, vai te ajudar a construir um relacionamento melhor com seus filhos.

Historicamente, o relacionamento entre pais e filhos recebeu pouco destaque ou reconhecimento. O paradigma central da parentalidade nos ensina que crianças devem ser vistas, mas não ouvidas, e que aquelas que se comportam mal precisam ser punidas. As opiniões e as ideias das crianças não valem tanto quanto as dos adultos, por isso aquilo que pensam e em que acreditam é considerado irrelevante. Quando as crianças falam sobre a mudança climática ou violência com armas, os adultos no poder costumam ridicularizá-las. Pensam que crianças não têm como conceber a gravidade de tais problemas ou oferecer boas soluções. Segundo esse paradigma, uma criança responder a um adulto em posição de autoridade é a pior ofensa possível, portanto ela deve ser posta em seu lugar. *É para o seu próprio bem*, elas escutam. *Você pre-*

*cisa aprender a se comportar, porque o mundo não vai pegar leve com você.* Talvez as crianças devessem se concentrar apenas em ser crianças: se divertir, não se preocupar e ser "protegidas" (ou seja, afastadas) dos problemas dos adultos.

Para muitos, a infância é um período opressivo ao qual precisam sobreviver até ter poder real na vida adulta. Se criamos filhos desprovidos de poder e sedentos por ele, quando chegam à vida adulta há uma epidemia de indivíduos autoritários que, em sua necessidade de protagonismo e por falta de autorreflexão, reprimirão e controlarão os mais vulneráveis. E não há ninguém mais vulnerável que as crianças.

O preconceito histórico contra a criança[1] — conhecido como adultismo — influencia negativamente a consciência dos pais sobre seu impacto no desenvolvimento da mente e da alma dos filhos, e macula a beleza inerente ao relacionamento entre ambos. Não estou sugerindo abandonar a cautela e deixar as crianças totalmente livres, como em *O senhor das moscas*. O que estou dizendo é que a condescendência que permeia nossas crenças relacionadas a crianças é algo inconsciente, que deriva de como nossos pais se relacionavam conosco. Cabe a você, portanto, refletir sobre como seus pais falavam *com* você e *sobre* você na sua infância. Explorando a dinâmica desse relacionamento, você ampliará a consciência do que carrega consigo para o relacionamento com os filhos.

Quando pequena, eu ouvia com frequência que constrangia minha mãe. Minha voz, minha presença, minha personalidade e o tamanho dos meus quadris eram sempre "excessivos". Isso acabou com a minha autoestima e me levou a adotar uma máscara de perfeição para lidar com o desprezo internalizado que eu nutria por mim mesma. Prometi que nunca projetaria a vergonha do constrangimento nos meus filhos. Até que meu filho, na época com quatro anos, se comportou de uma maneira que fez com que eu me sentisse absolutamente horrorizada, e meu preconceito inconsciente veio à tona.

Estávamos em uma lanchonete de beira de estrada, e um jovem com deficiência chegou com uma cuidadora. Sempre curioso, meu filho fez uma série de perguntas a seu respeito. Sem saber os detalhes da situação, respondi tão bem quanto podia. Quando o rapaz seguiu lentamente na direção do banheiro, no entanto, meu filho pulou da cadeira e começou a gritar, a plenos pulmões: "Não, ele dá medo! Não deixa ele me levar!". Isso assustou o rapaz, que se virou e voltou à sua mesa.

Fiquei arrasada. Não apenas me sentia a pior mãe do mundo como tive a certeza de que estava criando um pequeno ser humano malvado, narcisista, incapaz de ter empatia. Chocadas, as pessoas ao redor ficaram apenas me olhando, à espera do que eu faria. "Qual é o seu problema?!", sussurrei, do jeito depreciativo que os pais usam quando são constrangidos publicamente pelos filhos. Pedi desculpas ao jovem e à cuidadora por aquele comportamento. Eu sentia que meu filho precisava ser punido, e fazer com que sentisse a vergonha e o mal-estar que eu sentia parecia a única maneira de garantir que aquela reação horrenda nunca mais se repetiria.

Em um momento reativo clássico, minha criança interior ameaçada assumiu o controle, e a maturidade do adulto interior simplesmente desapareceu. Eu gostaria de ter reagido de outra maneira, mas também aprendi que mergulhar no sentimento de culpa não leva a lugar nenhum, ao contrário da autorreflexão, que leva à cura. Minhas expectativas para o comportamento do meu filho eram absurdamente altas, e cabia a mim perceber e mudar aquilo. Meu comportamento infantil — e repleto de adultismo — demonstrava que até mesmo eu, uma firme defensora do respeito às necessidades de desenvolvimento da criança, tinha muito trabalho a fazer.

Mais tarde, conversei com meu filho sobre o que havia acontecido. "Desculpa por ter reagido daquela maneira. Você precisava do meu apoio, e eu o neguei. Não foi legal." A mim mesma, eu disse: *Não é papel dele aliviar meu medo do constrangimento público. O papel dele é me levar a encarar esse medo, curar a ferida e encontrar mais paz interior.* Círculos viciosos podem ser rompidos porque cada momento desafiador revela exatamente o que precisa ser corrigido, curado e transformado.

Quando você reflete sobre suas reações e reconhece que elas vêm de dentro, pode demonstrar curiosidade com o que está acontecendo com seus filhos (em vez de simplesmente reagir ao comportamento deles). A autorreflexão permite compreender que suas crianças não estão agindo mal porque você é uma mãe ou um pai ruim. Seus comportamentos só indicam onde elas estão naquele momento, e elas precisam de apoio, estrutura e orientação.

Se eu tivesse conseguido pensar melhor na hora, poderia ter apoiado meu filho: "Sei que você está com medo, mas o rapaz não está tentando assustar você. Ele só quer usar o banheiro". Talvez tivesse podido orientá-lo: "Vamos aprender mais sobre deficiências, para que da próxima vez você demonstre mais empatia, amor e gentileza". Para poder pensar, orientar e oferecer apoio, é preciso ser capaz de desacelerar na mesma hora.

## DESACELERAR É ESSENCIAL

Talvez o maior obstáculo à autorreflexão seja o ambiente acelerado em que estamos inseridos. Vivemos em um mundo frenético, e nossa vida é ditada pelo relógio — precisamos chegar ao trabalho num determinado horário; ou então há uma reunião ou um compromisso para o qual não podemos nos atrasar. As crianças, por outro lado, vivem no aqui e agora. Não estão presas a essa construção social na qual aprendemos a viver. Muitas vezes elas reagem à correria com resistência, ansiedade e desregulação, ou se sentem oprimidas. Nosso instinto é culpá-las por não acompanharem o ritmo dos adultos. Isso é um erro, no entanto. Elas não precisam nos acompanhar: nós é que precisamos desacelerar.

Autorreflexão é a prática de desacelerar e se sintonizar. Um gatilho é sempre uma oportunidade de se perguntar: *O que isso envolve no meu caso?* Ao fazer essa pergunta, você reprograma o que não tem mais serventia. A autorreflexão é uma atualização na sua aparelhagem psicológica. Ela ajuda você a reconhecer que a criação dos filhos não é uma tarefa urgente como imaginamos. É mais como testemunhar o desenvolvimento de uma árvore. Um desdobrar lento e meticuloso, com a semente brotando, os primeiros galhos surgindo, depois se estendendo na direção do céu, até que a árvore se torne o lar majestoso de algumas das criaturas mais encantadoras da natureza. Cada criança é uma espécie única de planta, e os pais são os jardineiros que examinam com atenção as condições que permitem que ela vingue e atinja todo o seu potencial.

Ao longo da minha carreira — no atendimento particular, em clínicas de saúde pública sem fins lucrativos e no programa que criei para mães da minha comunidade —, tive a sorte de observar milhares de bebês, crianças e seus pais. Sempre fico maravilhada com como as crianças são simples. Não digo isso de maneira pejorativa, e sim com a maior admiração possível. A simplicidade da essência de uma criança é algo que todos os pais deveriam tentar reproduzir e incorporar.

As crianças exploram objetos, rostos e ambientes de cabo a rabo. Às vezes, brincam de maneira ativa e com seus pares; outras, procuram o conforto e a proximidade dos pais. Quando caem, muitas vezes não se concentram na queda, mas em se levantar para tentar de novo. Quando se machucam, elas não só se permitem sentir a dor como se deixam abertas para um abraço reconfortante. E, depois que o momento difícil passa, estão prontas para a próxima.

Crianças não são motivadas por prazos e relógios, mas por seu desejo inerente de vivenciar e sentir. Elas não têm uma lista do que deveriam experimentar, e se mantêm abertas ao momento tal como é, sem ideias preconcebidas. Ouso dizer que temos muito a aprender com nossos filhos.

## A IMPORTÂNCIA DA ATENÇÃO

Alysha, grávida e mãe de meninas de seis e oito anos, procurou terapia porque estava em um círculo vicioso de "fúria materna", em suas próprias palavras. Murmurando de maneira quase inaudível, admitiu logo de início: "Sou um monstro e estou prejudicando minhas filhas. Preciso parar, mas não sei como. Estou sempre gritando com elas. Por dentro quero parar, mas não paro. É quase como se a sensação de soltar os cachorros fosse boa. Depois me sinto péssima, claro, mas isso não me impede de fazer tudo de novo. Quando eu for para casa, vou fazer de novo, e só vou me sentir um pouco mal depois. Detesto isso".

Alysha não contava com uma rede de apoio satisfatória, e suas conexões emocionais deixavam a desejar. O trabalho de seu marido implicava mudanças frequentes, o que dificultava que ela e as crianças criassem raízes e se sentissem amparadas. Mesmo quando o marido estava em casa, Alysha era a principal cuidadora. Ele era o provedor e se mantinha afastado da vida doméstica, enquanto ela servia à família, às custas das próprias necessidades. Alysha incorporava a dona de casa clássica: abnegada, infinitamente prestativa e que sofria em silêncio. Dizia que o marido não era um pai ruim, elogiava sempre que ele tinha energia para cozinhar ou ir ao jogo de futebol das meninas. No entanto, começou a se ressentir ao se ver presa ao padrão de reprimir sua solidão até explodir com fúria. Aquilo acontecia diariamente, até várias vezes ao dia. Ouvir as filhas dizerem "Por que você está sempre brava? Queria que você fosse mais feliz" fez com que ela caísse na real.

Os pais de Alysha não a ajudavam a compreender seu mundo interno nem emoções como raiva, decepção e vergonha. Ela teve uma infância normal, razoavelmente feliz, porém eram mínimas as orientações que recebeu no sentido de entender suas emoções e lidar com o impacto delas. Alysha foi criada com medo de incomodar os pais, de modo que fazia tudo "certo". Era a típica boa menina, fadada ao perfeccionismo e oprimida pelo isolamento.

O problema de ser a "boa menina" é que o bom comportamento não costuma ser visto como uma tática de sobrevivência. Os pais acreditam, de maneira equivocada, que essa criança não precisa de apoio emocional, que está se saindo bem sozinha. Essa falta de atenção à "boa menina" é ainda maior quando há um rebelde na família. Os pais costumam apoiar filhos que se comportam *mal* — ou seja, aqueles que externam suas emoções — e ignorar os que se comportam *bem* — em geral internalizando tudo no processo. Nesse tipo de sistema familiar, os pais se ocupam das necessidades claras da "criança-problema", atribuindo inconscientemente à outra criança a obrigação de continuar se comportando bem para não causar mais incômodo aos adultos. Quem usa a máscara do bom filho aprende a internalizar medo, raiva, fúria e vergonha para manter sua reputação e não sobrecarregar a família. Quando se trata de alguém reativo como Alysha, o sacrifício pode enfim cobrar seu preço.

Ela estava num impasse. Queria gritar menos, odiava sempre rejeitar as tentativas das filhas de se conectarem com ela e se ressentia da própria irritação. Também estava cansada de sentir que era uma mãe ruim, mas se agarrava à culpa, à vergonha e à autopunição. O que mais se poderia esperar de alguém desesperada por uma rede de apoio que a ajudasse a sobreviver aos primeiros anos da maternidade?

Tenho muitas clientes e mães como Alysha nos meus grupos. Elas vivem presas na própria mente, exauridas pelas demandas e pelas dificuldades envolvidas em promover mudanças. Minha solução para esse sentimento de não sair do lugar que todas vivenciamos de tempos em tempos foi inspirada em um dos meus livros infantis preferidos, *We're Going on a Bear Hunt* [Vamos caçar um urso]. *Não podemos passar por cima*, o livro diz. *Não podemos passar por baixo. Temos que passar* pelo meio. Desenvolvi outro método, que chamo de MOVE, para ensinar você a passar pelo meio dos seus pensamentos e sentimentos inconscientes e transformar sua reatividade em uma responsividade intencional. O processo ensina a se sintonizar com suas necessidades subjacentes e com as necessidades da criança no momento.

## O MÉTODO MOVE

Esse método ajuda você a se ouvir melhor, e também ouvir seus filhos. Enquanto o método LIDE é uma ferramenta para a autorreflexão, o MOVE é uma ferramenta de aterramento rápido. Ele envolve quatro passos:

Monitore seus gatilhos.

Observe seus pensamentos.

Varie sua perspectiva.

Engendre uma mudança.

De início, pode parecer um pouco estranho, mas vale a pena insistir. Esse método ensina a desacelerar em momentos acalorados, desafiadores ou difíceis, para que você ative o processo de autorreflexão e rompa com padrões habituais em tempo real.

### MONITORE SEUS GATILHOS: "O QUE ESTÁ ACONTECENDO NO MEU CORPO?"

Alysha começou a perceber que imediatamente antes de explodir com as filhas seu coração acelerava, as mãos ficavam suadas e ela sentia um aperto no peito. Essas respostas físicas eram uma dica do corpo para desacelerar e ouvir o que ele estava dizendo. Em vez de ignorar o barulho das filhas para se sentir mais regulada, Alysha descobriu que era muito melhor interpretar o ruído interno do qual seu corpo a alertava. Em uma semana de treino, o número de explosões com as meninas foi reduzido à metade. Com o tempo, Alysha atingiu um nível de paciência com o qual se sentia bem.

Ouvindo a sabedoria do seu corpo — como o coração acelerado e outros sintomas físicos, no caso de Alysha —, você pode descobrir o que exatamente precisa regular. Muitos de meus clientes — e eu mesma — não foram ensinados a desacelerar, ouvir o próprio corpo, reconhecer as sensações físicas e passar pelo estresse de maneira produtiva. Você pode ter sido condicionada/o a se voltar para seus pais em busca de orientação, de modo que nunca aprendeu a olhar para dentro, muito menos confiar que seus guias internos estão se comunicando com você.

Quando começar a sentir que a raiva vem ou que está perdendo o controle, procure fazer o seguinte:

Desacelere.

Escute seu interior.

Retome o diálogo com o sentimento.

O emprego da técnica DER precisa ser diário. Se aplicá-la apenas vez ou outra, você não colherá todos os benefícios — o mesmo que acontece com ioga ou com corrida. É preciso consistência para começar um novo hábito, e, quanto mais confortável você fica com sentimentos desconfortáveis, mais fácil se torna lidar com as vulnerabilidades de seus filhos. Para começar, sugiro que você ponha essa técnica em prática cinco minutos ao dia, até que ela se torne automática.

*Desacelere*

Essa talvez seja a parte mais difícil, e também a mais importante. Leve a mão ao coração e respire lenta e intencionalmente. Dê à sua mente e ao seu corpo a chance de se acalmar e continuar assim. Depois pense no padrão reativo ou no gatilho que você quer trabalhar.

*Escute seu interior em busca dessas três dicas corporais*

- Que emoção surge?
- Onde você a sente no corpo?
- Ela traz alguma sensação em particular?

Alysha percebeu que gritar trazia à tona ansiedade e medo, o que ela vivenciava através da sensação de que havia um elefante sentado em seu peito. Também percebeu uma sensação de tremor no coração, na garganta e no abdome.

Para algumas pessoas, desacelerar e intuir suas emoções e experiências físicas verdadeiras pode parecer um pouco demais, principalmente se elas passaram a vida construindo um muro ao redor de suas vulnerabilidades. Se for o seu caso, você pode se aterrar levando uma das mãos à parte do corpo que parece mais pesada ou mais desconfortável — ou que estiver chamando sua atenção — e respirando fundo. Alysha, por exemplo, levava a mão ao coração e sentia o ar ali. Pense nisso como seu corpo comunicando algo importante e aguardando uma resposta. Como acontece quando alguém está com fome, o corpo grita cada vez mais alto, até que finalmente atendam a seu chamado.

Então responda: "Estou te ouvindo, sentimento. Não estou te ignorando. Quero entendê-lo". Se você sentir raiva, frustração com o sentimento ou quiser que ele desapareça, é porque precisa de mais tempo com ele, sem julgamento. Se quiser que a emoção trabalhe a seu favor, e não contra você, precisa aprender a honrá-la, independente de como ela se manifeste. Quando você honra a emoção, ela costuma ficar mais branda e se abrir à mudança.

Alysha descobriu que demonstrava curiosidade e abertura com o que sentia quando conseguiu dizer: "Estou te ouvindo, ansiedade. Não estou ignorando você, medo. Não tenho medo de você. Quero te entender".

*Retome o diálogo com o sentimento*

Faça as seguintes perguntas e deixe que as respostas venham, sem forçá-las:

- "Sentimento, qual sua maior preocupação ou seu maior medo?"
- "Sentimento, como você está tentando me proteger?"
- "Sentimento, o que você está tentando me ensinar?"

Se não obtiver resposta, tudo bem. Às vezes, a emoção ou sensação não está pronta, e é preciso aceitar isso. Se uma resposta surgir, ouça com a intenção de compreendê-la e honrá-la, e não de consertar ou mudar o que quer que seja. Provavelmente as perguntas levarão a um mergulho mais profundo no seu subconsciente.

Alysha me disse que, quando perguntou qual era o maior medo da sua ansiedade, a resposta foi: "Do fracasso, de você não ser uma boa mãe". Quando perguntou do que estava tentando protegê-la, a resposta foi: "Se eu não for dura, você vai continuar agindo assim. Não consegue ver? Estou protegendo você de estragar tudo com suas filhas".

Ela ficou comovida com o que sua ansiedade queria lhe ensinar. "Quero que você se sinta bem mesmo quando estraga tudo", foi o que Alysha ouviu. Sempre que ela reagia mal às filhas, o espírito da ansiedade a visitava para ajudá-la a demonstrar mais autocompaixão, a ser mais acolhedora e a se responsabilizar por seus atos. Emoções e sensações repetidas são um convite para crescer e desenvolver sua capacidade de autocompaixão e benevolência. Quanto mais Alysha se comprometeu com essa prática, mais fácil ficou monitorar seus gatilhos no momento em que eram disparados: ela passou a relacionar o coração acelerado e o peito apertado com ansiedade e medo. Precisava se assegurar de que era boa mesmo quando não era perfeita. Então começou a dizer a si mesma que tudo tinha conserto, até que finalmente aprendeu que não precisava se martirizar a cada pequeno deslize.

Envolver-se mais intimamente com sua experiência interna — e tratá-la com o respeito, a compaixão e a curiosidade que ela merece — oferece uma vantagem na criação dos filhos. Quanto mais você aprende a lidar com o que te deixa desconfortável, mais natural se torna ajudar seus filhos a fazerem o mesmo.

### OBSERVE SEUS PENSAMENTOS: "QUAL É MEU PENSAMENTO AUTOMÁTICO NESTE MOMENTO?"

Assim como pode ensinar a seu corpo novas maneiras de responder ao estresse, você pode mostrar à sua mente novas maneiras de interpretar o estresse que surge. É por meio da nossa reação ao estresse que aprendemos a lidar com a dor na vida. Por exemplo, uma mãe ou um pai que reage de maneira desproporcional a uma situação simples em geral ensina os filhos a fazerem o mesmo.

Os pensamentos provocados pelo estresse também alimentam a narrativa da criança interior ferida. Digamos que, quando criança, você concluiu que estava só. Acreditava que todo mundo com quem se importava te abandonaria, independente de quão bem se comportasse ou quão amável você procurasse ser. Agora, na vida adulta, você percebe que os pensamentos provocados pelo estresse são exagerados. Quando seus filhos te rejeitam, você pensa: *Eles não querem saber de mim*. Sem autoconhecimento, você repete essa crença mentalmente, o que condiciona seu corpo a se preparar para o impacto.

A tabela a seguir lista alguns dos pensamentos mais comuns desencadeados pelo estresse. Após identificar os padrões no seu caso, procure ficar mais alerta a eles, mas resista ao impulso de julgá-los como certos ou errados. Reconheça-os como um sinal de que você está sob tensão por algum motivo e tenta lidar com ela. Quando você pensa *Nossa, estou estressada/o*, seu corpo reage diferente em comparação a *Você não presta, jurou que não ia perder a paciência e já era!*

| RESPOSTA MENTAL AO ESTRESSE | O QUE É | EXEMPLO |
|---|---|---|
| Se concentrar no negativo | Foco automático na parte ruim, principalmente quando há muitos pontos positivos a reconhecer, e estes são ignorados. | Você teve um dia maravilhoso com seus filhos, mas se a hora de dormir foi desafiadora, isso estraga todas as coisas boas que aconteceram. |
| Exagerar | Dramatizar a situação tão intensamente que você imagina que o pior cenário possível se deu ou se dará, apesar de não ter provas disso. | Pensar que uma única briga com o/a companheiro/a vai terminar em divórcio. |
| Dicotomizar | Usar noções absolutas como "sempre" e "nunca". | Você sempre falha com as crianças. Seus filhos nunca te ouvem. |

| RESPOSTA MENTAL AO ESTRESSE | O QUE É | EXEMPLO |
|---|---|---|
| Conjecturar | Ficar tentando prever o futuro por meio da projeção de suas preocupações. | *E se eu estragar meus filhos? E se eles usarem drogas? E se não gostarem de passar tempo comigo?* |
| Martirizar-se | Esperar que seu sacrifício seja reconhecido e recompensado, e se ressentir quando isso não acontece. É um padrão bastante comum entre as mulheres. | Você se recusa a pedir ajuda mesmo quando precisa. Se convence de que tem que dar conta de tudo, porque os outros parecem conseguir. Prefere se esgotar a pedir que alguém atente às suas necessidades. |

Tornar-se um observador cuidadoso dos pensamentos desencadeados pelo estresse e do comportamento resultante deles permite que você se abra à oportunidade de transformar sua antiga maneira de pensar. O objetivo não é eliminar esse hábito, mas identificar o que está acontecendo no momento. A partir disso, você pode então mudar sua perspectiva para um pensamento produtivo.

### VARIE SUA PERSPECTIVA: “HÁ OUTRA MANEIRA DE VER ISSO?”

Depois que você entende como seu corpo e sua mente reagem ao estresse, o próximo passo é se perguntar: *Há ou-*

*tra maneira de ver a situação?* Pesquisas sugerem que adotar um olhar mais produtivo[2] quando se trata de pensamentos decorrentes do estresse ajuda a reduzir a ansiedade. Mudar seu foco é crucial para curar as narrativas da criança interior ferida e romper círculos viciosos.

Há muitas perspectivas a se adotar após um embate estressante. Cabe a você avaliar a situação sob tantas ópticas quanto possível. Por exemplo, em uma discussão com um filho, você pode adotar estas três perspectivas para compreender a situação mais profundamente:

- Como você vê a situação?
- Como seu filho pode ver a situação?
- Como uma mosca na parede poderia ver a situação?

Um pensamento produtivo oferece uma compreensão do problema mais sensível e voltada a soluções. Pense em maneiras de transformar um pensamento improdutivo em outro que seja produtivo.

| RESPOSTA MENTAL AO ESTRESSE | PERSPECTIVA INICIAL | PERSPECTIVA PRODUTIVA |
|---|---|---|
| Se concentrar no negativo | *O fato de que ele levou uma eternidade para dormir estragou o dia.* | *Ele precisou um pouco mais de mim hoje. Foi frustrante, mas nos divertimos tanto durante o dia que talvez ele só não quisesse que terminasse.* |

| RESPOSTA MENTAL AO ESTRESSE | PERSPECTIVA INICIAL | PERSPECTIVA PRODUTIVA |
|---|---|---|
| Exagerar | *Minha filha está com febre. Deve estar ficando doente. E se começar a ter convulsões, como a filha dos vizinhos?* | *Minha filha está com febre e eu fico preocupada com como vou lidar com a situação. Vou ligar para a pediatra.* |
| Dicotomizar | *Meu filho nunca divide as coisas. Ele é sempre possessivo no parquinho.* | *Meu filho está aprendendo a dividir. Ele ainda não domina essa habilidade.* |
| Conjecturar | *Minha filha me mandou embora. E se não gostar da minha presença quando for maior?* | *Algo deve estar acontecendo com ela. Também estou notando meu medo de rejeição. Preciso lidar com ambas as coisas separadamente.* |
| Martirizar-se | "Olha tudo que eu faço por vocês. Ninguém me valoriza." | *Eu me doo com a expectativa de que outros se doem a mim. Em vez disso, preciso me concentrar em reivindicar o necessário para sustentar isso.* |

Para rastrear melhor seus pensamentos e descobrir maneiras de transformá-los, anote em seu diário suposições e crenças que passam pela sua cabeça durante o dia. Veja se você consegue determinar qual tipo de resposta ao estresse surge (tudo bem criar seus próprios nomes, com base no que parecer mais confortável). Por fim, imagine formas alternativas de abordar a situação. Se sentir que não está saindo do lugar, trabalhe na terapia ou com alguém em quem confie e que possa oferecer orientação e apoio.

Quando consegue ver a situação sob um novo foco, uma porta se abre para que você não apenas reconsidere o que está acontecendo em sua mente mas também promova mudanças sobre como reage a isso.

### ENGENDRE UMA MUDANÇA: "COMO QUERO REAGIR AGORA?"

Depois de enxergar a situação estressante sob uma nova perspectiva, você pode se perguntar: *Como quero reagir agora?* Essa é uma posição de poder. Em vez de a reação habitual desencadear desregulação e pensamentos contraprodutivos, você agora pode ponderar suas escolhas.

Kerry, uma mãe de meia-idade, sentia-se bastante desafiada pelo comportamento da filha de seis anos. Tiffany tinha o costume de lhe dirigir insultos que seriam esperados de uma adolescente angustiada.

"Ela diz coisas como: 'Cala a merda dessa boca' e 'Não tenho que ouvir você'", Kerry me contou. Em resposta, a mãe se desligava, compreensivelmente, permitindo que a sensação de derrota e impotência assumisse o controle. Então a menina, hipersensível ao sentimento de rejeição, respondia com ainda mais agressividade. As duas se viam presas em um círculo vicioso.

Kerry acreditava que sofria abuso da filha. Como pude lhe mostrar em nosso trabalho, no entanto, na verdade ela estava projetando a própria narrativa da criança interior ferida sobre Tiffany. O pai de Kerry com frequência a assediava verbalmente na infância, irritando-se e gritando com ela pelas coisas mais bobas. Como resultado, Kerry tentava ser "perfeita", mesmo que seu ressentimento só crescesse. Ela aprendeu a diminuir suas emoções. Para sobreviver, precisava se encolher tanto quanto possível. Agora que era mãe, Kerry desempenhava o único papel parental que conhecia: estava repetindo sua parte no círculo vicioso, e esperava que Tiffany fosse a filha "perfeita". Quando Tiffany não agia assim, atacava a mãe, que se fechava para suportar a dor. Nosso processo terapêutico não poderia se ater a ajudar Tiffany a encontrar maneiras mais aceitáveis de se expressar — era preciso ajudar Kerry a curar sua criança interior ferida. Eis o que o método MOVE proporcionou a Kerry em nosso trabalho juntas:

- **Monitore seus gatilhos:** Quando Tiffany dava início a seus rompantes, o corpo de Kerry ficava mole e sem vida. Ela se sentia derrotada e com medo.
- **Observe seus pensamentos:** Kerry pensava automaticamente: *Não mereço isso. Ela deveria me tratar com respeito. Sempre se comporta mal quando peço que coopere. Não há nada que eu possa fazer.*
- **Varie sua perspectiva:** *Não sou meu pai. Não preciso exigir perfeição. Minha filha ainda está aprendendo a cooperar, e eu ainda estou aprendendo a apoiá-la mesmo quando um gatilho meu é acionado.*
- **Engendre uma mudança:** Kerry aprendeu a apoiar as emoções de Tiffany e ao mesmo tempo limitar de maneira clara seu comportamento: "Você tem o direito de sentir raiva e fi-

> car chateada, mas não gosto que grite comigo. Como posso ajudar a acalmar seu corpo para podermos conversar sobre o que está te incomodando?". À medida que Kerry fazia essas mudanças de maneira consistente, o comportamento de Tiffany melhorava. Ela descobriu maneiras mais produtivas de atender às próprias necessidades, e ambas aumentaram juntas sua segurança no relacionamento.

Como Kerry, você também pode adquirir as habilidades necessárias para olhar mais de perto os padrões de comportamento que estão determinando a maneira como interage com os filhos. Depois que cria o hábito de reconhecer seus gatilhos, sintoniza-se com sua voz interior automática, reconhece suas reações emocionais sem julgamento e se trata com compaixão, você está a caminho de romper círculos viciosos e descobrir uma maneira curativa de ficar com seus filhos.

# 4. A beleza dos limites

Amber, mãe de cinco com uma necessidade crônica de agradar aos outros, recebeu um pedido de uma amiga que ia viajar por algumas semanas: levar e buscar seus filhos na escola nesse período. Amber queria ajudar a amiga, mas já estava sobrecarregada e à beira de um colapso. Acabou aceitando, ainda que com relutância e sabendo que se ressentiria daquilo.

"Imagino que ela tenha pedido porque sou a única que pode ajudar", Amber me disse. "Só que estou exausta, acho que não consigo dar conta de mais isso."

Amber cresceu em um ambiente familiar no qual dizer não a um adulto (ou a quem quer que fosse) era um crime que devia ser punido. Ela aprendeu não apenas a dizer sim, mas a fazer isso sorrindo, mesmo que estivesse fervilhando de raiva. Amber guardava tudo, dava duro na escola e levava uma vida que parecia fadada à autodestruição. Quando a conheci, as coisas pareciam ótimas: ela estava feliz no casamento, tinha filhos lindos e um círculo de amizades que a valorizava. Quem não valorizaria? Se alguém precisava de algo — uma voluntária para trabalhar na escola de última hora, uma vizinha para regar o jardim —, podia contar com Amber. Ela era confiável, amável e... fervilhava por dentro.

Amber temia que dizer não, independente do contexto, levaria a consequências desastrosas. Portanto, não recusava nada, e ficava cada vez mais ocupada e ressentida. Quando a amiga lhe fez aquele pedido aparentemente inocente, ela estava no limite.

Como chegara ali? Quando pequena, Amber se mudava com frequência, de modo que tinha oportunidades limitadas de fazer amizades duradouras. Em sua experiência, amizades eram frágeis. Se um relacionamento se desfazia, devia ser por culpa dela. Incomodada com a solidão e desejosa de formar vínculos profundos, Amber concluiu que ser uma boa amiga significava sempre acatar os pedidos dos outros, mesmo que a deixassem desconfortável. Na vida adulta, tornou-se a topa-tudo de seu círculo de amizades, ao mesmo tempo que prometia a si mesma que *ela* nunca pediria ajuda a ninguém, fosse algo material ou substancial. Seus relacionamentos se tornavam cada vez mais uma via de mão única, e ela precisava fazer uma mudança muito necessária.

Amber tinha dificuldade de comunicar seus limites. Quando sugeri que dissesse à amiga que não poderia dar carona ao longo de tantas semanas, considerando que já estava lotada de obrigações, ela entrou em pânico: coração acelerado, palmas das mãos suadas e um desejo de mudar de posição, o que indicava que lidar com o desconforto era incômodo, e ao mesmo tempo importantíssimo. Amber observou que sua mente era tomada por extremos e conjecturas: *E se ela nunca mais falar comigo porque dei pra trás? E se ela não puder viajar por minha culpa?*

Eu a desafiei a variar sua perspectiva. Sua ansiedade era real e motivada por um passado no qual dizer o que precisava era inútil. Seus pensamentos naquela situação específica, no entanto, não eram válidos. Após um tempo, ela se tornou confiante de que, se sua amiga fosse uma boa amiga, ia preferir que Amber falasse o que sentia, e não se afastaria só porque ela havia sido honesta quanto às próprias limitações. Engendrar uma mudança e experimentar algo novo implica correr riscos. Com algum incentivo, Amber escolheu a si mesma.

Com clareza, compaixão e respeito, ela explicou à amiga: "Sei que concordei em levar e buscar seus filhos na escola durante sua viagem, mas infelizmente não consigo fazer isso agora. Sei que pode ser uma decepção ouvir isso. Valorizo muito nossa amizade e espero que você entenda minha posição". Amber ficou surpresa quando a amiga respondeu de maneira positiva e amorosa. Ela não apenas tinha alternativas a quem recorrer como agradeceu a Amber por lembrá-la de ficar mais atenta à situação das outras pessoas antes de pedir um favor desse porte. Esse foi o ponto de virada para Amber: ela foi honesta quanto às suas necessidades e não recebeu nenhum sinal de condenação em troca.

Como Amber, se você puser isso em prática, descobrirá que estabelecer melhor seus limites leva a conexões mais profundas. Cuidar da sua criança interior envolve atender às suas necessidades, curar o que parece ferido e crescer apesar das dores que mantêm você presa/o ao passado. É através dos limites que você encurta a distância entre a maneira como foi condicionada/o a pensar e agir e os desejos que seu trabalho de cura revelaram. Para aprofundar esse trabalho, você não pode ter medo de estabelecer suas necessidades com clareza, compaixão e respeito. E precisa aprender a desapegar do medo de decepcionar os outros.

Este capítulo não ensinará você a cortar relações com pessoas que desrespeitam os limites que conseguiu estabelecer. Reconheço que há circunstâncias em que isso é necessário, mas aqui nos concentraremos em relacionamentos mais funcionais. Se você tiver rompido com certos membros da família ou sentir que deve fazer isso, por favor discuta seus objetivos e necessidades com um profissional de saúde mental.

## O QUE É UM LIMITE?

Um grande equívoco quando se trata de limites é pensar que seu objetivo é controlar o comportamento da outra pessoa. Se você impõe limites para controlar alguém — um amigo, parente, companheiro/a ou filho —, não vai ter sucesso. Um limite que presume controle não é saudável; ele só traz codependência. Talvez, por exemplo, você esteja cansada/o das críticas constantes da sua mãe quanto a você não estar atendendo às expectativas dela. Então você decide parar de ligar e fala o mínimo necessário quando ela faz contato. Isso não é um limite. É uma versão mais leve de ignorá-la. Uma hora sua mãe vai perceber e tentar te levar de volta à velha dinâmica — com você servindo como uma tela para as projeções da insegurança dela. Logo você vai recuperar seu papel original de alvo relutante da vergonha e da culpa não processadas por *ela* (que se infiltraram em sua identidade). E o círculo vicioso se reiniciará.

Limites são demarcações claras do que você vai e não vai tolerar, e de como seu comportamento vai mudar se alguém os violar. Quando você estabelecer um limite com alguém com quem se importa, imagine que está desenhando uma ponte entre vocês. Embora possam estar em lados opostos, o limite diz: “Estou disposta/o a manter minha conexão com você assim”. Limites saudáveis permitem que você se sinta em segurança nas suas relações. Não têm a intenção de mudar os outros ou de torná-los "melhores" para você. Um limite saudável transforma como *você* se apresenta no relacionamento.

Limites expressam suas necessidades e até onde você é capaz de ir. Em vez de se afastar da sua mãe e demonstrar desinteresse, você pode dizer: "Mãe, não gosto de como você critica minhas escolhas. Fico triste de pensar que o modo como vivo é uma decepção para você. Sou feliz assim, e quando precisar da sua opinião vou pedir". Essa abordagem exige uma boa dose de vulnerabilidade. É muito mais fácil reprimir tudo, ignorar o problema e fingir que vai lidar com ele depois. No entanto, isso não levará a um relacionamento melhor. Relações saudáveis não têm medo de conversas difíceis. Nem sempre é fácil dizer a uma pessoa que você ama que ela está te machucando, ainda mais para quem não está acostumado a ser assertivo. No entanto, com essa abordagem, você aprende a se relacionar com os outros de maneira saudável e reparadora.

Na primeira vez que for estabelecer um limite, esteja preparada/o para uma reação contrária. No exemplo anterior, sua mãe pode colocar a si mesma no centro da discussão: "Você acha que o que eu faço é ruim? Isso porque não cresceu com sua avó. Era muito pior. Pelo menos me importo com você. Ela não estava nem aí para o que acontecia comigo". Sua mãe pode tentar te arrastar de volta para a dinâmica com a qual você concordou sem perceber décadas atrás, seja fazendo você pedir desculpas e se curvar à rainha, seja brigando pelo título de "quem sofre mais", ou qualquer coisa no meio caminho. Não morda a isca. Condicione-se a enxergar essa reação pelo que ela é: uma resposta envergonhada de alguém atormentado pela própria imaturidade emocional.

## COMO AS PESSOAS RESPONDEM A LIMITES

Como uma pessoa reage a um limite seu diz mais sobre ela que sobre você. Incentivo você a confiar na divisão de papéis aqui — você estabelece os limites e a outra pessoa reage a eles. Quando você parte de uma posição de amor-próprio para estabelecer um limite e sente compaixão e respeito pela outra pessoa, isso não quer dizer que seja responsável pela reação dela. No entanto, quando começam a realizar esse trabalho meus clientes costumam apresentar alguns medos:

- Vão ficar bravos comigo.
- Vão me odiar.
- Talvez eu seja uma péssima pessoa.
- Não vão gostar mais de mim.
- Vão pensar que sou difícil.
- Qual é o meu problema? Por que não posso lidar com isso?
- E se eu prejudicar meus filhos ao estabelecer limites com essa pessoa que está me fazendo mal?
- Talvez eles tenham razão... eu sou o problema.

Se você passou a vida sendo condicionada/o a carregar o peso da imaturidade emocional de outra pessoa, faz sentido que continue se sentindo responsável pelo comportamento dela. Infelizmente você não tem nenhum controle sobre como os outros recebem seus limites. Tudo que tem a fazer é estabelecer o que precisa com clareza, compaixão e respeito, e então poderá sentir autenticidade, segurança e conexão com a outra parte, em vez de falsidade, insegurança e ressentimento.

Pessoas que confrontam limites tendem a expressar sua vergonha minimizando as necessidades do outro. Usam mecanismos de defesa como xingar, atacar, diminuir e rejeitar as alegações recebidas para tentar evitar sua responsabilidade sobre o impacto que têm sobre quem está por perto. A maioria das pessoas que faz isso não está tentando machucar você (com exceção das verdadeiramente narcisistas). Seu comportamento é motivado inconscientemente pelo desejo de evitar o desconforto. Isso não significa, no entanto, que você precisa ser alvo dessa imaturidade emocional. É possível sentir compaixão pelas pessoas ao mesmo tempo que se desapega da expectativa de que elas mudem. Isso também permite que você apresente mais clareza e consistência nos limites que escolhe estipular.

Alguém está desrespeitando os limites que você propôs quando diz coisas como:

- Você perdeu o senso de humor.
- Essa história de limite é besteira, esquece isso.
- Então agora você acha que é melhor que os outros?
- Para de agir como se eu fosse o problema. Por que não se olha no espelho?
- Se não está gostando, é só ir embora.
- Para com isso, não estou fazendo nada de errado.
- Depois de tudo o que fiz por você, é assim que me paga?
- Qual é o seu problema?

- Estamos só nos divertindo, por que atrapalhar?
- Supera.
- Não se pode brincar com mais nada, nossa...

Você não precisa tolerar esse tipo de comportamento. Para mandar uma mensagem clara, no entanto, vai precisar impor consequências diretas. Usando o exemplo anterior, você pode dizer à sua mãe que ela te magoa quando critica você, e que vai pedir a opinião dela quando precisar. Mas saiba que ela pode reagir mal, por exemplo, apelando para a pena e contando a história triste da própria infância — uma estratégia sutil, porém significativa de que as pessoas se valem para não se responsabilizar pelo desrespeito aos limites e pela falta de consideração pelos demais. Não tente argumentar ou convencer sua mãe de que ela está fazendo com você o mesmo que sua avó fez com ela. (A menos que sua mãe faça terapia, não vai enxergar a ligação, então não vale a pena.) Em vez disso, procure reiterar seus limites e mandar uma mensagem clara: "Eu te amo, mas isso não está aberto a discussão. Com licença". Então se afaste. Ela pode revirar os olhos e soltar um suspiro desgostoso: talvez seja como consegue liberar a vergonha *dela*. Você não precisa fazer nada com isso. Encerrando a discussão e criando uma distância física, você aumenta a própria segurança emocional. Essa é a beleza dos limites.

## A CURVA DE APRENDIZADO DOS LIMITES

Talvez seus limites não sejam respeitados de imediato, sobretudo se você acabar cedendo às exigências dos outros ou pedindo desculpas pela maneira como foram afetados emocionalmente. (Isso só ensina às pessoas que elas podem continuar desrespeitando seus limites.) Dê a *si* um tempo para aprender a impor limites com confiança, e dê aos *outros* tempo para aprender a não levar para o lado pessoal. As pessoas que te amam e se importam com você não querem te machucar.

Deve demorar um pouco para que as pessoas compreendam que precisam respeitar seus limites. Quando alguém que nunca recebeu limites em um relacionamento depara com eles pela primeira vez, acaba derrapando. É natural, e está tudo bem. Você não precisa romper a relação com a pessoa só porque ela errou algumas vezes. Se alguém desrespeita um limite, você pode reforçá-lo — da mesma maneira que quando seus filhos cometem deslizes você repete a mensagem até que eles a internalizem. Damos a nossos filhos oportunidades de aprender porque os amamos e queremos ter um relacionamento com eles. Também queremos ensiná-los a ter um relacionamento conosco. Se queremos fazer com que outras relações funcionem porque amamos essas pessoas, precisamos nos esforçar para ter conversas desconfortáveis e assim construir conexões seguras.

Continue oferecendo às pessoas que ama oportunidades de praticar o respeito a suas necessidades e limitações. Você logo reconhecerá aquelas que desrespeitam limites e não estão dispostas a se esforçar por uma mudança real porque essas humilharão, diminuirão e menosprezarão você por estabelecê-los, ou recorrerão às respostas emocionalmente imaturas que descrevemos antes. Se isso continuar sendo um problema e essas pessoas não assumirem sua responsabilidade por ele nem fizerem qualquer tentativa de mudar, você talvez perceba que não deseja trabalhar mais por esses relacionamentos. Também pode decidir dar um fim a eles. Se chegar a esse ponto, pelo menos saberá que tentou. As outras pessoas talvez não entendam, mas você se sentirá bem por ter se esforçado. Você pode se desconectar, viver o luto e se cercar de relacionamentos com uma boa relação de troca.

## COMO ESTABELECER LIMITES

Estabelecer e sustentar limites é um estilo de vida, o que significa que quanto mais você pratica, mais confiante se sente. Esse trabalho fica melhor quando realizado junto com pessoas em uma jornada similar à sua, mas não espere os outros para tomar o caminho da cura.

1. **Não se desculpe pela reação de alguém ao limite imposto por você.** Deixe que a pessoa aprenda a lidar com o próprio desconforto.

2. **Responsabilize-se por seu pensamento disfuncional.** Se você gritar, provocar ou for passivo-agressiva/o ao comunicar um limite, dificilmente terá esse limite ouvido e respeitado. Se você estiver com raiva, certifique-se de reconhecer isso e tomar as medidas necessárias. Assumir a responsabilidade é uma parte essencial de estabelecer limites saudáveis. É importante passar esse exemplo para seus filhos, transmitindo a mensagem de que assumir erros ajuda na segurança e na conexão do relacionamento.

3. **Não brigue.** Desacordo e conflitos respeitosos são aceitáveis. No entanto, se as coisas ficarem feias, afaste-se e se concentre em se autorregular (e em proteger seus filhos, se for o caso). Se brigas imaturas são um problema crônico, sobretudo em relacionamentos íntimos, leve a questão a um profissional de saúde mental para saber como agir.

4. **Evite explicações longas e arrastadas.** Muitos de nós sentem que precisam oferecer informações detalhadas ao estabelecer um limite, ainda mais se for relacionado a temas que já se provaram polêmicos. Por exemplo: "Pai, eu já disse que seus comentários sobre o peso das crianças me deixam desconfortável. Quando você fez isso comigo na infância, eu me senti constrangida/o, então peço gentilmente que não as magoe com esse tipo de crítica". Em vez de tentar convencer alguém de que seu comportamento é prejudicial a você, opte por simplicidade e clareza: "Pai, não gosto que fique falando sobre o peso dos meus filhos. Vão brincar lá fora, crianças". Então saia.

5. **Estabeleça limites com rapidez.** Sobretudo em relacionamentos duradouros, você já sabe quando a conversa começa a adentrar território desconfortável ou inseguro. Se esperar demais, a raiva, o ressentimento e/ou suas feridas podem assumir o controle, impedindo que você comunique seus limites com clareza, compaixão e respeito.

6. **Não implore para que alguém respeite seus limites.** Se a pessoa não está disposta a encontrar uma maneira de conviver com você, é porque não valoriza o relacionamento (provavelmente porque ainda está aprendendo a valorizar a si mesma). Pode ser duro ouvir isso, ainda mais quando você enfrenta dificuldades em um relacionamento importante (com sua mãe, seu pai, seu/sua companheiro/a). Lembre-se, no entanto, de que você não é um saco de pancada: você merece todo o respeito que oferece às pessoas em seu entorno.

7. **Livre-se das obrigações.** Seu tempo é seu recurso mais precioso, e ninguém sabe exatamente quanto dele terá nesta

vida. Gaste o seu como e com quem deseja. Caso se sinta obrigada/o a encontrar alguém, reflita sobre o assunto. De onde vem essa obrigação? Ou é só uma ferida relacional que precisa ser curada? Procure esclarecer isso.

8. **Teste seus limites com alguém em quem confia.** Treinar ajuda a aprender a usar as palavras em momentos de estresse. Isso é especialmente valioso para aqueles que tendem a querer agradar, têm dificuldade de dizer não ou consideram qualquer desacordo estressante e difícil. Ensaiar ajuda a ganhar confiança no estabelecimento de limites.

9. **Viva de acordo com o que faz você se sentir bem.** Quando você se sente bem em relação ao que está fazendo, passa menos tempo se preocupando com a aprovação dos outros, para de buscar aprovação externa e se situa no mundo sabendo que não apenas é o bastante como tem muito a oferecer. Agindo assim você incentiva os outros a fazerem o mesmo. Isso não é egoísmo, como você pode ter sido levada/o a acreditar. É uma questão de se honrar, um trabalho necessário para abordar seus relacionamentos de maneira mais curativa.

## COMO A PRESSÃO EXTERNA IMPACTA SEUS LIMITES

Crystal é uma mãe e dona de casa dedicada, que procura apoiar os filhos e estar sempre disponível para eles. No entanto, todo ano, à medida que as festas se aproximam, ela se vê temendo as reuniões familiares. Crystal adora sua família, mas não se sente bem com os julgamentos relacionados à criação dos filhos.

"Todo mundo sempre faz comentários sobre minhas escolhas", ela diz. "Acham que sou controladora demais porque quero que meus filhos vão para a cama em determinado horário. Mas não são os parentes que precisam lidar com o mau humor das crianças no dia seguinte. Sou eu."

Crystal procura comunicar limites aos filhos de maneira clara, consistente e conectada, ao mesmo tempo que se mostra calorosa, amorosa e brincalhona. Sua família é menos intencional na interação com as crianças. Gritos, insultos e punições são a norma. Todos adoram um drama. Crystal tenta desesperadamente escapar de seu passado e encontrar mais paz e calma interior. Muitas vezes se sente obrigada a participar do circo familiar e aceitar as críticas sem fazer qualquer objeção.

Embora deteste gastar seu tempo assim, todo ano Crystal cede à pressão e concorda em passar as festas com a família. Assim, momentos que deveriam ser alegres acabam fazendo com que ela se sinta irritada e ressentida. Crystal precisa de confiança, precisa estabelecer limites claros e informar suas necessidades sem pedir desculpas. Claro que é mais fácil falar do que fazer.

Todo ano, o horário de dormir dos seus filhos gera atrito. O restante da família não vê problema nas crianças ficarem acordadas até tarde, mas Crystal prefere manter uma programação previsível (pelo bem de todos). Quando dizia que seus filhos de três, cinco e seis anos tinham dificuldade de ficar acordados até tarde e que gostaria que eles pudessem abrir seus presentes no início da festa, e não no fim, a família imediatamente a pressionava.

"Por que você quer acabar com a tradição?", a mãe dela dizia. "Sempre abrimos os presentes no fim!" Crystal ficava preocupada que aquilo levasse a um conflito maior, e odiava ser “difícil”. Então cedia e se sentia culpada, e seus filhos não ficavam bem. No dia seguinte, Crystal tinha que cuidar de três crianças desreguladas que não haviam dormido o suficiente. Após me relatar tudo isso, ela suspirou e disse: “Por que não faço o que sei que é melhor?”.

Como muitas clientes minhas, Crystal foi programada para priorizar as necessidades dos outros às custas das próprias. Quando você fica ansiosa/o para agradar, tem medo de decepcionar os outros ou costuma evitar conflitos, acaba aprendendo a viver com o próprio desconforto no esforço de deixar os outros mais confortáveis. Você aprende a se sacrificar por obrigação, e não por generosidade, amor e desejo sincero de servir. Reuniões familiares em qualquer momento do ano muitas vezes evidenciam que estabelecer limites claros é uma área em que a maioria de nós poderia melhorar.

Se Crystal estabelecesse limites com compaixão, talvez se sentisse um pouco melhor no dia seguinte: “Sei que é chato termos que ir embora às nove, mas adoraríamos participar da abertura dos presentes, se vocês concordarem em adiantar a tradição”. Mesmo que a família reaja com mais críticas e a faça se sentir culpada, parte do trabalho de Crystal é abandonar as expectativas de que eles mudem seu comportamento para atender às necessidades dela. Em geral, as pessoas fazem as mudanças que são boas para elas. Se a família de Crystal continuasse pressionando, ela poderia encerrar a conversa com: “Isso já foi discutido. Vamos mudar de assunto”. Não me entenda mal: não estou menosprezando a dificuldade de manter a compostura ao confrontar alguém dessa forma. No entanto, até que você comece a insistir que suas necessidades são tão importantes quanto as dos outros, as pessoas não saberão do seu desejo de ser priorizada/o.

## POR QUE IMPOR LIMITES É DIFÍCIL

Meu primeiro contato com a ideia de trabalhar com limites foi quando meu terapeuta, o dr. Hanna, me perguntou, muito antes que eu tivesse filhos: "O que você vai fazer para proteger as crianças das disfunções da sua família?". Eita.

Crescimento implica dor, e o que descobri na minha jornada foi que limites perturbam a ordem estabelecida previamente (e de maneira inconsciente) com outra pessoa. Quando alguém dá uma bagunçada nas coisas, nosso instinto é buscar os padrões antigos. É por isso que estabelecer limites parece mais difícil com pessoas que conhecemos há mais tempo: os padrões relacionais já estão definidos, e o sistema reage tentando retomar o conhecido. Você se sente uma/um adolescente sempre que volta a seu lar de infância e encontra seus pais e irmãos? Então você sabe como é. Em relacionamentos longos, todo mundo prefere seguir a rotina e os papéis aos quais já estão acostumados.

Muitos de nós fomos criados segundo o paradigma tradicional. Surras e outras punições eram a norma; nossos pais não pediam desculpas; as crianças deviam ser vistas e não ouvidas; e era esperado que fizéssemos exatamente o que mandavam. No entanto, decidimos criar nossos filhos de maneira diferente agora. Em vez de bater e punir, tentamos ensinar às crianças sobre suas emoções e definir limites de maneira clara, consistente e conectada. Pedimos desculpas quando cometemos um erro e acreditamos que a contribuição dos pequenos à família é valiosa.

A decisão de criar os filhos de uma forma diferente daquela como fomos criados ameaça o status quo da nossa família de origem. Quando estamos fisicamente distantes, os comentários não parecem tão incômodos. Conseguimos deixar a opinião deles de lado e nos concentrar no cotidiano. Ao nos reunirmos com esses familiares, no entanto, podemos não ser vistos como adultos crescidos e autônomos. Talvez ainda sejamos vistos como crianças de quem se espera que sigam a ordem preestabelecida: *Fazer o que foi ordenado.*

Contribuir com ideias, crenças e limites novos é malvisto. Parece uma transgressão ajudar os filhos a processarem seus problemas em vez de puni-los. É até mesmo uma disrupção, mas no bom sentido. No entanto, o sistema se perturba com a audácia de questionar o estilo de criação da família e procurar seu próprio caminho. Afinal, quem você pensa que é?

Você pode receber críticas como: "Você está mimando seus filhos!", "Você se acha melhor do que a gente", "Depois você vai ver o mal que isso faz", "Seu filho é mal-educado, e a culpa é sua". Não porque os outros achem mesmo essas coisas a seu respeito, mas porque lá no fundo, inconscientemente, precisam sentir suas decisões validadas, mesmo que para isso seja necessário atacar você. Eles querem conservar o passado e resistir à mudança. É por isso que estabelecer limites pode ser um processo ao mesmo tempo assustador e repetitivo.

## COMO ESTABELECER UM LIMITE

Criei um esquema fácil de lembrar para te ajudar a estabelecer um limite. Você saberá que precisa fazer isso quando:

- Sentir que não aceitariam seu "não".
- Sentir que diria "sim" apenas por obrigação ou por uma necessidade de agradar.

- Sentir pressão para fazer algo que não quer, não tem tempo ou não pode fazer.
- Ter medo de que alguém continue se comportando de uma maneira que te magoa.

Como você formula seus limites pode variar dependendo do tema, do estilo da família e da sua cultura. Portanto, em vez de fornecer roteiros que não funcionariam bem para todos, reuni algumas orientações que podem te ajudar a sentir mais confiança, clareza e conexão nesse trabalho.

**Seja clara/o.** Diga exatamente do que você precisa, por exemplo, iniciando sua fala com "Preciso", "Prefiro", "Não gosto que" ou "Não funciona para mim quando".

**Expresse compaixão.** É sempre mais eficaz falar de coração e demonstrar que compreende a situação da outra pessoa. "Entendo", "Agradeço", "Sei que isso é importante para você".

**Relacione-se com respeito.** O modo como você fala importa, então preste atenção no tom, postura e energia quando for estabelecer um limite. Ficar — mesmo que só um pouco — na defensiva pode estimular a outra pessoa a reagir mal.

Com isso em mente, você está pronta/o para criar um limite que constrói uma ponte, em vez de um muro. A mentalidade SER pode ser aplicada de muitas maneiras diferentes, em diversos cenários cotidianos.

Jenny me disse que a vida do seu companheiro não havia mudado tanto quanto a dela depois do segundo filho. Seu ressentimento crescia enquanto ela listava em segredo todas as formas como as necessidades dele eram priorizadas, ou contava os dias em que não tinha nenhum tempo para si mesma. Quando ele mencionou casualmente uma escapada de três dias para jogar golfe, logo depois de ter voltado de uma viagem de trabalho de duas semanas, a raiva podia ter feito Jenny agir de maneira passivo-agressiva. Em vez disso, ela escolheu estabelecer um limite com clareza, compaixão e respeito: "Não é bom para mim você passar mais dias fora depois de duas semanas de ausência. Preciso de mais apoio". Os dois encontraram uma maneira de garantir que as necessidades de ambos fossem levadas em consideração.

Gina se incomodava que o companheiro continuasse a gritar com as crianças apesar de suas conversas frequentes sobre autorregulação. Ela estava começando a duvidar de que o relacionamento se manteria. David havia sobrevivido a um trauma e trabalhava ativamente para gritar menos, mas não estava sendo bem-sucedido, e Gina se cansara daquilo. Ela precisava impor limites claros ao comportamento dele, que vinha exercendo um efeito negativo nela e nas crianças. Passou então a repetir seu limite de maneira consistente: "Para mim, é difícil ouvir você gritando com as crianças, então vou ter que pedir que pare, por favor. Posso assumir a situação até que você consiga esfriar a cabeça". A princípio David foi consumido pela vergonha e reagiu negativamente à necessidade de Gina de mais estabilidade em casa. Com o tempo, no entanto, ele entendeu que aquele limite na verdade era uma oferta de paz, e os dois aprenderam a apoiar um ao outro de maneira mais eficaz, mesmo quando não estavam em seu melhor momento.

Meu marido tem dificuldade de lidar com meu estilo de comunicação direto e reto da costa leste da Itália. Aparentemente não faço muitos elogios e tenho uma propensão maior a notar quando ele está fazendo algo errado do que quando está fazendo algo certo. Isso não chega a ser surpresa, considerando o pouco reforço positivo que recebia em casa quando pequena. Em um momento vulnerável, ele estabeleceu um limite: "Não gosto quando você me menospreza. Preciso que reconheça meus esforços e encontre uma maneira melhor de me criticar. Não se esqueça de que estou fazendo o meu melhor".

Ai. Foi um soco no estômago. Doeu ouvir isso. Minha vontade era retrucar: "Você está me pedindo para fazer algo que não vem naturalmente!". No entanto, eu sabia que aquilo partia de uma sensação de inadequação. Estava me sentindo uma péssima esposa, principalmente porque ele já havia me dito aquilo um número bastante constrangedor de vezes. Uma hora tive que engolir meu orgulho e fazer um esforço para respeitar aquele limite. Como qualquer outra pessoa, meu marido merece segurança emocional, e eu sou perfeitamente capaz de aprender algo novo.

## COMO SUSTENTAR UM LIMITE

Algumas pessoas reagem negativamente quando um limite é imposto, mas acabam por respeitá-lo. Outras, no entanto, não apenas reagem negativamente como continuam desrespeitando o limite até você desistir. Você não precisa desistir, no entanto. Caso veja seus limites sendo desafiados, mantenha a assertividade sem perder a elegância. Aqui vai uma ajuda para sustentar um limite na HORA da pressão:

**Honre os sentimentos dos outros.** Como seu interlocutor vivencia algo é a verdade dele sobre determinado assunto. "Entendo você" e "Entendo por que diz isso" são começos de frases poderosos, capazes de desarmar as pessoas.

**Ofereça uma saída.** Deixe claro que haverá uma consequência se a pessoa continuar violando o seu limite. A consequência pode ser você ir embora ou pedir que ela vá embora:

"Se você continuar bebendo assim, vou ter que pedir que saia, por favor."

"Ela disse que não quer um abraço. Por favor, espere que ela se acostume com você, ou iremos embora."

"De novo, não usamos esse tipo de linguagem estigmatizante aqui, muito menos na frente das crianças. Se acontecer de novo, vamos ter que encerrar a visita."

**Restrinja o comportamento disfuncional.** Honrar as emoções não justifica o mau comportamento. Se a pessoa continuar reagindo de uma forma que te deixa desconfortável, aponte que o que ela está fazendo é um problema para você e sugira uma maneira melhor de se conectar.

"Estou vendo que você se exaltou, mas não admito gritos. Pare, por favor, ou vamos precisar sair daqui."

"Entendo que seja uma decepção a gente ter que ir embora, mas não vou sentir culpa por isso. Por favor, pare, para que a gente possa aproveitar o restante da noite."

"Amo você, mas não estou gostando de para onde essa conversa vai, então vou pôr um ponto-final nela. Podemos tentar retomar em outro momento."

**Abstenha-se da responsabilidade pela reação dos outros.** A reação do outro diz muito mais sobre o estado mental dele do que sobre o seu. Você não tem como interromper um comportamento se a pessoa em questão não quiser fazer isso. Deixar suas intenções claras e sustentar seu limite é importante para manter a ponte da conexão de pé entre vocês.

Pessoas com quem você tem um relacionamento saudável ou potencialmente saudável aprenderão a aceitar seus limites. Elas deixarão de se sentir ofendidas com suas necessidades e aprenderão a abrir espaço para você, ainda mais quando seus pedidos forem razoáveis.

Se na sua infância os limites não eram claros, esse trabalho pode parecer estranho no início, mas terá um impacto positivo em todas as pessoas na sua vida, especialmente seus filhos. Quanto mais você estabelece e sustenta limites com confiança, clareza, compaixão e respeito, mais apoio seus filhos terão para construir pontes de conexão saudáveis em seus relacionamentos futuros.

Se você se sente na obrigação de manter contato com alguém, é um sinal de que precisa de limites mais robustos ou que a relação não tem mais cabimento. Não é porque você tem um vínculo de sangue com uma pessoa que deve seu tempo a ela. Às vezes não estamos na mesma sintonia, e se tem uma coisa que aprendi na minha jornada de limites é que nem todos os relacionamentos precisam durar a vida toda. Se você não está feliz com a maneira como os outros te tratam, continue trabalhando seu crítico interno para mudar a relação consigo própria/o. Dessa posição mais centrada, aterrada e alinhada, você poderá construir belas pontes de conexão em relacionamentos nos quais a troca seja mais equilibrada.

Empodere-se e afirme suas necessidades com confiança, compaixão e respeito (para todos os envolvidos, inclusive para você mesma/o). Seus limites não exigem explicação. Dizer "Preciso disso" ou "Respeite meu pedido, por favor" deve ser o suficiente.

Adaptando as estratégias SER e HORA, você evita mergulhar de cabeça na culpa e na vergonha, que funcionam como um buraco onde você fica presa/o aos sentimentos de fracasso e inadequação. É um passo crucial para interromper esse e outros padrões disfuncionais, e tenho certeza de que você vai descobrir, como muitos clientes descobriram, que a maioria das pessoas acaba não se opondo tanto quanto você imaginaria. Embora talvez desconhecessem alguns deles, embora alguns pedidos possam desencadear gatilhos, a maior parte das pessoas na sua vida te ama e quer que você se sinta honrada/o e amada/o. Seus limites constroem a ponte para ensinar a elas exatamente como fazer isso.

# PARTE 2

# CUIDANDO DA CRIANÇA À SUA FRENTE

# 5. Cultivando o jardim da conexão

Na primeira parte deste livro, você aprendeu a compreender e atender às necessidades da sua criança interior. Agora, vai realizar o mesmo trabalho com a criança que está bem à sua frente, para benefício dela também.

Bentley era uma menina de cinco anos que tinha crises destrutivas e avassaladoras. De acordo com seus pais, Lindsay e Ryan, ela os desafiava, era mandona e usava suas emoções "para chamar a atenção". Quando conversei com Ryan, fiquei sabendo como ele e a esposa se sentiam frustrados com a situação.

"Nada nunca é fácil com Bentley", ele disse. "É um milagre conseguirmos sair de manhã sem um colapso completo dela. Nossa casa é um caos a maior parte do tempo. Estamos cansados."

Lindsay e Ryan haviam tentado todos os recursos que conheciam para fazer com que Bentley mudasse, incluindo punições, consequências, retirada de privilégios, castigos e palmadas. Nada melhorava seu comportamento. E o relacionamento entre Bentley e os pais estava se deteriorando.

O comportamento desafiador da menina tirava toda a alegria, espontaneidade, criatividade e brincadeira da criação.

Quando Bentley se comportava mal, seus pais se sentiam isolados e a culpavam pelos problemas da família. Costumo chamar dificuldades como essa entre pais e filhos de "deserto da conexão". Os dois lados têm sede de amor e atenção, mas estão perdidos e não têm um mapa. Precisam ser reorientados e lembrados do que realmente importa: o todo.

## POR QUE É DIFÍCIL SE CONECTAR

Você sabe que cresceu no deserto da conexão se vivia ouvindo que devia parar de tentar chamar a atenção, se uma sensação de solidão predominava, se esperavam que entendesse as coisas por conta própria, se sofreu negligência, se te menosprezavam sempre por querer alguma coisa ou se te submetiam a crítica e rejeição constantes. Talvez você sentisse que conexão era algo que só existia nos filmes e programas de TV, enquanto a realidade da sua vida familiar parecia consistir em vazio e desapego.

No deserto da conexão, as crianças devem se virar sozinhas em terreno hostil, sem a orientação e o apoio de pais atentos. A falta de nutrição emocional faz com que elas se sintam abandonadas emocionalmente e acreditem que não são vistas. Isso, por sua vez, ativa as feridas da criança interior e perpetua as crenças limitantes de que elas não são dignas de amor, não são desejadas e não são o suficiente.

O deserto da conexão então se torna um terreno fértil para relacionamentos transacionais. As crianças aprendem que seu valor está ligado a suas realizações e a quão bem atendem às demandas dos pais. Infelizmente o afeto condicional se torna um oásis nessa terra árida, como foi o caso de uma cliente adulta chamada Anita.

Anita tinha dificuldade de processar seu ressentimento em relação aos pais, isso porque sabia que eles haviam feito seu melhor e não se lembrava de se comportarem de maneira a lhe causarem um trauma sério. Apesar disso, Anita guardava a sensação de que sua infância fora solitária e de que havia uma pressão para que ela fosse "boazinha", não cometesse erros e deixasse os pais orgulhosos. Sentia que os pais eram mais amorosos quando se comportava de maneira responsável e correspondia às ideias *deles* de quem ela devia ser. No entanto, quando falhava (ou quando se atrevia a defender as próprias ideias quanto ao que deveria fazer ou a quem deveria ser), os dois paravam de elogiá-la ou demonstrar afeto até que ela voltasse a cair em suas graças. Se crianças como Anita precisarem usar uma máscara para terem sua necessidade de conexão atendida, farão isso.

"Quando meus pais estavam se separando, minhas notas começaram a cair", ela lembra. "E foi como se ninguém percebesse o motivo. Meu pai foi muito duro comigo. Disse que, se minhas notas não melhorassem, eu não poderia mais jogar basquete. Ele se recusava a entender que eu já havia perdido muito, e se não jogasse basquete perderia minhas amigas também. Ele não se importava com como eu me sentia, desde que teoricamente estivesse tudo bem. Sei que meu pai só queria o melhor para mim, mas eu precisava de amor e apoio, não de repreensões."

O deserto da conexão também é um terreno fértil para que padrões disfuncionais ou problemáticos se repitam. Apesar de seu comportamento desafiador, Bentley não podia ser culpada pelas dificuldades da família. Havia muitos outros fatores em jogo, incluindo a sensação de isolamento de ambos os pais, que tentavam equilibrar trabalho e vida pessoal. Essa sensação era amplificada pelo fato de que ambos já vinham de seus respectivos desertos da conexão. Bentley testemunhava as brigas diárias de Lindsay e Ryan pelos motivos mais bobos. Estava apenas imitando o modelo dos pais, porque qualquer conexão — mesmo que motivada pela raiva e pelo desprezo — era melhor do que nenhuma conexão.

Uma criança que se comporta mal grita com o corpo: *Me ajuda! Se conecta comigo! Não consigo fazer isso sozinha!* Essa é uma visão diferente da dos modelos tradicionais, que rotulam comportamentos que buscam "chamar a atenção" como ruins e incentivam os pais a ignorá-los. Fazemos com que as crianças se embrenhem ainda mais no deserto da conexão quando ignoramos seus pedidos de ajuda. O anseio pela conexão emocional de que as crianças precisam para se desenvolver pode levá-las a buscar isso de maneiras autodestrutivas.

Lindsay era uma grande sabotadora de si mesma. Tinha crescido no deserto da conexão e aprendera cedo que era vital para sua sobrevivência ser uma boa menina, que nunca dava trabalho. Ela afastava os outros e se transformou em uma pessoa superindependente. Depois que se tornou mãe, ficou preocupada com a possibilidade de sobrecarregar Ryan pedindo apoio demais — então não pediu, isolando-se ainda mais da conexão emocional pela qual ansiava. Lindsay era a mãe que sempre levava biscoitos caseiros para os lanches coletivos da escola. Insistia que a filha mais velha, Juniper (irmã de Bentley), sempre se vestisse bem (assim como Lindsay). No entanto, entre o trabalho, a criação das filhas e a manutenção da fachada impecável, Lindsay vivia ocupada, e sentia, segundo me disse, como se estivesse se afogando. Nem assim lhe ocorria pedir ajuda.

O padrão foi mantido à medida que Juniper crescia. Desesperada para garantir que a filha não fosse um fardo na sala de aula, Lindsay manteve para a filha as expectativas absurdamente elevadas e as exigências de desempenho que construíra sobre si mesma. Juniper se esforçava ao máximo para corresponder. No entanto, o que eu via (e o que Lindsay se recusava a ver) era que a busca por perfeição estava prejudicando a autoestima dela. Ao transferir a máscara da boa menina para a filha, Lindsay estava transmitindo o círculo vicioso para outra geração.

Lindsay precisava se sentir em sintonia com os outros, conectada mais profundamente com as pessoas em sua vida. No entanto, enfrentava dificuldades para atingir esse objetivo. Só sabia criar distância — condenando suas filhas ao deserto da conexão —, apesar de compreender em algum nível que aquele ambiente não fizera bem à infância dela e tampouco era saudável para Juniper. O que fiz foi ajudar Lindsay — que trabalhou duro e realizou um enorme esforço de autorreflexão — a plantar as sementes para um jardim da conexão opulento e próspero, no qual o vínculo entre pais e filhas poderia florescer.

## O VALOR DA CONEXÃO REAL

O jardim da conexão é bastante diferente do deserto da conexão. Na primeira metáfora, você é o jardineiro e seus filhos são as plantas. Seu trabalho é atender meticulosamente às diferentes necessidades de cada uma das plantas em crescimento, no que se refere a terra, água e luz do sol, e fazer os ajustes que sua observação indicar importantes.

Bentley tinha um apetite voraz por conexão. Ela buscava a sensação de segurança que temos quando alguém realmente nos *entende*. No entanto, precisava lidar com rejeição constante e distância por parte dos pais, o que a levava a se comportar de maneira disruptiva e agressiva, perpetuando um ciclo no qual suas necessidades não eram atendidas. À medida que seus pais se mostravam mais confiáveis, consistentes e previsíveis em atender às suas necessidades de conexão em momentos de estresse, Bentley começou a buscar conexão de maneira mais tranquila. Em vez de gritar e bater, ela passou a pedir um abraço. E Lindsay e Ryan passaram a lhe oferecer aquilo de que precisava, ainda que estivessem ocupados.

Não podemos esperar que nossos filhos cresçam felizes em ambientes para os quais não foram feitos, tampouco podemos forçá-los a se adaptar a questões além de suas habilidades. Precisamos estar dispostos a fazer os ajustes necessários para apoiar seu desenvolvimento máximo. Algumas crianças crescem como ervas daninhas. É só deixá-las no sol e dar água: depois que formarem raízes, elas seguirão em frente com o mínimo de cuidado. Outras crianças são mais sensíveis, como orquídeas, e exigem condições bastante específicas e uma bela dose de paciência para florescerem. A luz permite que tudo na natureza cumpra seu propósito: sem ela, não existe vida. A conexão é a luz do bem-estar geral dos seus filhos. Quanto mais conexão você oferece, mais fundas e fortes serão as raízes em seu jardim.

Conexão é a força motriz da humanidade: um imperativo biológico e psicológico. Quando podemos confiar que nos sentiremos seguros e conectados, suportamos com mais facilidade as tempestades inevitáveis da vida. Infelizmente, se você viveu no deserto, a maneira como pede e recebe conexão pode estar fora de sintonia.

Se você cresceu em um lar onde seguiam o método de criação tradicional — com surras e outras punições, vergonha ou isolamento —, talvez acredite que certos comportamentos eram "merecedores" de conexão, enquanto outros deveriam ser punidos com desconexão. Regular conexão é uma manobra de poder que serve bem ao complexo de superioridade dos pais e consome o impulso inato dos filhos de buscar conforto e segurança. Quando essa tática de manipulação é usada de maneira consistente, tem o potencial de impactar negativamente a intimidade relacional que deveria ser compartilhada entre pais e filhos.

Vivemos em uma sociedade privada de conexões profundas e significativas, que desdenha cronicamente da necessidade vital que as crianças têm de conexão. Simplificando, precisamos uns dos outros. Não apenas para sobreviver, mas para prosperar. Construir um vínculo emocional torna a experiência humana válida. Tentar viver sem isso é como tentar viver sem a luz do sol.

## A CONEXÃO NÃO É UMA TROCA

Tori, uma menina doce de cinco anos de idade, estava jogando Cobras e Escadas com o pai, Matthew, em uma sessão de terapia. Quando caiu em uma cobra gigantesca e teve que voltar praticamente à primeira casa, ficou claramente frustrada. Matthew a repreendeu no mesmo instante: "Se você não sabe perder, não vamos mais brincar". Tori gritou e atirou o tabuleiro longe, fazendo as peças voarem. Matthew ergueu as mãos em rendição e olhou para mim.

"É com esse tipo de coisa que tenho que lidar!", ele disse, exasperado.

Abaixo do que superficialmente se apresentava como uma birra, a verdade era que Tori não estava lidando apenas com ganhar ou perder. Seu pensamento extremista, apropriado para seu nível de desenvolvimento, superava a lógica e a razão. Vencer é bom e perder é ruim. Não é perder que atormenta as crianças, mas a sensação de que falham e de que tem algo de errado com elas. Quando Matthew cortou a conexão no calor do momento, jogou lenha na fogueira, alimentando a crença da filha de que era uma criança ruim.

Jogar o tabuleiro era um pedido de Tori de manter a conexão, ainda mais em um momento de vulnerabilidade. Matthew, que tinha a genuína intenção de romper círculos viciosos, foi capaz de reparar aquele momento. Ele olhou nos olhos de Tori e admitiu: "Acho que exagerei. Entendo por que você se sentiu frustrada de ter que voltar ao início. Foi pega de surpresa, e ficou se sentindo péssima". A mudança foi visível. Tori amoleceu e fez que sim com a cabeça. Juntos, eles arrumaram a bagunça e retomaram a conexão.

Na tranquilidade que se seguiu, os pensamentos de Matthew se voltaram para dentro e ele foi inundado por lembranças de seu próprio passado, quando se sentia amado apenas se seguisse as regras e fosse uma criança obediente e agradável. A reflexão fez com que o homem sentisse o peso esmagador do amor transacional, e ele se deu conta de quão sufocantes eram suas expectativas.

Enquanto os dois brincavam com areia mágica, Matthew optou por um caminho diferente. Decidiu arrebentar as correntes que o prendiam, trazendo mais consciência e intenção ao ciclo do amor transacional. Com essa decisão, estava reescrevendo não apenas sua história, mas também a de Tori.

## POR QUE SOMOS MESQUINHOS COM NOSSO AMOR

Crianças que crescem em uma dinâmica transacional vivem confusas, porque nunca fica claro o que faz os pais cortarem seu afeto. Ou seja, elas não conseguem se preparar para o débito emocional. Esse é um jogo sofrido, que pode se estender pela vida toda.

Minha cliente Shaina sabia que seus pais esperavam que ela antecipasse as necessidades deles — por exemplo, sempre oferecendo chá e um lanchinho a seus amigos quando eles visitavam a família. No entanto, quando não atendia às expectativas, como uma vez em que se distraiu durante uma visita, Shaina era humilhada. Os pais a chamaram de egoísta e "indigna de seu papel de futura esposa" simplesmente porque ela não se lembrara de oferecer bebidas no momento apropriado. Shaina tinha quinze anos na época.

O amor transacional não tem a intenção de magoar a criança, mas de ensiná-la a cair nas graças dos adultos. Persiste a ideia de que segurar um bebê que chora no colo por tempo demais vai deixá-lo mimado, ou de que dizer não só para ensinar uma lição impede a criança de achar que tem direito a tudo o que quiser. Só para deixar claro: nada disso é verdade. Racionando a conexão, só deixamos que a criança sofra e passe necessidade em troca da aprovação dos pais.

Sob a fachada do amor transacional, as crianças aprendem a ter suas necessidades de relacionamento centrais (se sentir seguras, vistas, ouvidas e compreendidas) atendidas fazendo o que acreditam que seja esperado delas. Buscam validação externa porque conquistaram confiança agradando aos outros, e não a sentindo por dentro. Quando você muda sua mentalidade e passa a priorizar a conexão acima de todo o resto, seus filhos aprendem que não precisam provar nada para ser valorizados. Passam a sentir isso deles mesmos, e esse sentimento se torna a bússola que utilizarão para navegar por diferentes relacionamentos ao longo da vida.

O amor é uma força que molda todos nós. Somos programados para nos conectar e formar uma trama de pertencimento. No entanto, quando o amor se torna uma troca — "Vou te amar se..." —, isso indica à criança interior desesperada por afeto que ela só é boa o bastante caso se mostre aquilo que *você* quer que ela seja. A criança põe uma máscara e passa a procurar apenas aprovação, mesmo que sua essência se perca no processo.

Eu devia estar com uns dez anos quando me dei conta de que o comportamento da minha mãe não ia mudar. Comecei a aceitar que algumas manhãs eu teria que sair de casa sem fazer barulho para evitar apanhar ou ser atacada verbalmente. Comecei a acompanhar seu humor e aprendi quando devia ficar quieta no jantar e tentar fazer exatamente o que ela mandava, sem incomodar. Comecei a me isolar no quarto e transformei o pequeno closet que havia ali em um santuário pessoal, que acabou se revelando um espaço muito necessário à medida que eu começava a tramar minha fuga. Minha máscara me sufocava. Eu odiava quem esperavam que eu fosse e temia a pessoa que estava me tornando — a imagem da autoaversão, da vergonha e do desespero. Havia aberto mão do amor e da conexão.

Quando relacionamos intimidade e proximidade a bom comportamento e conquistas, uma lição vital escapa às crianças. Elas não aprendem que são valiosas apenas por *existirem*; seu valor é moldado pelo que *fazem*. O amor transacional as programa a buscar constantemente seu valor fora, quando na verdade sempre esteve dentro delas.

As trocas vão além da criação dos filhos. Elas se refletem no sistema capitalista que nos ensinou que nosso valor depende do que fazemos, e não de quem somos. Você foi treinada/o para se levantar e sentar de acordo com o que alguém comanda, a jurar sua fidelidade diariamente, a se mover quando um sinal toca. Disseram que devia manter o bico calado e os olhos na sua prova, e que não podia trocar ideias com os outros, porque isso seria desonesto. Mandaram você seguir o caminho, sem informar que o caminho já havia sido pavimentado com base em fatores que escapavam completamente ao seu controle — como a cor da sua pele, a quantidade de dinheiro na sua conta, a língua que você fala, a religião que segue, sua identidade de gênero, sua orientação sexual, seu porte físico, suas habilidades, você ser ou não ser atraente no sentido convencional. Você foi recompensado por fazer o necessário para chegar ao topo. Se caiu, foi por uma falha de caráter, e não por uma falha no sistema.

Agora trabalhamos de oito a dez horas por dia quase a vida toda e mal podemos desfrutar da bela e preciosa experiência humana com que fomos presenteados. Nossos filhos passam menos tempo em brincadeiras não estruturadas ao ar livre e cada vez mais horas fazendo lição de casa. Lotamos a agenda deles de atividades e trabalho voluntário, para que seu currículo se torne mais "competitivo" quando chegar o momento de entrar no ensino superior. Eles precisam estudar numa boa universidade, para conseguir um bom emprego, e então se sentir mal sobre querer (ou precisar) tirar férias. Quem vive tempo o bastante para se aposentar, muitas vezes está doente demais, cansado demais, ou não tem dinheiro para desfrutar do tempo que lhe resta. Seguimos em frente, no entanto, afinal não temos escolha a não ser sobreviver.

O amor transacional explora a necessidade humana de conexão da mesma maneira que seu trabalho é explorado para o lucro de outra pessoa. Quando você usa segurança emocional como moeda de troca para que as crianças obedeçam, está perpetuando a agenda capitalista da lealdade acima do sustento. Está dizendo a seus filhos: "Façam o que preciso e talvez se deem bem. Se falharem vou tirar de vocês exatamente aquilo de que dependem: sustento emocional, conexão e pertencimento". Podemos ser melhores do que isso.

### O CUSTO DO AMOR TRANSACIONAL

Se você cresceu em um lar onde seu valor parecia depender das suas ações ou do humor dos seus pais, essas feridas da criança interior podem vir à tona de tempos em tempos. É comum ver o comportamento dos filhos como "ruim", tal qual seus pais viam o seu, sobretudo em momentos conturbados. Você pode se pegar afastando seus filhos, cortando o laço emocional, recorrendo a formas de punição ou controle, ou se esforçando para que as coisas fiquem bem de novo. Sei que é tentador mergulhar na culpa e na vergonha quando você descobre que está reproduzindo um padrão que procura desesperadamente mudar, mas isso não resolve nada. A solução só pode vir de uma mudança de perspectiva.

#### EXERCÍCIO: SUAS NECESSIDADES DE CONEXÃO

Reserve um momento para refletir sobre suas necessidades de conexão na infância.

- Você cresceu no jardim da conexão, no deserto da conexão ou em algum lugar intermediário?
- Como suas experiências passadas moldam o ambiente relacional que você cria para seus filhos hoje?
- Se você cresceu no jardim ou no deserto, que estrelas (pessoas/experiências/memórias positivas) pode trazer consigo quando cuida do jardim de seus filhos?

- Que sombras (pessoas/experiências/memórias negativas) aparecem quando você precisa de mais conexão ou sente o desejo dos seus filhos de se conectarem?

Encerre esta prática reflexiva agradecendo a si mesma/o pela coragem e vulnerabilidade demonstradas.

## AS SEIS SEMENTES DA CONEXÃO

No jardim da conexão, o lugar fundamentado em amor que você cultiva com seus filhos individualmente, cada semente é um ingrediente vital para que atinjam todo o seu potencial. Quando você planta as seis sementes a seguir e cuida da planta que brota, pode esperar que eles se sintam nutridos e apoiados.

- Sintonia
- Curiosidade
- Corregulação
- Brincadeira
- Reflexão
- Reparação

Essas sementes poderosas são a força motriz por trás da alegria, da confiança e da sensação sólida de identidade pessoal de seus filhos. Quando você torna a sintonia, a curiosidade, a corregulação, a brincadeira, a reflexão e a reparação prioridades no dia a dia, eles conseguirão realizar o trabalho por conta própria. Isso significa que você não é responsável por fazer seus filhos irem bem na escola — eles é que são. Cabe a você se sintonizar com quaisquer necessidades que possam estar interferindo nos estudos, apoiar sua regulação, demonstrar curiosidade e disposição para se divertir (em vez de julgar), refletir sobre as feridas que a situação pode estar gerando em você e fazer as reparações necessárias ao longo do caminho.

### SEMENTE 1: SINTONIA

Jack, um cliente de oito anos de idade, chegou à sessão cheio de energia. Enquanto seus pais falavam por ele, o menino parecia dividido quanto a que atividade disponível no consultório escolheria. Sugeri que os pais desacelerassem, fechassem os olhos e se concentrassem em estar presentes juntos. Jack se regulou quase instantaneamente. Ele começou a ninar uma boneca, o que atraiu nosso interesse e despertou nossa curiosidade. A mãe reconheceu que já não o ninava nem o abraçava muito. Jack se virou para os pais e disse: "Eu sei. Mas ainda preciso disso". Ele saiu da sessão muito mais regulado do que entrara, porque teve sua necessidade vital de sintonia atendida. Os pais saíram se sentindo mais confiantes de que sabiam como atender às necessidades de intimidade do filho.

A sintonia ajuda a decodificar o significado por trás dos momentos tempestuosos que vivemos com nossos filhos. Em vez de puni-los por fazer birra ou por responder de maneira desrespeitosa, é muito mais eficiente ler nas entrelinhas e se perguntar o que eles estão tentando comunicar com esse comportamento. Se o comportamento falasse, o que diria? Ouvir as crianças com intenção constrói intimidade e confiança, algo que elas desejam tanto quanto uma manta aconchegante em um dia frio. Se quiser ver o rosto de seus filhos se iluminar, faça um esforço intencional para oferecer tempo, presença e afeto. Com prática, você se tornará uma/um boa/bom ouvinte, e os pontos de atrito que talvez existam vão se reduzir. Se você se sintonizar com as ondas emocionais de seus filhos, mostrará que eles podem compartilhar o que quer que os aflija e receberão apenas amor em troca, sem julgamentos.

Em uma sessão de terapia, pedi que Joey, um menino de sete anos, soltasse a imaginação em um de meus exercícios preferidos: criar uma HQ com seis quadros sobre um herói ou uma heroína, de modo a refletir a maneira como a criança se vê no mundo que a cerca. De início, Joey enfrentou dificuldades. Ele apagou várias versões antes de atirar o giz de cera no chão e rasgar o papel. Sua mãe, Jackie, se pôs de pé na mesma hora e disse: "Está vendo como ele gosta de desafiar? É com isso que tenho que lidar o tempo todo!".

Foi um momento clássico de falta de sintonia. Jackie queria que Joey se comportasse bem e seguisse as instruções, e supôs que o filho não estava conseguindo cumprir aquela tarefa claramente desafiadora. As crianças precisam que os adultos se sintonizem com elas para acessar sua verdadeira essência. Rotulando o filho como "provocador" ou "indisciplinado", Jackie o estava colocando em uma caixinha antes mesmo que ouvíssemos sua história.

Para nossa surpresa, Joey admitiu, com certa timidez: "Não estou tentando desafiar ninguém. Só quero que a história fique perfeita, senão vai servir pra quê?". A verdade se revelou. O comportamento de Joey estava relacionado à ansiedade e à pressão que ele sentia por um bom desempenho. Ele precisava de mais do que as instruções que eu havia lhe dado. Precisava de um caminho — um mapa — para navegar seu mundo interior. Já passava pelas dificuldades de sofrer bullying na escola e viver à sombra do irmão mais velho. Quando o incentivamos a se revelar no que pensei que seria um exercício simples e divertido, ele precisava da garantia de que estaria livre de julgamentos.

Em vez de nos concentrarmos em seus comportamentos desafiadores, procuramos trabalhar em sua necessidade interna de segurança e conexão. Jackie olhou nos olhos do filho e disse: "É claro que você quer que fique perfeito. O mundo à sua volta é tão confuso, e você está tentando fazer com que pareça mais organizado. Talvez o desafio do herói seja justamente ver que não tem problema na imperfeição".

Então algo mágico aconteceu: os ombros dele relaxaram, sua ansiedade baixou, seus olhos faiscaram e Joey ganhou vida. Em uma segunda-feira qualquer, com giz de cera espalhado pelo chão, Jackie executou a dança da sintonia, atendendo às necessidades do filho de se sentir seguro, visto, ouvido e, acima de tudo, compreendido.

Essa vida linda que temos a sorte de viver também é maluca. Acordamos e começamos a correria, damos o café da manhã das crianças, levamos para a escola e vamos trabalhar, depois fazemos uma série de atividades, ajudamos com o dever de casa, jantamos, tomamos banho, deitamos para ler com elas e depois assistir alguma coisa. Dormimos, o sol nasce e o corre-corre reinicia.

A maior parte dos pais com quem conversei se veem nesse mesmo ciclo, e é fácil deixar os momentos simples e que mais importam passarem despercebidos. Embora eu entenda que nem todo momento pode ser de conexão, se conseguirmos abrir um espacinho para uma conexão significativa todos os dias, estaremos oferecendo a nossos filhos um tesouro que guardarão para sempre. Eles crescerão sabendo que, quando as coisas ficarem difíceis, podem contar conosco. Porque ouvimos. Porque os abraçamos forte.

Se você tem feridas do passado relacionadas a conexão, pode curá-las através da maneira como escolhe agir em momentos desafiadores com seus filhos. Procure decifrar as mensagens deles. "Você é o pior pai do mundo!" pode significar "Sinto que sou a pior filha do mundo". "Sai de perto de mim!" pode significar "Preciso que confie mais em mim". "Odeio você" pode significar "Estou muito bravo e chateado". Quanto mais nos sintonizamos com o que eles dizem, mais apoio somos capazes de oferecer. O que poderia acontecer se, em vez de se portar nesses momentos como a/o guardiã/ão da lei, você voltasse sua energia a compreendê-los e ajudá-los?

Quanto mais você se dispõe a apoiar seus filhos em momentos desafiadores, mais eles internalizarão sua liderança consistente e robusta. Quando eles encontram em você o apoio de que precisam, você faz mais do que tranquilizá-los. Você ensina as palavras necessárias para descrever a confusão fervilhando dentro deles. Você mostra como lidar com emoções complexas com empatia e delicadeza. Essa sensação de estar patinando no "ensinar" que a parentalidade envolve tem muito a ver com feridas relacionadas a um sentimento de ter precisado entender as coisas por conta própria. Talvez você ainda não tenha internalizado a voz de uma liderança baseada na compaixão, na segurança e na resiliência emocional. Mesmo que seja o caso, tudo bem. Revisite a Parte 1 deste livro com isso em mente; vá além dos limites do seu passado e incorpore a mãe ou o pai que você deseja ser.

A curiosidade que você demonstra por seus filhos fortalece a conexão de vocês. Aprender a observar a condição interior da criança sem julgamento é uma habilidade que foi estudada por muitos especialistas em desenvolvimento infantil e saúde mental, incluindo Maria Montessori, Magda Gerber, Alicia Lieberman e Patricia Van Horn. Procuro sustentar essa prática em minha vida pessoal, com meus filhos, mas também a ensino nos grupos que lidero. Uma observação mais criteriosa permite que você se torne uma/um detetive mais habilidosa/o e aprenda a ler muito melhor o mundo dos seus filhos, desmistificando comportamentos que de outra maneira não entenderia.

Vá com seu filho ou sua filha para um cômodo da casa onde ele ou ela possa brincar e se mover livremente, de acordo com seu estágio de desenvolvimento. O ideal é que o cômodo tenha luz natural e não conte com nenhum tipo de distração eletrônica (se tiver, deixe tudo desligado). Brinquedos apropriados para a idade devem estar disponíveis. Monte o ambiente de maneira que a criança não precise depender de você. Se for um bebê que ainda não engatinha, você pode deitá-lo de costas no chão, principalmente se ainda não for fácil para ele ficar de bruços. Se for uma criança que já anda, certifique-se antes de que o cômodo é seguro, para não precisar monitorar suas ações. Se for uma criança mais velha, disponibilize materiais que apelem à criatividade e à imaginação, como kits de arte, massinha ou bonecos.

Seu único trabalho é se sentar, respirar e se manter presente. Deixe as distrações de lado por alguns minutos e reserve um momento para se mostrar curiosa/o às emoções da criança, ao que ela está pensando, a como resolve problemas e ao que desperta seu interesse. Se você se perder em algum momento, simplesmente olhe para onde ela está olhando, o que vai indicar o alvo da curiosidade no momento, e perceba o que suas mãos estão fazendo, o que vai lhe mostrar no que ela está trabalhando.

Resista à tentação de direcionar a criança ou tentar ensinar a maneira "correta" de fazer alguma coisa. Ofereça apoio apenas quando for necessário (por exemplo, quando houver mais de uma criança e elas começarem a se agredir fisicamente). Se não for o caso, desafie-se a se manter no lugar e permitir que as coisas se desenrolem sozinhas. A observação é uma oportunidade para aprender a tolerar o fato de que crianças enfrentam dificuldades, e uma oportunidade para sua criança aprender a lidar com a frustração sem correr o risco de alguém se desconectar dela.

Nesses momentos, você perceberá que o ritmo desacelera, tudo parece mais pacífico e você é capaz de respirar mais fundo. Apoie-se no encosto da cadeira, em vez de manter as costas e os ombros tensos. As mães dos meus grupos dizem que é um exercício quase meditativo. Acredite em mim quando digo que há dias em que dá para ouvir um alfinete caindo em uma sala com catorze mães e catorze crianças pequenas. Essa é uma atividade incrível para se sintonizar e se conectar mais profundamente com o aqui e o agora.

Enquanto observa a criança, pergunte-se: *O que acontece na mente dela?* Procure observá-la sem julgamento. Você pode se pegar pensando: *Por que meu filho não brinca como as outras crianças?* Isso seria um julgamento, porque implicaria que a criança está fazendo alguma coisa errada. Quando algo do tipo surgir em sua cabeça, reenquadre: *Meu filho parece bastante concentrado no teto hoje. O que será que tem de interessante ali?*

Além de observar a criança, pergunte-se: *Onde estou emocionalmente neste momento? Me sinto aterrada/o, presente, relaxada/o? Estressada/o, irritada/o, cansada/o? Há alguma tensão em meu corpo que possa ser aliviada? Minha mente fica voltando para a lista interminável de afazeres?*

Se tiver dificuldade de se manter presente, não se julgue: apenas tente voltar a atenção ao que está acontecendo ali. Se você se pegar julgando a criança por qualquer motivo, procure trazer sua energia para dentro e demonstrar curiosidade ao que está sentindo: *Por que será que me incomoda meu filho não brincar como os amigos? Será que aprendi em algum lugar que é preciso ser igual a todo mundo? O que acontecia quando agia diferente dos outros?*

Esse estilo de observação é uma prática básica de atenção plena que convida você a desacelerar e se mostrar mais presente com seus filhos. É o oposto da cultura atual de sobrecarregá-los com entretenimento, correção, estímulo e atividades constantes. Embora seja uma alegria adentrar a terra da fantasia da imaginação de uma criança, você não precisa ser a/o principal companheira/o de brincadeiras dos seus filhos. Muito menos tem que distraí-los sempre, ou demonstrar envolvimento constante — o tipo de pressão avassaladora que assombra quase todos os pais que conheço. E o que talvez seja mais significativo: esse exercício pode ser apenas uma chance de desfrutar da alegria e do entusiasmo pela vida da criança.

Pense nessa prática como uma maneira a mais de se envolver e brincar com seus filhos, que além de tudo exerce um efeito relaxante e meditativo em vocês. Não estou sugerindo que brinquem apenas dessa maneira, mas esse pode ser um caminho para a autorreflexão e para uma compreensão mais profunda do mundo interno deles. Resistindo ao impulso de consertar, controlar, mudar ou oferecer orientações educativas (por exemplo, "Que cor é essa?"), você manda algumas mensagens importantíssimas enquanto os pequenos brincam: *Confio na sua competência. Tenho curiosidade em saber como você vê as coisas. Quero saber mais sobre você.* Mantendo-se em silêncio durante o exercício, você dá a sua mente e a seu corpo o tempo de que precisam para se acalmar, se concentrar e se regular. Isso também significa que seus filhos não terão que lidar com suas interrupções enquanto exploram o mundo ao redor.

Quanto mais cedo você introduzir essa maneira de interagir com seus filhos e mais fiel for a ela, mais independentes e confiantes eles se sentirão à medida que crescem. Você dependerá menos da tela como "babá" para poder cozinhar, porque as crianças saberão manter a atenção e direcionar seus interesses por conta própria. Além disso, se você tiver mais de um filho, os momentos em que apenas observa podem ser excelentes para que eles aprendam habilidades sociais importantes, como ser justos, revezar-se, dividir, colaborar e se comunicar de maneira respeitosa.

### SEMENTE 3: CORREGULAÇÃO

"Pais desregulados não são capazes de regular uma criança desregulada", disse o dr. Bruce Perry, mundialmente renomado quando o assunto é trauma e desenvolvimento do cérebro, em um treinamento de saúde mental infantil do qual participei em 2019. "Apenas uma pessoa regulada pode regular uma criança desregulada", ele prosseguiu. "E pais desregulados acabam desregulando crianças reguladas."

Mães e pais muitas vezes acreditam que é seu dever fazer com que os filhos parem de gritar ou se debater, mesmo que não tenham uma consciência real de como o sistema nervoso *deles* impacta a criança. Pesquisas indicam que o que está acontecendo sob a superfície é metade da batalha quando se trata de apoiar os filhos em momentos importantes. Durante a explicação do protocolo de segurança nos aviões, somos lembrados de colocar a máscara de oxigênio em nós mesmas/os antes de ajudar os outros. Isso é algo com que também precisamos nos comprometer como pais; não seremos úteis aos filhos quando não estivermos nos sentindo aterrados nem seguros em nosso corpo.

Passei os últimos vinte anos tentando encontrar tranquilidade interior, já que não tive um modelo na infância e tampouco me ensinaram como fazer isso. Por exemplo, quando tinha um dia superestressante no trabalho, eu o levava para casa comigo. Procurava esquecer e redirecionar minha energia em estar presente com meus filhos, mas me pegava ruminando o problema de trabalho ou qualquer que fosse a crise do momento. Não levava mais de dois minutos para que a energia dos meninos se ajustasse à minha, e logo eles vertiam as lágrimas que eu me esforçava para conter. Enquanto abraçava meus filhos chorando, sentia vontade de pôr um fim àquilo, para podermos seguir com nossa rotina noturna. Impaciência e evitação eram coisas que eu já conhecia bem. Quando criança, muitas vezes me via envolvida pela solidão intensamente reprimida da minha mãe, que reagia gritando com a gente e depois se retirando para seu quarto como se nada tivesse acontecido.

Meus filhos não eram os únicos que precisavam que eu estivesse mais ancorada em meu corpo: eu também precisava disso. Em meus esforços para me corregular com eles, a teoria do dr. Perry de que a regulação dos pais é crucial quando se trata de construir conexões profundas se provou verdadeira. Passei a usar a técnica de nomear, enquadrar e reivindicar para organizar meu sofrimento emocional: *Estou me sentindo esgotada porque não tirei o tempo necessário para me reabastecer. Sou responsável pela maneira como interpreto minhas emoções e como tenho minhas necessidades atendidas.*

Eu precisava me sentir mais conectada e ancorada. Então demonstrei curiosidade: *Será que é disso que meus filhos precisam?* Às vezes o que precisamos se reflete no que as crianças precisam. Cheguei em casa mais distraída que de costume, o que eles de pronto sentiram. Fora um dia longo, e meus filhos precisavam da segurança de uma reconexão regulada.

Enquanto realizava essa escavação da alma, eu embalava meus filhos, fazia carinho em suas costas e dava beijinhos nas suas cabeças. Tinha uma criança encolhida no meu colo e outra me empurrando, mais interessada em bater na porta. Dei mais alguns abraços fortes na segunda, que acabou se derretendo no meu colo também. Minha mente retornou ao aqui e agora, e perguntei a mim mesma: *O que seria bom agora?* A resposta foi: cantar. Pode ser outra coisa no seu caso. Você pode continuar embalando seus filhos, ou talvez vocês tenham que respirar, dar uma volta ou tomar uma água juntos. Não há uma maneira certa de fazer a corregulação, então apenas se comprometa a estar totalmente no momento presente e permitir que ele se desdobre de maneira orgânica.

Decidi cantar baixinho sobre os sentimentos que eles estavam expressando, no ritmo de "Brilha, brilha, estrelinha": *Você parece muito triste. Muito triste e muito bravo. Por que adultos não te ouvem? Bate, bate nessa porta. Você parece muito triste. Muito triste e muito bravo.*

Os meninos ficaram perfeitamente imóveis enquanto eu cantava. Os lamentos do mais desregulado se transformaram em gemidos leves, até que ele enfim recuperou o fôlego o soltou o ar, aliviado. Eles enxugaram as lágrimas e me deram um abraço. Cada um pegou um livro e me pediu para ler antes de dormir. Ofereci apoio às crianças que estavam na minha frente, mas não podemos nos esquecer da criança dentro de nós. Minha criança interior, que desejava ser reconfortada pelos adultos em momentos de confusão mas acabava sendo culpada e rejeitada, também se sentiu cuidada no processo. No final, fiquei me sentindo mais nutrida do que sugada. Esse é o poder de se ancorar em sua mente, seu corpo e sua alma primeiro, para depois ser capaz de acalmar uma criança angustiada.

A maneira mais eficaz de se ancorar no próprio corpo e encontrar tranquilidade é plantar bem os pés no chão. Gosto de imaginar que tenho plugues nos pés e que há duas tomadas no chão, às quais me conecto. Seja como for, leve uma das mãos à barriga e outra ao coração. Respire devagar quatro vezes, visualizando o ar entrando pelo nariz, descendo pela garganta, passando pelo coração e se expandido na barriga. Mantenha a atenção no visual ou na sensação de calma da respiração (tanto faz) e segure o ar enquanto conta até três lentamente. Então solte o ar em sete, esvaziando completamente os pulmões e mantendo a atenção na imagem do ar deixando seu corpo ou no calorzinho que sente ao fazer isso.

Se estímulos auditivos atrapalharem, tente usar tampões ou fones de ouvido para bloquear o excesso de ruído e conseguir se acalmar com mais facilidade. Talvez uma música relaxante ajude a conter sua energia e proporcionar o espaço mental adequado para apoiar seus filhos.

Talvez eles continuem a gritar ou te atacar enquanto você faz isso, mas sugiro que confie que vão aprender só de te ver praticando. Você precisa apenas adaptar a abordagem ao seu estilo e depois trabalhar para que se torne natural. Algumas pessoas não terão dificuldade de implementar a técnica. Outras, no entanto, podem precisar de mais tempo. Tenha paciência e reserve a si mesma/o o tempo necessário para desenvolver essa habilidade.

## SEMENTE 4: BRINCADEIRA

Sascha me pareceu ser uma pré-adolescente bastante tímida e passiva quando a conheci. Não fez contato visual nem falou comigo, apesar de minhas tentativas exageradamente entusiasmadas de me conectar com ela. Sua mãe, Katya, se preocupava com a imaginação desenfreada da menina. Era como se Sascha tivesse abandonado por completo o "mundo real", preferindo viver em um universo só seu, o que preocupava a mãe.

Sascha usou uma casa de bonecas para contar sua história. Construiu um lar completo, com quarto, sala de estar, cozinha e banheiro. Uma criança morava sozinha lá dentro. Sascha passava a criança de um cômodo a outro, em uma vida simples, baseada em rituais e solitária, com um tom de voz que parecia sério, monótono e triste.

Depois, Sascha usou blocos de madeira para construir um castelo fantástico, próximo à casa. Seus olhos se iluminaram enquanto ela construía um fosso, torres altas e a escadaria grandiosa que levava às portas enormes. Sorrindo, ela me contou que era ali que a princesa Carmella morava. Sascha construíra lado a lado sua realidade — solitária, isolada, entediante — e sua fantasia ideal — imponente, majestosa, importante —, para me mostrar que o problema não era a fantasia. Era o "mundo real" que a oprimia.

Antes que iniciássemos nosso trabalho juntas, Sascha havia passado por diferentes profissionais, que menosprezavam sua imaginação. Se mudasse seu nome ou desse detalhes "falsos" da sua vida, ela era ignorada ou corrigida, com o intuito de desencorajá-la a viver em sua fantasia. Aquilo só a deixara mais isolada e desconectada. Em suas brincadeiras, Sascha mencionava constantemente que se sentia incompreendida e que havia algo de errado com quem era. No brincar, ela tinha voz para se comunicar, e cabia aos adultos ouvirem o que estava dizendo.

Decidi me juntar a ela em seu mundo e demonstrar curiosidade quanto ao que simbolizava. Seria possível que Sascha estivesse tentando nos contar que se sentia solitária e presa em casa, confinada a rotinas banais, incapaz de expressar seus verdadeiros dons? Ela se via como uma espécie de heroína, que inspiraria os outros a ser bondosos e defenderia aqueles que eram diferentes. Com o andamento de nossas sessões, esses se tornaram temas semanais. Em vez de tentar fazer com que ela deixasse o "mundo da fantasia", nos concentramos em desenvolver o que sua imaginação trazia de positivo, como conhecimento de seus limites pessoais, confiança para expressar suas necessidades à própria maneira e uma crença profunda de que ela era uma pessoa boa, incrível até. Katya também embarcou na proposta, deixando para trás seu medo de até onde a imaginação da filha iria levá-la. Isso abriu todo um mundo de momentos alegres e prazerosos juntas, algo que havia se perdido anos antes.

Preservar a brincadeira na vida adulta é uma maneira poderosa de criar intimidade com os filhos, e ainda é curativo para nossa alma. A maioria dos adultos esqueceu como brincar, leva-se a sério demais e sente a sobrecarga da enorme quantidade de responsabilidades acumuladas. Isso acaba com a energia para a brincadeira que existe dentro de todos nós. No entanto, a disposição para brincar, a espontaneidade e a criatividade são o antídoto para a ansiedade e o melhor remédio que a natureza tem a oferecer. Muitos de meus clientes descobrem que conseguem se expressar melhor — e entender seus filhos — quando brincam diariamente.

Se você não gosta da ideia de brincar com seus filhos, talvez tenha feridas abertas relacionadas a vulnerabilidade e intimidade, então se certifique de explorar isso usando as ferramentas da Parte 1. Quando nos envolvemos na brincadeira — seja ela simbólica, como no caso de Sascha, ou simplesmente falando com uma voz divertida pela manhã, sendo bobos e afetuosos —, estamos transmitindo vulnerabilidade e conexão. Brincar com as crianças não é uma questão de entretê-las, mas de se conectar com elas. Através da brincadeira diária, dá-se um diálogo que existe apenas no momento presente. Quando você percebe que a brincadeira é a maneira de acessar a alma dos seus filhos, para de tentar afastá-los sem notar.

Para que a diversão pareça um pouco mais acessível, experimente algo novo amanhã. Comece o dia com as crianças devagar, passando os dedos carinhosamente por suas costas na hora de acordá-las. Dê um abraço sempre que passar pela cadeira delas enquanto faz o café da manhã e prepara o lanche da escola. Finja ser um robô, um monstro, um super-herói ou um vilão enquanto se arrumam para sair. E saiba que filhos mais velhos também precisam que você brinque com eles. Não se atenha tanto ao dever de casa e às notas. Tente usar uma gíria deles para fazer graça. Ouça junto as músicas que gostam de ouvir. Aposto que, dando qualquer um desses passos, a brincadeira vai parecer menos intimidadora e todo mundo em casa vai se sentir mais leve.

## SEMENTE 5: REFLEXÃO

Imagine que você está a ponto de explodir porque seu filho acabou de fazer uma pergunta que já foi respondida dez vezes em menos de uma hora. Em momentos assim, se for capaz de refletir, você provavelmente não projetará nada nele. Use o método PERA para controlar seus impulsos e avançar emocionalmente. Com prática, você aprenderá a observar sua condição interna da perspectiva de uma mosca na parede. Quando for capaz de ver sua própria mente em ação, terá muito mais controle físico e emocional sobre si mesma/o.

P: Do que você está precisando? Talvez de espaço físico, ou de um intervalo na conversa.

E: O que está experienciando? Talvez exaustão de tanto se repetir.

R: O que está remoendo? Talvez haja alguma coisa errada com a criança, porque parece impossível que uma criança "normal" precise ouvir a mesma resposta dez vezes.

A: Como está agindo? Talvez você revire os olhos, suspire de maneira exagerada e irritada, passe a impressão de que é melhor se afastar.

A magia que acontece a seguir depende de você. Muitos pais se veem pegando mais leve com os filhos depois desse breve exercício de autorreflexão. Isso não significa ser conivente e deixar que as crianças passem por cima, e sim liderar com base na compaixão. Eles podem insistir que é, sim, irritante ouvir a mesma pergunta dez vezes seguidas, mas reconhecer que mentes jovens precisam de repetição para aprender. A autorreflexão permite que duas coisas sejam verdade ao mesmo tempo, sem a pressão para que uma seja vencedora e a outra, perdedora. Em vez disso, você aprende a arte de aceitar as coisas como são, sem sentir necessidade de mudá-las.

Na teoria parece ótimo, mas talvez você queira saber como agir para que a criança deixe de fazer a mesma pergunta um milhão de vezes seguidas. Antes de alimentar essa necessidade de controle, reflita sobre sua necessidade de fazer com que a criança pare. Há uma ferida por trás disso? Muitas vezes as crianças repetem perguntas não apenas para aprender, mas porque querem se conectar. Se você estiver tentando controlar o estilo de conexão da criança, talvez seja útil observar o que isso significa para você, ou do que está tentando se proteger.

Minha cliente Dana estava enfrentando dificuldades parecidas com seu filho, Jacob. "Ele simplesmente não entende que cansei!", ela anunciou, encolhida num canto do sofá do consultório. Dana sabia que não era responsabilidade do filho estar sintonizado com ela e corresponder à sua necessidade; no entanto, precisava daquilo. Por trás do exterior ansioso, havia uma série de lembranças de negligência emocional e abandono por parte da mãe dela, que havia feito o seu melhor mas não conseguiu lidar com os pensamentos, sentimentos e necessidades da filha. Inconscientemente, Dana tentava se proteger de não se sentir notada e cuidada, e passara anos projetando aquilo no filho, como se fosse problema dele.

Do que Dana precisava? Lamentar o fato de não ter se sentido vista, ouvida, compreendida e segura na infância. E de mais apoio concreto.

O que ela experienciava? Estava cansada de como esperavam que ela se mostrasse, e tinha muito pouco apoio social e emocional.

O que remoía? Dana achava que não era justo os outros não estarem tão envolvidos com as necessidades dela quanto ela estava em relação às deles.

Como agia? Afastava o filho e parecia irritada em sua presença.

Dana se comprometeu a usar o PERA em suas interações diárias com a família. Embora nada mais tenha mudado em sua vida — os fatores de estresse e a falta de amparo social permaneceram —, ela começou a chegar às nossas sessões com um brilho nos olhos. Sua energia se tornara muito mais leve, a pele cintilava, ela se mostrava mais regulada, e pela primeira vez não parecia soterrada pela ansiedade. O mais importante foi que ela já não se sentia um monstro furioso, e começou a curtir mais o filho.

Confie que sua capacidade de refletir é uma rota segura rumo a uma conexão mais profunda com seus filhos. Quanto mais você reflete no dia a dia, mais se conhece. Quanto mais se conhece, mais fácil fica se sintonizar com as necessidades dos filhos e demonstrar curiosidade em relação à perspectiva deles sobre o entorno.

## SEMENTE 6: REPARAÇÃO

Reparação é a última semente que precisa ser plantada em nome de uma conexão mais significativa e duradoura com os filhos. Quando você causa danos sem intenção, é importante pedir desculpas (sem colocar a culpa do seu comportamento na criança). Por exemplo, “Sinto muito por ter assustado você, mas, se tivesse me ouvido da primeira vez que pedi, eu não precisaria ter gritado” não é um pedido de desculpas sincero. Você põe a culpa na criança, em vez de assumir seu papel no conflito que enfrentam juntos. "Sinto muito por ter assustado você quando gritei" é uma forma saudável de se desculpar.

Uma grande quantidade de pais já me disse que pedir desculpas às crianças é besteira e que nunca houve nenhum tipo de reparação por parte dos pais deles. Também gostam de apontar que as crianças esquecem, então por que ficar se desculpando? Esquivar-se da reparação ensina às crianças que o impacto não importa, desde que as intenções sejam boas. Suas intenções podem ser inacreditavelmente puras, mas se você faz algo que causa danos à criança — mesmo achando que não "deveria" causar —, ainda precisa se desculpar. Um pedido genuíno de desculpas comunica a ela: *Você é importante para mim. Acredito em nós. Eu te amo.* Receber uma mensagem assim depois de uma ruptura aquece o relacionamento e permite que você e a criança sigam em frente com menos ressentimento e vergonha.

Se você estiver esperando por um pedido de desculpas dos seus pais, talvez ainda tenha que esperar muito. É melhor não desperdiçar seu tempo tentando reparar partes do passado que não são responsabilidade sua. Pais sempre são responsáveis pelo próprio comportamento, e sobre como esse comportamento afeta os filhos. Caso seus pais se recusem a aceitar sua responsabilidade e a seguir em frente com maturidade, saiba que você merece mais. Entregue sua necessidade de um pedido de desculpa dos seus pais a qualquer que seja a entidade espiritual que mais lhe atraia, rompa o círculo vicioso e faça diferente com seus próprios filhos.

Todos os pais cometem erros. Não existem pais perfeitos, que sempre mantêm a compostura, sempre dizem a coisa certa, nunca cometem erros. Uma parentalidade suficientemente boa envolve "acertar" 33% do tempo e se atrapalhar no restante. Faça um inventário dos momentos em que você pediu desculpas só para voltar a repetir o mesmo padrão. Essa repetição é um sinal de que a sua criança interior tem uma ferida aberta que precisa da sua atenção para que você possa efetivamente mudar suas ações.

Imagine que você, como eu, não é uma pessoa matinal. Você teria que acordar cedo todo dia e botar todo mundo para se arrumar, mas sempre acaba ficando o máximo de tempo possível na cama, depois a ansiedade bate e você se preocupa com a possibilidade de se atrasar. Você grita para as crianças se apressarem, e está todo mundo estressado antes mesmo de sair de casa.

Essa situação (e situações envolvendo questões parecidas) merece um pedido de desculpas autêntico e comprometimento com seu crescimento pessoal. Pedir desculpas com autenticidade envolve:

- Falar com sinceridade: "Sinto muito".
- Responsabilizar-se por sua parte da culpa: "Gritei com você por frustração. Dormi demais e sou um pouco devagar pela manhã".
- Deixar claro o que você quer fazer diferente: "Vou adiantar os preparativos na noite anterior e deitar mais cedo, para conseguir lidar melhor com a minha dificuldade".
- Comprometer-se com os passos necessários: busque apoio. Use as ferramentas da Parte 1 para trabalhar quaisquer barreiras psicológicas associadas a padrões repetitivos que não te ajudam.
- Convidar as crianças a refletir sobre a responsabilidade delas (caso se aplique) e ajudá-las a criar soluções: "Como vocês podem ser mais desembaraçados pela manhã para passarmos menos tempo negociando e mais tempo curtindo a companhia uns dos outros?".

Acompanhei inúmeros pais em seu processo de reparação. De tempos em tempos, alguém diz: "Sinto que estou sempre me desculpando, mas continuo fazendo as mesmas coisas. Quando um pedido de desculpas se torna uma promessa vazia?".

É o crítico interno falando. Ele precisa que você se mantenha em um estado crônico de culpa e vergonha para te alertar dos seus fracassos e assim garantir que não cometerá mais deslizes. Avalie suas expectativas. É preciso fazer um enorme esforço para mudar um comportamento, e um pedido desculpas que vem da conexão e do amor autênticos nunca é uma promessa vazia; é um ato de esperança e uma luz brilhando na escuridão. Se você continuar se desculpando pelo mesmo erro e sentir dificuldade de incorporar as mudanças que deseja, lembre-se de que não é uma questão de quantas vezes você cai do cavalo, e sim de quantas vezes você tem disposição de voltar a montar nele.

Sentir culpa por um comportamento é normal e saudável. No entanto, a vergonha incapacitante faz com que você deixe a autocompaixão de lado e seja dura/o demais consigo mesma/o. A compaixão é um ingrediente-chave para neutralizar a vergonha. Mesmo bons pais e mães erram de vez em quando. Aqueles que reconhecem seus erros e concentram sua energia nos acertos acabam se sentindo mais confiantes em quem são como pais.

## SEMEANDO

Algo incrivelmente inspirador acontece quando nos comprometemos a plantar sintonia, curiosidade, corregulação, brincadeira, reflexão e reparação nas interações diárias com nossos filhos. A alegria toca a alma deles, permitindo que nos deleitemos verdadeiramente com sua essência amorosa e potente. Promovemos a confiança e a segurança relacional, um componente vital para qualquer dinâmica interpessoal saudável. Respeitamos a autonomia dos nossos filhos e damos a eles a oportunidade de mostrar quão capazes são. Protegemos a autoestima e a confiança deles e os guiamos na direção em que sua natureza é chamada (em vez de moldá-los). E, por fim, honramos a identidade deles, permitindo que se tornem quem são — não quem queremos ou esperamos que sejam, mas quem eles sabem que são de verdade.

Quando plantadas e adequadamente cuidadas, essas sementes nutrem não apenas o espírito da criança mas também nossa menor e mais vulnerável versão, que talvez precisasse de mais conexão autêntica mas não sabia onde procurar. Criar filhos a partir dessa forma de conexão é como voltar à essência da humanidade. Tenho certeza de que você encontrará paz usando essa abordagem no relacionamento com seus filhos.

Nada disso acontece da noite para o dia. Você continuará plantando as sementes na infância e na adolescência. Precisará podar a vergonha e regar as mudas com compaixão. Com curiosidade, convicção e orientação no momento certo, precisará combater as pragas que tentam devorar os doces brotos. Permita que seu amor (e não sua decepção) fique claro em seus olhos, em sua voz. Permita que seu carinho (e não seu desdém) seja transmitido através de suas mãos e seu coração. Que sua busca de conexão seja aquilo que primeiro vem à mente dos seus filhos quando pensarem na marca que você deixou neles.

# 6. Desmistificando o comportamento dos filhos

Todo comportamento está ligado a um sentimento, e todo sentimento está ligado a uma necessidade. As crianças usam o comportamento externo para comunicar o que está acontecendo internamente. Podem não ter o vocabulário ou a consciência para expressar o que ocorre dentro delas em um momento de tristeza, preocupação ou medo, por isso seu *comportamento* se torna a referência para compreender do que precisam. Cabe aos pais reagirem menos ao comportamento e responderem mais à necessidade por trás dele.

Ella, uma cliente de quase três anos, suplicou: "Só mais um abraço no bebê e depois eu vou". A menina repetiu isso várias vezes, deixando sua mãe, Deena, cada vez mais impaciente. "Ela faz isso o tempo todo. Não quer ir embora e arrasta o processo. É exaustivo e me deixa sem saber o que fazer."

Deena tinha outros filhos, e Ella exigia muito da mãe. Em geral Deena investia grande parte do seu tempo, dos seus esforços e da sua energia controlando o comportamento da filha, dizendo "não", pegando sua mão e a forçando a sair de uma situação, o que nunca terminava bem. Ella resistia, retrucava, agredia fisicamente e insistia ainda mais no que queria. Deena não compreendia o que a menina estava tentando comunicar.

Através de uma observação cuidadosa e de mais sintonia, Deena percebeu que transições eram difíceis para Ella, que não queria que certos momentos terminassem. Quando a mãe pôs isso em palavras, a postura corporal da filha se suavizou e seu rostinho doce e angelical se contraiu em uma careta. Ella mascarava sua tristeza com rigidez e resistência, o que Deena reconhecia como algo que ela mesma fazia quando se sentia estressada e sem saída. Revelar a tristeza da filha não foi o último passo necessário para Deena apoiar a menina naquele momento (e em outras situações do dia a dia que se assemelhavam àquela). Por trás da tristeza, havia uma necessidade delicada. A pergunta era: Do que exatamente Ella precisava, e como a mãe podia ajudá-la?

Pais muitas vezes se deixam distrair de tal maneira pelo comportamento dos filhos que identificar uma necessidade parece um quebra-cabeça complicado, que eles não estão seguros de que conseguem resolver. Diante da minha sugestão de que a criança pode estar precisando de algo deles, muitas vezes a resposta é: "Meu filho tem tudo. Do que mais pode precisar?". Eu me identifico com essa postura defensiva, ainda mais quando as necessidades dos pais — sejam físicas e/ou emocionais — foram negligenciadas na infância. É possível que tenham crescido num deserto emocional que transforma qualquer atenção que se dê à criança em um enorme avanço. *Meus filhos deveriam ser gratos por tudo o que têm!*

No entanto, não faz bem para o desenvolvimento da criança deixar que ela descubra do que precisa sozinha. Crianças não conseguem ter suas necessidades atendidas sem o apoio e a orientação de adultos em quem confiam. Elas até tentam, mas em geral não se saem muito bem.

Quando adotamos uma estrutura baseada nas necessidades para desvendar o comportamento das crianças, criamos proximidade, sintonia e conexão. Somos guias melhores no sentido de ajudá-las a entender como suas necessidades influenciam suas emoções e seus comportamentos, para que possam estar mais bem aparelhadas para expressar o que precisam de maneira construtiva — em vez de destrutiva — à medida que crescem e amadurecem. Uma óptica baseada nas necessidades nos prepara para ajudar nossos filhos na infância, na adolescência e na vida adulta. Quando as crianças têm o que precisam de maneira consistente, confiável e previsível ao longo da infância, crescem e se tornam adultos confiantes no atendimento das próprias necessidades, e acreditam que os outros são uma fonte confiável de conforto.

Isso vai contra algumas narrativas culturais e sociais estabelecidas. A sociedade ocidental muitas vezes associa vergonha e fracasso à necessidade de apoio, algo que a mãe internaliza logo no início. É o bebê *dela*, portanto *ela* deve fazer tudo com alegria e sem reclamações.

Para nos curar dessas feridas sociais, precisamos de um excedente de necessidades manifestadas. Se voltássemos a nossas raízes de seres humanos interdependentes que encontram apoio, segurança e conforto em seus relacionamentos, não apenas sobreviveríamos mas prosperaríamos. Seríamos mais aptos a ter nossas demandas atendidas e a ajudar nossos filhos com as demandas deles. Considere esse um chamado à ação para dar sequência ao importante trabalho de atender às próprias necessidades que ficaram perdidas ou escondidas em algum lugar, e para conseguir apoiar seus filhos no que eles precisam.

### TUDO BEM PRECISAR DE AJUDA

Pessoas com um histórico de trauma ou negligência, ou que tiveram pais narcisistas ou extremamente críticos, muitas vezes sentem que há algo de inerentemente vergonhoso em precisar ou desejar *o que quer que seja*. Se é o seu caso, fique alerta a gatilhos que surjam quando seus filhos precisarem de apoio. Se o fato de eles precisarem de você faz com que sinta frustração, use a estratégia de nomear, enquadrar e reivindicar para descobrir o que está acontecendo aí dentro:

Nomeie: *A carência constante do meu filho me irrita. Minha garganta fecha e sinto o peito apertado.*

Enquadre: *Quando eu era pequena/o, lidava com os problemas sozinha/o. Faziam com que me sentisse uma/um idiota se tivesse dificuldade ou precisasse de ajuda, então eu evitava pedir apoio. Agora reconheço que fui condicionada/o a evitar as necessidades do meu filho também.*

Reivindique: *Sou responsável pela forma como interpreto meus sentimentos e como tenho minhas necessidades atendidas. Meu filho precisar de mim não é uma punição pelo meu fracasso nem é um teste sobre quão boa/bom eu sou. Ele é só uma criança que ainda não tem a maturidade ou as habilidades necessárias para atender às próprias necessidades. Preciso me aterrar, respirando e demonstrando curiosidade para ter mais clareza nesse momento específico.*

## CRIANDO FILHOS COM A ESCADA DAS NECESSIDADES

A escada das necessidades é uma estrutura usada para compreender o que há por trás do comportamento dos seus filhos. Mais que um checklist, é um mapa fluido que ajuda a chegar ao fundo da questão. Em vez de se concentrar nas deficiências da criança, você investe energia intencional em ajudá-la a atingir seu verdadeiro potencial, orientando suas necessidades. Com o apoio dos pais, os filhos são capazes de aprender a subir e descer a escada das necessidades e adquirir o domínio sobre si próprios e sobre seus relacionamentos.

ESCADA DAS NECESSIDADES

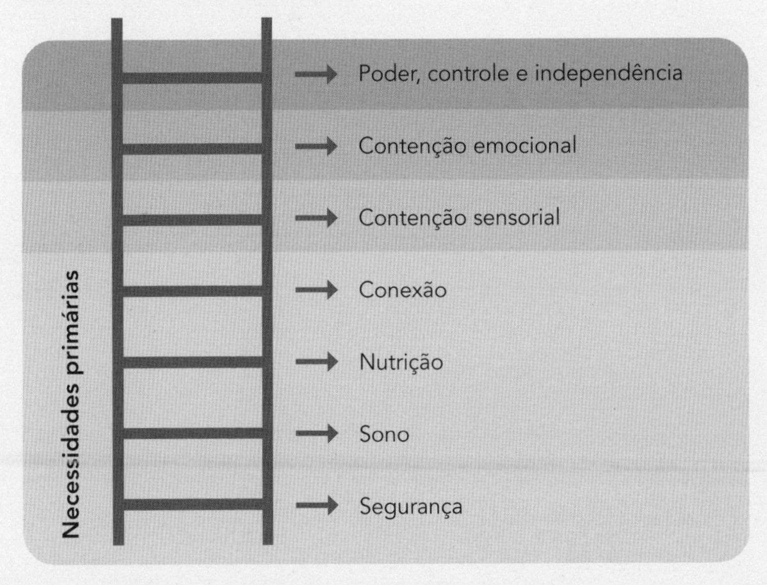


De baixo para cima, os quatro primeiros degraus da escada representam as necessidades mais vitais da criança:

segurança, sono, nutrição e conexão. Os três degraus de cima são as necessidades mais "elevadas": contenção sensorial, contenção emocional e poder, controle e independência. As quatro necessidades dos degraus mais baixos devem ser atendidas de maneira consistente e confiável; caso contrário, qualquer sofrimento sensorial ou emocional, ou qualquer necessidade relacionada a poder que a criança apresentar será exacerbado — causando mais atrito na dinâmica pais-filhos.

A escada também pode servir como uma espécie de fluxograma quando você se vir diante de uma criança aborrecida ou agindo de maneira incomum e não souber o que motiva aquele comportamento. Começando por baixo da escada, pergunte-se: *Do que a criança precisa agora? Ela se sente fisicamente insegura? Está cansada? Quando foi a última vez que comeu?*

Dessa posição de escuta mais atenta, você pode responder de acordo e com confiança. Não desperdice uma energia preciosa se estressando com a possibilidade de errar, porque isso só vai fazer com que você queira desistir ou mergulhe na culpa e na vergonha, ainda mais se costuma reagir de maneira exagerada ao próprio sofrimento. Procure concentrar sua atenção em desvendar a necessidade. Não importa quanto tempo leve. A criança não precisa que você aja depressa nem que acerte sempre. Na verdade, ela foi programada para a sua imperfeição, porque isso a ajuda a aprender como existir em um mundo imperfeito.

## PRIMEIRO DEGRAU: SEGURANÇA = PROTEÇÃO

Segurança física é uma necessidade essencial da criança. Ela precisa saber que sua integridade corporal vai ser protegida a qualquer custo. Sem isso, a criança manifesta angústia, tem dificuldade de aprender lições valiosas e mantém uma hipervigilância crônica do seu entorno. Quando ela se sente segura e protegida, confia que há pessoas disponíveis para ajudá-la e apoiá-la. Quando se sente rejeitada, diminuída ou ridicularizada por sua dor — sobretudo pelos pais —, chega rapidamente à conclusão de que ninguém se importa.

Crianças são programadas a buscar proteção quando a necessidade fundamental de segurança é ativada. A maior proteção que você pode oferecer a seus filhos quando se sentem fisicamente feridos é reconhecer o que vê de uma forma não depreciativa.

> Fazer pouco-caso da dor: "Ah, para com isso. Você está bem. Não precisa se comportar como um bebezinho".
>
> Proteger a dor: "Você caiu, e agora seu joelho está sangrando. Dói, não é? Vamos limpar o machucado".

Quando a necessidade de segurança é acionada nos seus filhos, você deve assumir o papel de protegê-los. Primeiro reconheça a dor, depois ajude a criança a se sentir melhor. Faça o necessário para garantir que a segurança dela seja priorizada. Band-aid, gelo, abraços e beijos são maneiras excelentes de reconhecer o sofrimento físico sem exagerá-lo nem rejeitá-lo. Quando você assume o papel de protetora/protetor, deixa seus filhos seguros de que se importa com o bem-estar físico deles, o que permite que se concentrem em outros aspectos importantes da vida. Depois de ajudar em um momento de medo, ajude as crianças a se levantarem e insistirem. Familiarize-as com a frase "Vamos tentar de novo" e ensine-as a usá-la. Isso aumenta a resiliência e possibilita encarar os desafios com confiança e coragem.

Talvez você não tivesse alguém que desempenhasse o papel de protetora/protetor na sua infância, e portanto não esteja acostumado com ele, mas pode garantir que as coisas sejam diferentes para seus filhos. Talvez seus pais não reconhecessem suas dores físicas com generosidade, compaixão e carinho. Pode ser que seus pais tenham motivado um sentimento de insegurança física em você, ou sua infância tenha sido vivida em condições estressantes. Sua dor talvez tenha sido reconhecida de maneira inconsistente. É possível que você tenha sido criada/o para ser "forte" e não demonstrar sinais de vulnerabilidade ou "fraqueza", principalmente se é homem e foi criado sob expectativas estereotipadas. Se a sua criança interior continua ferida em se tratando da sensação de segurança e necessidade de proteção, priorize o autocuidado com foco na proteção e no carinho. Se suas costas doem, não deixe para lá. Se está sentindo algo estranho no corpo, marque uma consulta, busque apoio. Resista ao impulso de esperar que a dor passe ou de simplesmente ignorá-la. Ao internalizar a/o protetora/protetor de que sempre precisou, você aprende a se tornar a/o protetora/protetor de seus filhos.

### SEGUNDO DEGRAU: SONO = CALMA

Minha cliente Tania perdera toda a paciência com as birras da filha de seis anos de idade, que ocorriam várias vezes por semana e causavam uma disrupção significativa na família. Todo mundo pisava em ovos com a menina, morrendo de medo de detonar uma bomba de emoções. Até que descobrimos que ela estava com privação de sono — e quando o sono não está bem, nada está.

Dormir o suficiente é importantíssimo para o desenvolvimento e o bem-estar da criança. Além de vital para a regulação do sistema nervoso, o sono de qualidade previne diabetes tipo 2, obesidade, contusões, problemas de saúde mental, de atenção e de comportamento. De acordo com estudos recentes,[1] as crianças de hoje são as que mais sofrem de privação de sono na história. Na verdade, segundo os Centros de Controle e Prevenção de Doenças[2] dos Estados Unidos, um terço das crianças de hoje não dorme tanto quanto deveria. Seis em cada dez crianças matriculadas no ensino fundamental II[3] e sete em cada dez adolescentes no ensino médio têm carência de sono.

**GARANTINDO UMA BOA NOITE DE SONO**

De acordo com a Mayo Clinic,[4] o número de horas de sono necessárias pode ser determinado de acordo com a idade:

- Bebês de quatro a doze meses: doze a dezesseis horas, incluindo sonecas.
- Crianças de um a dois anos: onze a catorze horas, incluindo sonecas.
- Crianças de três a cinco anos: dez a treze horas, incluindo sonecas.
- Crianças de seis a doze anos: nove a doze horas.
- Adolescentes de treze a dezoito anos: oito a dez horas.
- Adultos: sete horas ou mais.

Os benefícios do sono são gigantescos: melhora o humor, a atenção e o comportamento, sem falar no desenvolvimento cerebral e no crescimento de modo geral. O sono precisa ser prioridade para todos os membros da família, e te aconselho fortemente a criar hábitos de sono saudáveis para você e seus filhos. Infelizmente a interferência no ciclo circadiano por parte da luz azul emitida por aparelhos eletrônicos contribui para hábitos de sono ruins em muitas crianças. Você pode combater isso limitando telas no fim do dia. Minha recomendação é proibi-las duas horas antes de ir para a cama, mas isso pode variar de uma casa para outra. Descubra o que funciona para você.

Quando se trata de garantir um bom sono para seus filhos, prefira o básico, com uma rotina simples e repetitiva ao longo de toda a semana, incluindo fins de semana. A sequência banho, escovar os dentes, ler e ir para a cama costuma funcionar bem para a maioria das famílias. Estabeleça horários de dormir e acordar e se atenha a eles. Tire todos os dispositivos eletrônicos do quarto. Incentive que façam muitas atividades durante o dia, para que estejam prontos para descansar quando a noite chegar. O sono dos bebês e das crianças pequenas envolve outras questões, por isso recomendo a leitura do livro *The Happy Sleeper* [O dorminhoco feliz], de Heather Turgeon e Julie Wright, assim como *Generation Sleepless* [Geração insone], que elas escreveram sobre pré-adolescentes e adolescentes.

Se seus filhos resistem à soneca ou à hora de ir para a cama, diga: “Você não precisa pegar no sono, só precisa fechar os olhos”. Isso lhes dá algum controle, e em geral os ajuda a adormecer mais rápido. Se brinquedos distraírem as crianças e fizerem com que elas saiam da cama, tire-os do quarto e garanta que o cômodo seja o lugar de dormir, e não de brincar.

Allie era uma cliente emotiva de três anos de idade que tinha momentos de descontrole emocional quando sua mãe, Lisa, lhe dizia não ou estabelecia que ela fizesse alguma coisa. Seria fácil supor que se tratava de uma menina de temperamento forte, determinada a tirar os pais do sério. No entanto, após uma investigação profunda, ficou claro que o mau comportamento de Allie era consequência de fome — quando suas necessidades nutricionais não eram atendidas, ela não conseguia se regular.

Todos precisamos de comida e água para sobreviver. Emoções transbordantes, acessos de raiva e desregulação emocional — em pessoas de todas as idades — muitas vezes se devem a fome ou desidratação. Lisa não gostava de oferecer nenhum lanchinho a Allie porque ficava preocupada que a filha começasse a associar suas explosões a receber comida. Era uma abordagem comportamental para entender os gatilhos de Allie. No entanto, um olhar com foco nas necessidades nos oferece uma compreensão mais rica da experiência interna da menina.

Nosso corpo usa comida como combustível e percebe a falta dela como uma ameaça. Algumas crianças, como Allie, apresentam uma reação exagerada à ameaça. A menina tinha um histórico de trauma, considerando que havia passado pelo sistema de acolhimento familiar e depois tinha sido adotada. Mesmo que a reação em si não seja exagerada, quando o corpo pede comida, o cérebro não consegue pensar em mais nada. Se o hipotálamo está trabalhando duro para motivar a pessoa a encontrar comida, o neocórtex — que alimenta a capacidade de usar a lógica e o raciocínio — não tem um desempenho tão aguçado, ainda mais naqueles cujo cérebro não está totalmente desenvolvido, ou seja, até os 25 ou trinta anos de idade.

Lisa precisou abandonar a ideia de que estava reforçando o mau comportamento ao oferecer comida à filha. Seu trabalho principal era o sustento dela. Comida não é recompensa por um bom comportamento, não precisa ser merecida: é algo vital para nossa sobrevivência. Se os sentimentos e o comportamento exagerado de uma criança se devem à fome, então ela precisa ser alimentada. Ponto-final. Você pode discutir a atitude desafiadora e bolar um plano melhor para que ela expresse sua fome *depois* de oferecer comida. Ajude seus filhos a relacionarem aquilo de que precisavam, como estavam se sentindo e como agiram. No caso de Allie, poderia ser assim:

BK: Como o seu cérebro e a sua barriga estão agora que você comeu? [Allie é convidada a refletir sobre como se sente no momento.]

A: Muito melhor!

BK: O que você estava sentindo antes de comer? [Ela é desafiada a pensar em como estava se sentindo antes.]

A: (*ela rosna de brincadeira*) Brava! Minha barriga estava doendo.

BK: O que seus sentimentos fortes e ruins levaram seu corpo a fazer? [Agora ela precisa relacionar sentimentos com comportamento, o que contribui para o autoconhecimento e a inteligência emocional.]

A: Bater, chutar e morder! Não dava pra segurar!

BK: De que outra maneira você pode comunicar que está com fome da próxima vez? [Essa é a sua oportunidade de ensinar à criança maneiras construtivas de ter as necessidades atendidas.]

A: Posso avisar pra mamãe quando minha barriga estiver doendo. [Nós a ajudamos a bolar esse plano. Lisa ficou responsável por observar as dicas físicas de que Allie estava com fome — por exemplo, quando ela levava às mãos à barriga e andava em círculos. Quanto mais Lisa aprendia a interpretar as dicas de Allie, melhor a menina ficava em ouvir e se comunicar.]

## QUARTO DEGRAU: CONEXÃO = CONFORTO

Elijah era o palhaço da turma do jardim de infância. Estava sempre brincando e desafiando os pedidos da professora. Sua raiva muitas vezes degringolava para a violência, e ele estava prestes a ser expulso da escola. Seus pais, Ezra e Hannah, andavam preocupados. Já haviam tentando estabelecer recompensas, punições e consequências; retirar privilégios; deixá-lo de castigo; ignorá-lo. Nada parecia funcionar. Depois de algumas sessões comigo, Ezra jogou as mãos para o alto, frustrado: "Ele está querendo chamar a atenção!". Há uma crença equivocada de que ignorando a criança que quer chamar a atenção seu comportamento vai melhorar. No entanto, como discutimos, a necessidade de atenção da criança é essencial para sua sobrevivência, e portanto *não* dar atenção só vai ativar quaisquer táticas de sobrevivência que ela possa acessar. Em geral, crianças que tentam chamar a atenção na verdade estão em busca de conexão. Elas precisam que os pais respondam a esses comportamentos oferecendo conforto.

Elijah passava a maior parte do dia em estado de alerta. No entanto, ele não parecia nem um pouco desafiador quando seus pais lhe ofereciam tempo, presença e afeto. Quando o menino sentia que eles se distraíam (por exemplo, mexendo no celular ou verificando e-mails), reagia como os humanos são programados para reagir em caso de ameaça percebida: fazendo estardalhaço e expressando o medo de maneira física para conseguir atenção e apoio.

As seis sementes da conexão resolveram a desregulação crônica de Elijah. Quanto mais Ezra e Hannah respondiam com sintonia, curiosidade, corregulação, brincadeira, autorreflexão e reparação, mais Elijah se sentia confortável a confiar neles. Ele se tornou mais seguro, e passou a enfrentar menos problemas na escola e com os amigos. O resultado foi toda uma família mais feliz.

## QUINTO DEGRAU: CONTENÇÃO SENSORIAL = RECIPIENTE SENSORIAL

Segundo Rose, Landon se revelara um bebê cheio de energia ainda no útero. Foi um dos primeiros em sua turma a engatinhar, o que deixou sua mãe um pouco ansiosa. Também adorava examinar o rosto e o cabelo dos outros bebês, cutucando e puxando. Rose tentava contê-lo, mas logo ele já estava em cima de outra criança de novo, ainda mais interessado e curioso.

Landon sempre tinha um sorriso encantador, o que fazia com que as pessoas se perguntassem o que estava para aprontar. Sempre ficava ligado e fugia assim que necessário. Também tinha o costume de bater. Passava por outra criança e simplesmente batia nela, ou pegava um brinquedo de outra, dava nela com o objeto e depois fugia, olhando por cima do ombro no que parecia ser um convite para uma brincadeira de pegar.

Sua impulsividade preocupava a mãe. Ela tinha medo de que Landon fosse uma criança "agressiva" e já começava a se sentir isolada das outras mães, que protegiam os filhos quando Landon estava por perto. O menino, no entanto, parecia perfeitamente feliz, sem nenhuma preocupação, alheio ao impacto que suas ações físicas exerciam nos outros. Em crianças com menos de dois anos, isso é esperado. No entanto, me perguntei se necessidades baseadas em questões sensoriais profundas não estariam motivando seu comportamento.

Sou apenas uma terapeuta de casais e famílias, portanto está além do meu escopo descrever complexidades e nuances do sistema sensorial. Tampouco recebi treinamento para diagnosticar ou tratar transtornos de processamento sensorial, condições que afetam como o cérebro interpreta estímulos sensoriais. Para uma análise aprofundada do assunto, veja *Ler o corpo para entender a mente*, da dra. Mona Delahooke, e *The Out-of-Sync Child* [A criança fora de sincronia], de Carol Stock Kranowitz. No entanto, eu gostaria de explicar o básico das necessidades sensoriais de seus filhos e ajudar você a se tornar um recipiente sensorial para eles quando tais necessidades se apresentarem.

O mundo à nossa volta é incrivelmente estimulante. Mal consigo ir a um café perto de casa sem me distrair com a movimentação da porta abrindo e fechando, as sirenes altas dos caminhões de bombeiros, o ruído constante da máquina de *espresso* e as conversas dos outros clientes, e veja que sou uma adulta com um sistema sensorial integrado. O cérebro da criança, por sua vez, ainda está aprendendo a processar todas as informações decorrentes de se viver em um mundo sedutor e envolvente.

Receber e interpretar o mundo físico à nossa volta é o que chamamos de processamento sensorial. Os animais —

incluindo os humanos — estão sempre processando o que seus sentidos captam. Quando você sai, seu corpo reconhece se está quente ou frio, então comunica a seu cérebro se um casaco é ou não necessário. Basicamente os sentidos trabalham um pouco à frente da capacidade de interpretação do nosso cérebro, com a missão de nos ajudar a viver de maneira fisicamente segura e reguladora. Se acreditam que algo parece inseguro ou desregulador, eles alertam o cérebro a reagir. Algumas pessoas têm medo de altura e, quando se veem no alto de um prédio e olham para baixo, seu sistema sensorial fica sobrecarregado e entra em pânico. Dizer que alguém tem medo de altura na verdade significa que seu nervo vestibulococlear é hiperativo na comunicação dessa ameaça em particular.

A disfunção sensorial muitas vezes é identificada de maneira equivocada como mau comportamento. Landon já estava sendo rotulado de criança-problema devido a suas tendências impulsivas e à sua "agressividade". Quando ele batia em outra criança sem pensar, não era porque estava tentando machucá-la. Na verdade, Landon tinha dificuldade com a propriocepção — a compreensão de onde seu corpo terminava e o corpo do amigo começava. Seu sistema corpo-mente queria se sentir integrado, e o impulso para bater persistiria até que essa integração ocorresse.

Para que Landon tivesse essa necessidade atendida sem precisar bater nos amigos, descíamos as mãos por seus braços e pernas devagar, mas exercendo certa pressão, enquanto reiterávamos o limite de não bater. O efeito era imediato. Não apenas o menino parecia menos fisicamente tenso como o bater espontâneo foi dramaticamente reduzido, até desaparecer.

A criança que se sente sobrecarregada e superestimulada no próprio corpo está dizendo: *Preciso de um recipiente onde guardar todas essas sensações*. Rose se comprometeu a ser o recipiente sensorial de que Landon precisava em casa. Às vezes, ele se deitava de bruços e ela pressionava com delicadeza um travesseiro contra suas costas, dez segundos por vez. Ela também enrolava uma manta em volta do filho, oferecia-lhe abraços fortes durante o dia e passava trabalho pesado para ele fazer, por exemplo, colocar a roupa na máquina de lavar ou transferir a roupa molhada para a secadora. De vez em quando, Rose pedia que ele a ajudasse a aumentar o cômodo em que estavam, empurrando as paredes (o que as crianças adoram). Atividades assim, que exigem que o corpo se esforce de maneira grandiosa e dinâmica, alimentam a propriocepção e oferecem à criança a resposta de que ela precisa para se regular e se sentir aterrada.

Fornecer uma análise detalhada de todas as questões relacionadas ao processamento sensorial está além do escopo deste livro. Se você acredita que seu filho ou sua filha tem alguma dificuldade de processamento sensorial, sugiro fortemente que procure o apoio de uma/um terapeuta ocupacional para aprender mais sobre o perfil sensorial único da criança e assim poder apoiá-la melhor.

### SEXTO DEGRAU:
### CONTENÇÃO EMOCIONAL = RECIPIENTE EMOCIONAL

Paulie e Shannon me ligaram em pânico porque não faziam ideia de como lidar com as explosões emocionais de seu filho de sete anos e precisavam desesperadamente de ajuda. Ollie tinha dificuldade de aceitar quando a realidade não correspondia às suas expectativas. Se queria continuar assistindo à TV depois dos vinte minutos combinados antes de ir para a escola, sua fúria com frequência o levava a bater no pai e até machucá-lo. Olhando de fora, não parecia haver "motivo" para o comportamento de Ollie.

Como uma observadora cuidadosa e atenciosa das crianças, sei que a retaliação física em geral transmite uma mensagem mais profunda. A criança tem algo importante a dizer, e a agressão física é a melhor forma que encontra de fazê-lo. Isso não quer dizer que devemos simplesmente aceitar que uma criança bata. Em vez de rotulá-la como desobediente e rebelde, no entanto, precisamos reconhecer que ela tem uma necessidade importante que não está sendo atendida. Como guardiões das necessidades dos filhos, é responsabilidade dos pais procurar entender o significado por trás do comportamento. Talvez Ollie precisasse de um recipiente emocional mais consistente, alguém neutro e que não reagisse à perturbação emocional, alguém que tranquilizasse seu corpo e sua mente.

Ollie parecia bravo, tenso, ansioso... e incapaz de conter tudo isso sozinho. Quando ficava agitado por causa de algo aparentemente inofensivo — por exemplo, um boneco que não ficava de pé como ele queria —, Paulie era rápido em reprimir a reação de Ollie, racionalizando demais o momento, diminuindo a importância da frustração do filho e tentando fazer com que ele visse que seu comportamento era ridículo. Paulie banalizava a reação de Ollie, o que muitas vezes resultava em briga ou na recusa do menino a interagir com o pai. Este então subia o tom, insistindo que o comportamento do filho era descabido e que era tudo uma tentativa de manipulá-lo para conseguir o que queria: "Ollie sabe como me tirar do sério. É exatamente o que ele quer".

Muitos pais com que trabalho são como Paulie: deixam-se levar de tal maneira por suas próprias emoções que chegam a pensar que seus filhos os manipulam para conseguir o que querem. No entanto, não se trata de uma tentativa de irritá-los. O caso é que eles podem sentir gatilhos sendo acionados, porque é difícil lidar com comportamentos desafiadores. Talvez não tenha havido adultos emocionalmente maduros em sua infância, disponíveis para ajudá-los a lidar com seus sentimentos complicados oferecendo contenção e apoio. Talvez tenham sido deixados sozinhos pelos pais: "Ninguém quer ficar perto de você quando age assim". Talvez tenham sido ensinados a segurar as lágrimas: "Ninguém gosta de chorões". Talvez tenham apanhado por expressar suas emoções: "Vou te dar um motivo pra chorar". Quem não recebeu a mensagem constante de que não havia problema nas emoções, de que sentimentos não duravam para sempre e de que contaria com a ajuda de alguém para processá-los provavelmente encontrou outra maneira de sobreviver à dor.

Precisamos aprender a separar a dor dos nossos filhos da nossa. Como mãe, sei como é aflitivo ver os filhos sofrendo. Preciso me esforçar ao máximo para não repetir os padrões familiares de evitação, exclusão e desligamento em nome da sobrevivência. Crescer em um ambiente emocionalmente obtuso, imaturo e tumultuado me deixou completamente despreparada para a vida adulta, na qual a dor é inevitável. Como nunca tive alguém que dividisse o peso das minhas mágoas comigo, não aprendi a pedir apoio. O comportamento dos seus filhos evoca tudo o que você aprende a reprimir, ignorar, rejeitar ou negar na infância, e sua resposta emocional está relacionada à sua vergonha não resolvida.

Antes dos quinze anos, as crianças raramente escondem seus propósitos dos pais. Elas são produto do ambiente que a família, a sociedade e a cultura criaram em seu nome. Embora isso possa soar insensível e até duro, na verdade a mensagem é de esperança. Embora não tenha muito controle sobre a parte social e cultural, você é a/o capitã/ão do navio da sua família. Por mais que queiram desviar o curso, seus filhos não têm controle sobre a dinâmica familiar mais abrangente. Quando você sentir que seu filho ou sua filha está passando por um sofrimento emocional, é hora de assumir o leme e conduzir o barco de volta à consciência emocional e ao entendimento. A criança busca a segurança emocional, um estado interno de ressonância no qual não se sente sobrecarregada apesar de sua vulnerabilidade.

Crianças precisam "pegar emprestada" a inteligência emocional dos pais para interpretar o que estão sentindo e vivenciando. Servindo de recipiente emocional para seus filhos, você dá a eles a oportunidade de aprender a conviver com a dor e a mágoa. Quando as crianças vivenciam as emoções puras, contê-las pode se assemelhar a tentar segurar areia nas mãos. Ao apertamos a areia, ela escapa por entre nossos dedos. Se formamos uma espécie de cumbuca com as mãos e usamos delicadeza e paciência, no entanto, a areia se mantém ali.

Se você está achando difícil ser um recipiente emocional para seus filhos, a primeira coisa a fazer é continuar investindo tempo, esforços e energia no fortalecimento dos seus próprios recursos emocionais, que foram apresentados na Parte 1. É um sinal de inteligência emocional avançada ser capaz de estar presente com suas emoções, independente de quão poderosas pareçam por dentro, enquanto aguarda pacientemente que a tempestade passe. Todos os seres humanos vivenciam emoções intensas e difíceis. É parte do contrato que assinamos para embarcar nessa vida preciosa e alvoroçada.

Sentimentos precisam ser sentidos, e não consertados. Percebi que Paulie tentava de maneira consistente diminuir a importância das emoções de Ollie, o que só parecia aumentar a ansiedade do menino. Em uma sessão, ele pareceu chegar ao limite enquanto reclamava que o professor o pressionava demais. Antes que eu pudesse servir de recipiente emocional, como um modelo para Paulie, o pai retrucou: "Esse é o trabalho dele, filho. Você vai ter que aguentar. Não sei mais o que dizer". Ficou claro para mim que Paulie se sentia mal sabendo que o filho estava em um ambiente desconfortável do qual não podia escapar, e aquela era a melhor saída que via para amenizar a dor de Ollie. "Até parece que você se importa", foi a resposta.

O que ele precisava ouvir era: "Você compartilhou uma coisa importante, e dei a impressão de que não fazia diferença para mim. Sinto muito. Sou todo ouvidos agora. A escola está colocando pressão demais em você?". Isso abre a porta para uma conexão curativa após uma série de interpretações equivocadas que deixaram ambos se sentindo mal. Uma hora a raiva de Ollie diminuiu, e Paulie passou a confiar em suas habilidades para estar presente para o filho de maneira mais potente. Quando as crianças se sentem reiteradamente vistas e ouvidas em circunstâncias emocionais difíceis, integram o recipiente emocional que você lhes oferece, o que acaba por se tornar a base para sua regulação geral à medida que crescem e amadurecem.

Em situações emocionalmente perturbadoras, a criança precisa saber que você a vê, ouve e compreende. A consistência a ajuda a lidar melhor com as dores inevitáveis da experiência humana. Resista ao impulso de reprimir os sentimentos e se concentre em maneiras de apoiá-la nessa montanha-russa emocional.

Se você não entende o que ocasiona a sobrecarga emocional em seu filho ou sua filha, procure manter uma mentalidade neutra e demonstrar curiosidade sobre o sentir como *processo*. Tente não se prender ao *conteúdo* que a criança compartilha, preferindo ajudá-la a interpretar o que está vivenciando ativamente.

Você pode orientar a criança no processo de sentir fazendo as seguintes perguntas:

- O que você está sentindo? Ou: se seu/sua [*parte do corpo*] pudesse falar, o que diria?
- Onde no corpo você sente isso?
- Qual é a sensação? Você sente o peso de uma pedra ou a leveza de uma pena? É como uma estátua ou uma borboleta? Quente como fogo ou fria como gelo? Dura como madeira ou escorregadia como macarrão molhado?
- O que isso leva seu corpo a querer fazer?
- Há outra maneira de expressar essa emoção?

A chave para ser um recipiente emocional eficiente é evitar racionalizar as emoções de seus filhos; em vez disso, ofereça empatia e apoio para *vivenciar* cada sentimento. Você pode ajudar as crianças a modificar suas reações impulsivas e seus comportamentos problemáticos depois que tiverem restabelecido a confiança no mundo emocional (falaremos sobre isso no capítulo 9). Atendendo a essa necessidade sensível, você também contribuirá para que seus filhos tenham mais resiliência e confiança.

## SÉTIMO DEGRAU: BUSCA DE PODER E LIBERDADE = COLABORAÇÃO

Kinsley era uma menina de cinco anos cheia de energia. Dizer que ela era uma criança independente, que trilhava seu próprio caminho, seria pouco. Ela era peculiar, confiante e astuta. Quando seus pais lhe diziam que não podia fazer algo, elaborava e executava planos para conseguir o que queria mesmo assim. Parecia que não havia como pará-la. Quando seus pais, Lydia e Connor, fizeram contato comigo em busca de apoio terapêutico, estavam desesperados: "Kinsley está fora de controle. Não ouve uma palavra do que dizemos. Vai destruir a família".

Todos temos necessidade de poder e liberdade. Isso é ainda mais verdadeiro para crianças, porque quando sentem que estão sendo controladas — mesmo que sutilmente — elas ficam muito mais propensas a resistir e reagir de maneira não funcional. Quando os pais pediam que Kinsley fizesse alguma coisa, raras vezes (se é que alguma vez) buscavam sua opinião. Se a menina pedia mais tempo, aquilo era visto como desobediência, e ela era punida. A ideia dos pais era cortar o mal pela raiz, o que no entanto só parecia torná-la mais resistente.

Em termos de desenvolvimento, os seres humanos são motivados a se sentir capazes e competentes. Pense em um bebê que, com determinação e persistência, treina repetidamente se balançar sobre as pernas e os joelhos até enfim conseguir avançar, para seu deleite e satisfação. Há um impulso na direção da autonomia e da independência, que começa a se desenvolver por volta de um ano e meio de idade. Quando essa necessidade é nutrida, honrada e apoiada, aos três anos a criança já conta com uma dose saudável de obstinação. À medida que descobre a autoestima, seu propósito e sua identidade, sua vontade inata se forma. O impulso evolui com a criança se afastando da influência dos pais e começando a se voltar para seus pares, correndo mais riscos e tendo assim mais oportunidades de crescer, amadurecer e se tornar autônoma.

Em vez de respeitar essa necessidade de poder, controle, autonomia e independência em nossos filhos, a maioria de nós gasta uma boa dose de energia desempoderando e reprimindo sem querer sua busca por liberdade e individuação, controlando praticamente todos os aspectos da vida deles. Use isto, vá ali, faça aquilo, sente-se, levante-se, vamos. Em grande parte da vida deles, especialmente nos primeiros anos, nós nos sentamos no lugar do motorista e esquecemos que ninguém aprende a dirigir no banco de trás. Muitos pais se sentem desafiados quando os filhos tentam assumir o volante antes do planejado, relutam em confiar no processo e em abrir mão de sua necessidade de controle.

Com frequência, os pais começam a usar intervenções baseadas no controle quando a criança está com cerca de um ano e meio de idade. A tentativa de impor sua vontade pode ser desencadeada pelo estresse de ter uma criança pequena exigente e sedenta pelo poder em casa, ou refletir um pensamento histórico de que crianças são seres tolos e incompetentes, que estão aqui para aprender conosco. Não é sempre, no entanto, que adultos podem aprender com o amor puro de uma criança, sua abertura a ideias, sua sede constante de conhecimento, sua criatividade e sua inspiração infinitas, sua alegria autêntica. Em vez de ver a dinâmica pais-filhos como um relacionamento simbiótico de toma lá dá cá que exige respeito mútuo pela autonomia individual, somos condicionados a ver crianças como parasitas que só sugam, sugam e sugam, forçando-nos a mudar sua natureza inerentemente "pecaminosa" e "gananciosa" para ensiná-las a ser "boas pessoas".

Fazemos isso de maneiras sutis e não tão sutis. Ameaçamos tirar seus bens mais preciosos se não nos obedecerem. Nós as punimos, gritando com elas, batendo nelas ou sujeitando-as à humilhação pública. Dizemos que não podem tomar suas próprias decisões, e se questionarem nossa autoridade responderemos com as três palavras mais repetidas pelos pais controladores: *Porque eu mandei.* Dizemos que elas devem ser vistas, mas não ouvidas. Criticamos suas escolhas e encontramos oportunidades de lembrá-las de que são uma vergonha e uma decepção para nós. Manipulamos o vínculo que compartilhamos, oferecendo amor incondicional e aceitação desde que incorporem nossa fantasia de quem deveriam ser. Crianças criadas nesse tipo de ambiente internalizam que sua necessidade de poder é vergonhosa e ruim, o que leva a um estado desempoderado de incerteza e dúvida de si mesmas, o que leva ao abandono do eu autêntico e à adoção do eu mascarado. Crianças que fazem isso podem parecer "boazinhas" por fora, mas muitas vezes fica difícil saber o que realmente sentem.

É comum pais se sentirem desconfortáveis ao apoiar a necessidade dos filhos de poder, controle e autonomia, e fazer isso é visto como permitir que a criança assuma o comando. Somos sutilmente condicionados a acreditar que, se oferecêssemos às crianças controle sobre a própria vida, elas se tornariam adultos narcisistas, que acham que podem tudo, e nós seríamos pais fracos, preguiçosos e inúteis. A verdade é que crianças merecem se sentir empoderadas em seu processo de tomada de decisão, o que acontece quando somos capazes de agir como colaboradores.

Lydia e Connor se viam como disciplinadores, mais do que como colaboradores. Eles consideravam os desafios de Kinsley, sua negociação constante e seus momentos épicos de descontrole emocional quando não conseguia o que queria como algo inerentemente ruim, que precisavam resolver. Em vez de reconhecer Kinsley como uma parte importante da família, com opiniões valiosas, e de ensiná-la a usar as habilidades necessárias para o trabalho em equipe, concentravam sua energia em transformá-la em alguém com quem seria mais fácil de lidar. O tiro saía pela culatra. Kinsley não pretendia adotar o eu mascarado, de modo que todos viviam sempre em conflito e exaustos.

Durante uma visita à casa da família, observei Kinsley ficar furiosa porque disseram que ela não poderia comer chocolate. Ela correu na direção da cozinha e começou a subir nos armários para pegar o doce sozinha. Os pais tentavam levá-la de volta para a sala só para que a menina escapasse e retomasse sua busca. Eles a deixaram de castigo por cinco minutos, depois a menina mais uma vez escapuliu para a cozinha. Lydia comentou, resignada: "Não temos o que fazer. Ela não vai parar".

Lydia tinha razão: Kinsley não ia parar em um passe de mágica. Quando estava determinada, não parava até conseguir o que queria, algo que a mãe havia percebido no temperamento da menina logo de início. Essa é uma excelente qualidade para uma futura líder, mas que dificulta bastante as coisas para os pais. Quando uma criança insiste no que quer, resista ao impulso de exigir que seja como *você* quer, ao mesmo tempo que toma cuidado para não lavar as mãos. Exigir que seja como você quer é algo como "Vou contar até três, e quando chegar ao três você vai estar em apuros", e lavar as mãos pode soar como "Dane-se. Eu avisei, se você cair o problema é seu". As palavras variam, mas o sentimento por trás delas se concentra no controle das ações físicas da criança ou simplesmente em se isentar de qualquer responsabilidade. Nenhuma dessas posições é de apoio. Busque sempre um meio-termo. Aqui vai um exemplo de como o papel de colaborador pode ser desempenhado em sua família:

1. **Mude a sua mentalidade.** A criança não está testando você: está resistindo *a ser testada*. Você deve colaborar com seu crescimento e desenvolvimento pessoal, enquanto ela aprende a cooperar com o fluxo familiar. Quando crianças expressam sua necessidade de poder de maneira grandiosa e exigente, muitas vezes é porque se sentem desempoderadas, desamparadas ou descontroladas em certos aspectos da vida. Procure compreender a sensação de impotência da sua criança e ensinar maneiras mais construtivas de ter as necessidades atendidas.

2. **Conecte-se com a criança e honre suas ideias.** Você talvez precise respirar fundo e se aterrar. Lembre-se de que não é uma emergência. Vocês vão superar isso juntos. Em resposta à exigência de chocolate da filha, Lydia disse: "Parece que você não gostou do meu plano, então proponha outro. Estou ouvindo". Kinsley disse que não era justo a mãe e o pai não terem que pedir chocolate, enquanto ela tinha. A menina queria mais autonomia e controle sobre como se alimentava, o que não é absurdo para uma criança da sua idade. Quando os pais transformam chocolates e doces em prêmios e recompensas por bom comportamento, não é apenas uma maneira sutil de controlar a criança, mas também torna esses alimentos mais atraentes. Kinsley era especialmente sensível ao

controle, o que acionava sua necessidade de resistir com mais ardor e persistência.

3. **Estabeleça limites com consistência, clareza e conexão.** Quando você está colaborando com a criança, é vital deixar claro quais comportamentos são aceitáveis e quais não são. Não é preciso transmitir isso com o intuito de envergonhá-la. No entanto, você deve se comunicar de maneira transparente. Lydia disse de maneira direta, firme e amorosa: "Isso faz sentido. Não parece justo papai e eu termos mais liberdade para escolher quando comer chocolate. Você quer ter mais controle sobre quando chocolate é uma opção. Mas escalar os armários como se você fosse a Mulher-Aranha não é seguro. Não posso deixar que faça isso outra vez". Como a mãe honrou a necessidade de Kinsley de mais controle e poder, a menina foi capaz de aceitar o limite estabelecido para seu comportamento.

4. **Incentive a resolução de problemas.** É hora de desaprender a ideia limitante de que as crianças devem obedecer a qualquer custo. Em vez disso, convide seus filhos a colaborar com você. Tome o cuidado de não resolver tudo caso eles estejam na idade de exercitar essa importante tarefa cognitiva. Seus filhos evoluem em termos de inteligência emocional, resiliência ao estresse e abordagem de conflitos quando você se afasta e os apoia em seus processos. Lydia disse: "Então você está com muita vontade de comer chocolate agora, quando estamos no meio de uma sessão. Como resolvemos esse problema?". Kinsley propôs um plano razoável: "E se eu comer um quadradinho agora e outro quadradinho depois do jantar?". A mãe concordou. Fazer esse tipo de concessão dentro do razoável é muito importante para as crianças: diz que você va-

loriza a contribuição delas, e que leva sua opinião em conta quando faz sentido.

Ajudar as crianças a se sentirem confortáveis com negociação e colaboração não faz parte da sabedoria convencional. A abordagem tradicional depende fortemente de uma hierarquia de poder, com os pais no topo e os filhos sujeitos a suas leis. Isso acaba com o espírito soberano inato da criança e atrapalha o relacionamento que você está tentando construir. Quando sua missão é cortar as asinhas dos seus filhos, eles passam o resto da vida tentando recuperá-las. Quando você cria intencionalmente um ambiente no qual o trabalho em equipe é uma prática confiável e valorizada, percebe que as necessidades de poder deles são atendidas de maneira corriqueira, sem grande estardalhaço. Eles terão seus momentos, claro — como todos temos —, mas vocês consistentemente voltarão à prática de apoiar as necessidades de autonomia deles em vez de reprimi-las.

Às vezes não conseguiremos atender a um pedido de negociação da criança, por uma questão de tempo ou logística, ou mesmo por não se tratar de uma demanda razoável. Por exemplo, não é porque a criança se esforçou na aula de piano que os pais vão deixar que falte à escola e vá para a Disney. Quando a colaboração não é possível, assuma a situação com calma, carinho e sensibilidade.

Você pode dizer: "Adorei sua ideia e agradeço por ter me contado. Mas vamos ter que fazer diferente". Prepare-se para acolher os sentimentos que podem advir disso, tornando-se um recipiente emocional. Dificilmente você terá uma criança resignada que reagirá apenas com um "Puxa vida" e seguirá com a vida feliz (seria um sonho). O mais provável é que ela expresse sua decepção através de lágrimas, raiva ou frustração. Valide e reconforte a criança, deixando claro que às vezes os adultos seguem o que ela propôs e às vezes acontece o contrário. Quanto maior a consistência com que esse equilíbrio aparecer em seu relacionamento com os filhos, mais eles acreditarão que você se importa com a opinião deles, mesmo que nem sempre ponha suas propostas em ação.

## UMA ÚLTIMA OBSERVAÇÃO SOBRE NECESSIDADES

Ter necessidades — e exigir que elas sejam atendidas em tempo hábil — é algo inescapável à experiência humana. Talvez sua criação tenha se dado em um lar autoritário, onde suas necessidades básicas sempre foram atendidas mas acreditavam que qualquer coisa além de comida, roupa e abrigo seria mimo. Permita-me garantir que atender às necessidades dos filhos não os torna mimados. Na verdade, é o oposto. Negligenciar as necessidades de uma criança aumenta as chances de deixá-la em um estado psicológico mais carente. Ela pode crescer com a maturidade emocional prejudicada e esperar que outros atendam às suas necessidades.

Quando adultos, temos autonomia suficiente para atender às nossas necessidades. Se temos sede, bebemos água. Se sentimos calor, tiramos o casaco ou ligamos o ar-condicionado. Crianças ainda estão desenvolvendo uma compreensão das suas necessidades, e é aí que os pais desempenham um papel crucial. A escada das necessidades é uma estrutura que permite lançar uma nova perspectiva às interações com os filhos. Quando a criança se comporta mal, uma das primeiras perguntas que você se faz é: *Do que será que ela está precisando agora?* O comportamento às vezes não reflete inteiramente a necessidade que precisa ser atendida. Uma criança chorando pode estar com sede e precisar de um copo de água; uma criança fazendo "birra" pode estar triste e precisando de contenção e apoio emocional. Usando a escada das necessidades como guia, comece pela segurança e siga até conseguir identificar claramente do que ela precisa, e então atue no sentindo de atendê-la. Como intérprete das necessidades dos seus filhos, avalie a situação antes de reagir. Procure determinar o que se insinua por trás do comportamento provocativo. Dessa perspectiva mais sintonizada, você ajuda seus filhos a relacionarem comportamento, emoção e necessidade. Tudo bem levar algum tempo para aprender a "categorizar" as necessidades deles. Com treino, você vai pegar o jeito. Quanto mais tornar essa estrutura uma parte de seu cotidiano, mais ensinará seus filhos a se afirmar e honrar os desejos e necessidades deles no processo de amadurecimento.

# 7. Baixando o estresse e a ansiedade

Tallulah e Jeanie dificilmente pensavam da mesma maneira sobre como criar seu filho de seis anos, um menino fofo, sensível e determinado chamado Rocco, e viviam se desentendendo por isso. Como se não bastasse, Tallulah estava em meio a uma gravidez de alto risco e precisava ficar em repouso absoluto para que não houvesse complicações mais sérias. Jeanie tinha um subemprego e agora precisava trabalhar mais horas para prover o lar. Havia muita coisa acontecendo, e a família se via em dificuldades. Era fácil culpar a desobediência de Rocco pelo caos incontrolável.

Quando se vir apontando o dedo para seu filho ou sua filha, note que outros três dedos estão apontando para si mesma/o. Esses dedos devem ser um lembrete para olhar para dentro e demonstrar curiosidade e compaixão, em vez de criticar e acusar a criança. Seus filhos são produto do ambiente que *você* cria para eles.

Rocco estava reagindo ao estresse do ambiente familiar com explosões emocionais intensas. Chutar, morder, bater e atirar coisas se tornou a regra, e suas mães estavam desesperadas por uma solução. Como a maioria dos pais com que trabalho, o primeiro instinto delas foi negar o papel que o estresse estava desempenhando na vida de Rocco. É natural que pais queiram rejeitar a ideia de que seus filhos sentem a tensão que os cerca! Preferimos acreditar que eles são imunes à disrupção no lar. Nós nos reconfortamos com a ilusão de que crianças vivem uma fantasia idílica, porque isso nos dá esperança de que nossos filhos não sintam o peso do estresse como nós mesmos sentimos. Embora gostemos de pensar que os estamos protegendo das durezas da vida, na verdade eles as vivenciam conosco e se voltam para nós para aprender a lidar com elas. A solução não é ignorar o estresse ou tentar proteger as crianças dele: é ajudá-las a compreendê-lo na medida apropriada à sua idade.

## ESTRESSE E ANSIEDADE SÃO CONTAGIOSOS

Posso garantir que é comum sentir ansiedade ou estresse — acontece com todos nós. Não estou culpando os pais, sugerindo que seu estresse ou até mesmo seus problemas de saúde mental *causam* problemas nos filhos — não é simples assim. No entanto, peço que os pais se lembrem de que, quando são reativos ao estresse, projetam a ansiedade para fora, influenciando a voz interior dos filhos com seu próprio ruído interior. Se os pais não forem capazes de regular esse estresse, maiores serão as chances de ensinar seus filhos a lidar com fatores difíceis na vida de maneira a favorecer uma saúde mental disfuncional. Retirar todos os fatores de estresse da sua vida é impossível, mas você pode aprender a lidar com eles de maneira saudável e a oferecer apoio.

Pais e mães modernos vivem estressados, uma tendência que tem se acentuado nos últimos anos, pelo que observei. Tentar acompanhar a rotina imposta pela cultura da correria está deixando todos esgotados. Mães millennials relatam sentir[1] mais ansiedade que mães da geração baby boomer, e 70% de pais e mães[2] dizem que as responsabilidades familiares são uma fonte significativa de estresse em sua vida. Um estudo longitudinal com grávidas de duas gerações[3] revelou que as mães millennials sofrem mais de depressão que aquelas dos anos 1990.

A falta de reconhecimento público das causas de estresse, ansiedade e depressão vivenciadas pelos pais (e sobretudo pelas mães) de hoje me preocupa — e o fato de que sofremos *mais* desses sintomas do que as gerações anteriores. Pelo contrário: vivem repetindo que a conscientização no que se refere à saúde mental aumentou, que as gerações anteriores falavam muito menos sobre problemas desse tipo, e que se parece que pais contemporâneos enfrentam mais dificuldades é porque verbalizamos mais os problemas inerentes à criação dos filhos. Talvez seja verdade, mas esse não pode ser o único motivo para nos sentirmos mais no limite e menos seguros enquanto tentamos enfrentar os desafios da parentalidade atual.

Espera-se que pais modernos equilibrem o trabalho e a família com delicadeza e facilidade, independente de quão exigente a criação dos filhos se tornou. Quando eu era pequena, se minha mãe "brincava" comigo, era me entregando um pano de chão e produto de limpeza. Se eu não quisesse passar o dia cuidando da casa, precisava ir para a rua, onde ficava sem supervisão. As mães atuais que realizam trabalhos remunerados[4] passam tanto tempo cuidando das crianças quanto as donas de casa dos anos 1970. Além disso, a expectativa de oferecer sempre as melhores oportunidades aos filhos permeia nossa vida. Com as comparações das redes sociais e uma falta significativa de apoio, muitas famílias sentem que estão fracassando, que não são capazes e que deve ter algo de errado com elas.

Os influenciadores do nicho de parentalidade muitas vezes só criam ansiedade. Quando comecei a lecionar, o Instagram não era um espaço de compartilhamento de ideias (os posts eram basicamente de imagens), portanto assuntos "polêmicos" como treinamento de sono ficavam entre os pais e os profissionais de saúde. Agora recebemos centenas de opiniões sobre temas que não têm o mesmo nível de importância — por exemplo, se devemos ou não "mentir" sobre o Papai Noel —, os quais só fazem os pais se sentirem ainda pior.

De muitas maneiras, os pais e mães modernos foram levados a se afastar da própria intuição. Dizem-nos para depositar todas as decisões nas mãos de especialistas e ignorar o que nos parece ser o certo. Em minha experiência pessoal e profissional, a falta de escuta interior e a dependência de especialistas aumentou de maneira significativa o estresse e a ansiedade ligados à criação dos filhos (e digo isso sendo eu mesma o que chamariam de especialista!). Também criou um relacionamento de codependência em relação às informações. Sem informações, você sente um vazio, uma falta de direção. Com informações, no entanto, o vazio persiste, porque agora você depende dos outros para saber que direção tomar. Incentivo os pais a encontrarem o equilíbrio. Leve em consideração a perspectiva de alguém que dedicou grande parte da vida à parentalidade e às crianças, mas também ouça seus instintos: você conhece seus filhos melhor do que ninguém (mesmo que não pareça ser o caso às vezes).

## CULTIVE SUA SABEDORIA INTERIOR

Se você é dependente de fontes externas que te dizem o que fazer para "resolver" um problema, os passos a seguir podem ajudar a ampliar sua sabedoria interior. Essa prática permitirá que você se desapegue da necessidade ansiosa de resolver suas questões na criação dos filhos instantaneamente e ajudará a encontrar maior conforto na realidade de não saber. Quanto mais confiante você se sentir com o desconhecido, mais segurança e menos estresse sentirá como mãe ou pai.

1. **Quando estiver confusa/o quanto a algo relacionado à criação dos filhos, antes de buscar respostas externamente, olhe para dentro.** Pergunte-se: *O que o meu coração está me dizendo?* Você saberá que está alinhada/o com o seu eu autêntico quando sentir a mente clara, os pés no chão, a respiração fluindo com facilidade e a paz tomando conta de você. Para chegar a esse estado, só precisa fazer um esforço intencional para desacelerar e estar presente.

2. **Depois que sua direção interna ficar clara, sinta-se livre para buscar ideias e opiniões externas.** Caso depare com uma direção que contradiz o que parece certo para você, pergunte-se: *O que me leva a ir por esse caminho: medo ou segurança?* Vamos dizer que você escolheu esperar para dar um smartphone a sua filha. Você talvez encontre argumentos na internet a favor de oferecer acesso desde cedo. Se decidir ir contra sua intuição porque "é o que os especialistas dizem", estará agindo com medo, ou seja, sem alinhamento com o que pensa, e acrescentará estresse à sua carga mental. Se acreditar que smartphones podem ser apropriados para sua filha e sua família e tomar essa

decisão com confiança, ponderando tanto sua sabedoria interior quanto as informações que consome, então está agindo com segurança.

3. **Mantenha a porta da reavaliação aberta.** Como seres humanos, estamos sempre evoluindo e mudando. Por que não deveríamos nos permitir fazer o mesmo em se tratando de crianças? Algo que hoje serviu de apoio e pareceu útil pode não ser amanhã. Quando isso acontecer, diga: *Minha sabedoria interior evoluiu. O que me parece mais autêntico agora?* Procure se ouvir.

## FATORES DE ESTRESSE QUE SEUS FILHOS PODEM ENFRENTAR

Quando estiver diante de comportamentos desafiadores por parte das crianças, além de compreender as necessidades não atendidas delas e seus próprios gatilhos, é importante estar em sintonia com as circunstâncias em que elas se encontram. Nem todos os itens da lista farão sentido na sua dinâmica familiar específica, mas incentivo você a consultá-la quando estiver se perguntando se algum estresse implícito poderia ser a causa do comportamento e das emoções das suas crianças. Ficando alerta para os fatores de estresse que exercem um impacto negativo no comportamento dos seus filhos, você pode apoiá-los para que se tornem mais resilientes.

- Mudança de casa.
- Escola nova.
- Nascimento de um irmão ou irmã.

- Segunda união (com novos meios-irmãos ou filhos de padrasto/madrasta).
- Mudanças na escola.
- Mudanças e transições em geral.
- Discordâncias entre os pais (mesmo que vocês briguem enquanto a criança dorme, ela sofre o impacto).
- Falta de apoio social ou comunitário.
- Separação prolongada da mãe ou do pai (por exemplo, com um deles viajando a trabalho várias vezes por semana).
- Morte/perda de alguém próximo (incluindo animais de estimação).
- Separação ou divórcio dos pais (quando conduzida de maneira intencional e consciente, a separação não prejudica a criança, mas é preciso ajudá-la a lidar com a dor e a perda decorrentes disso).
- Pobreza ou status socioeconômico marginalizado.
- Marginalização ou discriminação por conta de raça ou etnia.
- Marginalização ou discriminação por conta de sexo ou gênero.
- Marginalização ou discriminação por conta de religião.
- Doenças importantes ou hospitalizações.
- Redes sociais.
- Privacidade limitada e falta de confiança por parte dos adultos (por exemplo, pais que rastreiam os filhos pelo GPS do celular).

- Expectativa cultural de conexão constante.
- Acolhimento familiar e adoção.
- Isolamento e desconexão devido a pandemia.
- Violência armada (armas de fogo são a principal causa de morte de crianças)[5] e treinamentos para saber como agir em caso de tiroteio,[6] a que 95% das crianças norte-americanas são submetidas, estão associados a 39% de aumento na taxa de depressão, 42% de aumento no nível de estresse e ansiedade e 23% de aumento nas queixas de problemas de saúde fisiológica em geral entre cinco anos de idade e o fim do ensino médio.
- Violência na comunidade.
- Uso de drogas ou abuso de álcool pelos pais.
- Violência voltada à criança (seja física, sexual, verbal ou psicológica).
- Negligência parental.
- Disfunção grave em casa (transtorno mental não tratado de um dos pais, encarceramento de um dos pais, violência doméstica).

Embora muitos dos itens dessa lista pareçam fatores de estresse óbvios, mesmo aqueles considerados “menores” podem ter um forte impacto sobre as crianças. Como acontece com frequência, meu filho mais velho enfrentou algumas dificuldades na transição para a pré-escola. Não me parecia algo extraordinário, por isso procurei oferecer minha empatia, imaginando que a ansiedade de separação se resolveria sozinha. Meses se passaram e as coisas não melhoraram, tanto à noite quanto na hora de deixá-lo no dia seguinte. Não consegui identificar nenhuma necessidade não atendida, mas havia fatores de estresse em jogo. Meu filho havia começado a escola bem quando ficamos um tempo sem babá, depois de um período seguido de trocas de profissional por motivos variados. Claro que não estava sendo fácil!

Ele também lidava com questões menos óbvias. Tinha entrado na pré-escola ao completar quatro anos de uma hospitalização importante por que passara quando bebê. Repetia com frequência que tinha medo de ir para a escola porque "e se me levarem embora, e se eu não vir vocês, e se chorar e chamar vocês e vocês não vierem, que nem no hospital?".

Fui pega de guarda baixa, mas demonstrei curiosidade perguntando o que ele queria dizer com "que nem no hospital". Não era possível que meu filho recordasse uma cirurgia feita quando tinha apenas onze semanas de vida. Ele mencionou o momento em que o entreguei à enfermeira e ela o levou para a sala de cirurgia sem mim. Descreveu o corredor comprido e estreito, as luzes fortes, as pessoas de avental branco. Exatamente como eu lembrava. Fiquei em choque. Meu filho disse que acordou "e eles me mataram de novo", outro detalhe que me surpreendeu, porque a equipe de cirurgia relatou que ele tinha acordado antes da hora e precisaram dar mais anestesia para concluir o procedimento. Então meu filho gritou: "Eu chamei e chamei vocês. E vocês demoraram pra vir, achei que nunca fossem vir". De coração partido, eu o peguei no colo, reconfortei, validei seus sentimentos, esclareci a história e o ajudei a processá-la. Só depois fomos capazes de deixar o estresse (e o trauma) da experiência para trás, e meu filho nunca mais teve problemas para entrar na escola.

O estresse é praticamente inevitável, e não cabe aos pais tentarem impedir que os filhos deparem com ele na vida.

Seu papel como pai ou mãe é servir de exemplo e ensinar passos importantes que devem ser dados na direção da resiliência. Ainda que queiramos proteger nossos filhos de experiências adversas que possam levar ao estresse tóxico (por exemplo, abuso e violência), eles precisam desenvolver resiliência para lidar melhor com as situações difíceis inerentes à vida. Procure ficar alerta para o impacto do estresse em seus filhos, com o intuito de ajudá-los mais tarde a interpretar os fatores particulares com que se defrontam.

## COMO O ESTRESSE AFETA OS COMPORTAMENTOS E AS EMOÇÕES DA CRIANÇA

Everleigh, uma cliente irascível de cinco anos de idade, ficava claramente estressada no jardim de infância. Toda manhã os pais travavam uma batalha para fazê-la sair de casa com a menina batendo, gritando, chutando e empurrando. Antes do nosso trabalho juntos, os pais usavam métodos disciplinares tradicionais para tentar acabar com o mau comportamento. Recorriam a palmadas, gritavam, tiravam privilégios e com frequência a deixavam de castigo.

Em vez de demonstrar curiosidade pelos medos de Everleigh, os pais acreditavam que a menina agia assim para conseguir o que queria, e retaliavam de maneira controladora. Sempre que ela expressava desinteresse pela escola ou hesitação em entrar, os pais diminuíam suas queixas: "Você tem que ir pra escola, então para de choramingar!". Ficou claro para mim que o comportamento agressivo e a rejeição por parte dos pais atiçavam as reações de Everleigh. Ela precisava de alguém que a ajudasse a lidar com o estresse.

A menina não só não conseguia como ainda tinha que lidar com a vergonha e a solidão.

É raro que as crianças ajam de maneira arbitrária, por isso fiquei curiosa com sua aversão à escola. Everleigh contou que a professora era muito rigorosa e com frequência gritava, impedia que os alunos saíssem para o recreio como forma de punição, esperava que ficassem quietos e nunca chorassem. Sua testa se franziu enquanto ela revelava que, apesar de se esforçar ao máximo para ser uma boa menina, estava sempre no lado vermelho no quadro do comportamento — uma ferramenta de humilhação pública.

Em casa, Everleigh recebia a mensagem de que estava sempre em falta, e na escola acontecia o mesmo. Seu desarranjo comportamental e emocional era uma resposta direta à entrada na escola e à pressão que sentia dos pais para que nunca errasse. Questões parecidas haviam surgido um ano e meio antes, quando a irmã mais nova nascera. Everleigh ficara mais física e emocionalmente desregulada (como acontece com muitas crianças na mesma situação) e os pais foram duros com ela, acreditando que, se não fizessem aquilo, a menina nunca aprenderia. Quando não lidamos com o estresse de uma criança de maneira a apoiá-la e educá-la, ele vira uma bola de neve e acaba por exacerbar questões emocionais e comportamentais quando outros fatores surgem.

É muito improvável que uma criança se sentindo estressada conte o que está sentindo — ela provavelmente nem teria o vocabulário adequado. No entanto, é possível identificar alguns sinais no sono, no comportamento e nas emoções. Algumas crianças são particularmente sensíveis ao estresse e a desafios em casa e na família, outras são naturalmente capazes de tolerá-los. Eis alguns indicadores clássicos de estresse infantil:

- **O estresse e o impacto no sono.** O sono da criança se torna menos restaurativo. Ela talvez enfrente dificuldade de adormecer e acorde várias vezes. Às vezes tenha até pesadelos e faça xixi na cama (embora isso não precise estar necessariamente relacionado ao estresse). Também pode não querer se separar dos pais na hora de dormir.

- **O estresse e o impacto na alimentação.** Algumas crianças concentram seu controle em como e no que comem para administrar o estresse da vida, o que pode levar a um transtorno alimentar, algo perigoso. Há aquelas que comem em excesso para se acalmar e reconfortar, outras escondem seus hábitos alimentares.

- **O estresse e o impacto no aprendizado, na memória e na função executiva.** Quando o cérebro da criança é consumido pelo combate ao estresse, sobram-lhe poucos recursos para dedicar a outras tarefas importantes. Isso é especialmente verdade se ela vivenciar um trauma significativo ou estiver exposta a estresse tóxico crônico (como abuso, negligência ou alguma disfunção séria no lar).

- **O estresse e o impacto no sistema imunológico.**[7] Quando ignorados, problemas graves de estresse prejudicam o sistema imunológico, aumentando o risco de a criança desenvolver asma, doença cardíaca, derrame, doença autoimune e câncer, entre outras condições sérias.

- **O estresse e o aumento nas agressões físicas**: bater, chutar, atirar coisas e empurrar.

- **O estresse e o aumento nas agressões verbais**: gritar, provocar e xingar.

- **O estresse e o aumento na rebeldia**: recusar-se a seguir instruções e retrucar em tom desrespeitoso.

- **O estresse e a ansiedade da separação e algumas fobias.** Meu filho mais velho passou por duas hospitalizações, uma quando bebê e outra na primeira infância, e as duas foram incômodas. À medida que ele cresceu, passou a ter crises de pânico sempre que ia tomar vacina. Depois que criamos um plano para ajudá-lo a lidar melhor com a ansiedade, ele aprendeu a tolerar a dor da agulha com maior resiliência.

- **O estresse e o estado depressivo:** irritabilidade, pavio curto, isolamento e choro inexplicável. Em alguns casos, as crianças chegam a fazer comentários como "Queria morrer". Se isso acontecer com seus filhos, não ignore. É um pedido sério de ajuda. Procure apoio profissional.

- **O estresse e problemas com os pares:** desafios nas interações, dificuldade de resolver conflitos e comportamentos controladores.

Essas são reações normais ao estresse. Depressão, ansiedade e irritabilidade são mecanismos de enfrentamento que usamos para nos adaptar ao estresse à nossa volta. Quero deixar claro que este livro não tem o intuito de servir como ferramenta para diagnosticar seus filhos. Meu objetivo é incentivar que você identifique como o estresse os está impactando e ajuste sua reação de modo que possa ajudá-los a enfrentar isso. Se necessário, busque apoio profissional para uma abordagem mais individualizada.

Você não deve se culpar pela reação dos seus filhos a quaisquer fatores de estresse que possam existir na sua vida familiar. Essa atitude não apenas não serve de nada como implica vergonha e fecha a janela da oportunidade para a autorreflexão, a responsabilização e o crescimento pessoal. Quando você se culpa, tira o foco da criança e o traz para si.

Então, em vez de cair nessa armadilha, responsabilize-se por suas ações. Diga que sente muito, execute os passos necessários para reparar o que fez e siga em frente. E seja gentil consigo mesma/o no processo. Concentre-se em como você está agora, em vez de se colocar para baixo por não ter impedido os fatores de estresse antes.

## ENSINE SEUS FILHOS A IMPEDIREM O ESTRESSE

Quando seus filhos se comportam mal, em vez de tentar impedir a ação em si (a menos que eles estejam se machucando ou machucando outras pessoas), reflita sobre o comportamento à luz de quaisquer fatores de estresse que eles possivelmente estejam tentando processar e interpretar.

É importante processar os fatores de estresse inevitáveis à vida em uma posição de segurança, proteção e cuidado. Precisamos reconhecer o que está acontecendo, explicar os passos que iremos dar para reduzir o estresse e ajudar a criança a encontrar outras maneiras de tolerar e administrar suas respostas comportamentais e emocionais. A abordagem PARE incentiva as crianças a parar e se atentar a seus sentimentos, além de auxiliá-las a articular o que as motiva — e os comportamentos que se seguirão.

"Pause o corpo." Desacelerar intencionalmente em um momento de estresse dá ao corpo a chance de se recuperar e se conectar em um nível mais profundo.

"Aponte o que está incomodando." Crianças precisam saber que é seguro e aceitável falar sobre temas delicados, que as deixam vulneráveis. A abertura a conversas difíceis aprofunda os relacionamentos no nível emocional.

"Reconheça seus sentimentos." Você não tem como impedir que seus filhos sofram com estresse ou ansiedade, mas pode ajudá-los a lidar melhor com isso ensinando a identificar e nomear seus sentimentos.

"Escolha um novo caminho." Ensinar aos filhos maneiras alternativas de se expressar após deixar claro que você entende o que os levou a agir assim é a maneira adequada de corrigir comportamentos desafiadores, sem envergonhar, criticar ou julgá-los.

A estratégia PARE ajuda a abordar o impacto do estresse nos seus filhos em vez de simplesmente rejeitar o comportamento. Trazer a criança para uma conversa sobre a situação precisa ser feito de maneira adequada e que contribua para o desenvolvimento, então, por favor, ajuste sua linguagem à criança em questão. Eis um exemplo de como usar a estratégia PARE quando a criança chega da escola com um comportamento desregulado cujo motivo não está claro:

- Você pode dizer: "Dá para ver que está acontecendo algo importante com você agora. Vamos desacelerar juntos e conversar. O que foi?".

- Se a criança se fechar, procure sugerir uma atividade corregulada, como jogar um jogo de tabuleiro, e faça perguntas mais específicas enquanto brincam: "Como foi o almoço hoje?", "Do que vocês brincaram no recreio?", "Tem alguém fazendo bullying na escola?". A ideia não é fazer um interrogatório, mas trazer questões que levem a criança a falar. Mostre que você se interessa pelo que está acontecendo com ela, deixe claro que está disponível para ouvir, ajude quando a criança estiver pronta e ofereça apoio se ela parecer estressada ou ansiosa.

- Talvez a criança fale bastante, talvez não. Depende dela. Você pode fazer algumas observações e convidá-la a refletir: "Notei que depois da escola você estava batendo mais, gritando mais, culpando os outros. Por isso perguntei como foi o seu dia, para poder te ajudar com isso. O que você está sentindo?".

- Depois que tiver lidado com os sentimentos, ajude a criança a encontrar diferentes maneiras de se expressar: "Faz sentido você estar cansado e com medo de se encrencar. Eu me sentia assim na escola, como se precisasse acertar tudo o tempo todo. Era exaustivo. Será que existem maneiras mais seguras de expressar isso?".

O PARE é uma estratégia prática que permite que você pegue mais leve com seus filhos. Ajuda a ampliar a resiliência ao estresse e ensina as crianças a pensarem no nível consciente sobre seus sentimentos e escolhas, a conectarem suas reações comportamentais ao estresse e a encontrar segurança e confiança — em si mesmas e em você.

Pegar pesado com os filhos não apoia a resiliência ao estresse e acaba prejudicando o relacionamento com os pais. Se você sente que está sendo dura/o demais, provavelmente é porque está mesmo. Se a criança diz "Você não entende", provavelmente é porque você não entende mesmo. É difícil ser criança. Os adultos costumam achar que é fácil porque elas vão para a escola, brincam e têm alguém que faz a comida, lava a roupa e dirige; não precisam pagar pela casa nem sentem o peso das responsabilidades da família. No entanto, se você se preocupa com alguma dessas questões, seus filhos provavelmente vão sentir. Também é estressante para as crianças ouvirem ordens o dia todo. Elas não costumam ter voz ativa quanto ao que acontece e quando. Pais, professores, treinadores, cuidadores, a família estendida, vizinhos e muitos outros estão sempre lhes dizendo o que fazer. É de admirar que haja disputas de poder?

## FAÇA UM LIVRO DA EMPATIA

A ferramenta mais eficaz que já encontrei para ajudar meus filhos a lidarem com o estresse é o livro da empatia. É um objeto que você faz em casa para que a criança processe os eventos à medida que eles ocorrem. Esse tipo de livro pode ser usado para lidar com o nascimento de um bebê, a morte da mãe ou do pai, a transição para uma família adotiva, divórcio e quaisquer momentos difíceis e de desconexão.

Você pode escolher começar por conta própria e apresentá-lo depois à criança ou produzi-lo em conjunto, dependendo da maturidade emocional e da capacidade de concentração dela. Experimente e avalie como funciona melhor com a criança em questão.

Livros da empatia são uma ferramenta colaborativa que não apenas dialoga com a experiência dos seus filhos mas também ajuda a corrigir as narrativas falhas e incoerentes que as crianças tendem a contar para si mesmas, sobretudo quando estão estressadas. Crianças não são inerentemente lógicas. Elas pegam partes daquilo que testemunham e as costuram a partir da sua perspectiva imatura para contar uma história que não é muito precisa.

Não queremos que nossos filhos se agarrem a histórias incompletas que perpetuam sua ansiedade e seu estresse. O que queremos é criar um recipiente emocional bonito. Usando livros da empatia como uma ferramenta básica, ajudamos as crianças a compor uma história muito mais precisa.

- Prefira desenhos simples, evitando pirar nas ilustrações (a menos que você queira muito).
- Conte a história da perspectiva da criança.
- Tenha um começo, um meio e um fim claros.
- Conte a história na primeira ou na terceira pessoa, como a criança preferir. Ela pode não gostar de usar "eu" porque é pessoal demais. Talvez se expresse mais livremente se a história for protagonizada por um animal, em vez de uma pessoa.
- Mantenha a história clara e concisa. Não é preciso entrar em muitos detalhes.
- As ilustrações devem representar os sentimentos e as emoções reais da criança.
- Termine a história com esperança e reparação.

Crianças não precisam levar uma vida perfeita nem livre de estresse. Elas só precisam de uma liderança humilde. Alguém que não tenha medo de ruir, mas que assuma a responsabilidade pelo impacto que isso pode ter nos outros. Minha jornada pessoal orientando pais de crianças ansiosas e estressadas, em conjunto com minha história pessoal de recuperação da ansiedade e do estresse crônicos, me ensinou que administrar os efeitos do estresse cotidiano é uma lição que precisamos aprender a vida toda. Sua história única vai colori-la, mas os contornos são os mesmos. Estamos todos aqui, esforçando-nos ao máximo, tentando sobreviver ao estresse e criar tanta alegria, prazer e conexão quanto possível.

À medida que se sente mais confiante no gerenciamento do próprio estresse, assim como das reações que venha a ter aos sentimentos inevitáveis de ansiedade e preocupação dos seus filhos, você será capaz de estar presente para eles de maneiras mais curativas e integrais. Você corrigirá os padrões de diminuir, rejeitar ou ridicularizar o estresse com que talvez tenha crescido. Embora seja impossível eliminar os fatores de estresse por completo, você passará a ser a luz que guiará seus filhos no enfrentamento deles. Torne-se o porto seguro a que seus filhos recorrem em busca de estabilidade e força nos momentos de provação e tribulação. Uma hora, eles internalizarão seu comportamento firme como algo deles. Quando você falhar e projetar estresse nos seus filhos, seja gentil consigo mesma/o. Faça as reparações necessárias, reconecte-se e siga em frente sem o peso da vergonha e da autoaversão.

# 8. Pondo um fim nas disputas de poder

Para Iris, de oito anos, tudo — tudo *mesmo* — era uma batalha. Seus pais, aflitos com a intensidade de sua determinação, viam-se em disputas para ver quem gritava mais alto quase diariamente. Pedidos básicos como tomar o café da manhã, vestir-se, fazer a lição de casa e não bater na irmã de três anos consumiam uma parcela significativa da energia deles. Uma afirmação simples como "É hora de ir para a cama" terminava em caos, choro e frustração... para todos. Em nossa primeira sessão, os pais irromperam em lágrimas: "Era para ser assim tão difícil? Como fazemos para ela obedecer? Estamos acabados!".

Eu certamente não os culpava por se sentirem sobrecarregados e exaustos. Aquela dinâmica não estava funcionando. A criação dos filhos *não* deveria ser tão difícil. Quando você se envolve em disputas de poder com os filhos, todo mundo perde.

Se você anda enfrentando dificuldades, saiba que não está só. Pode ser na hora de ir para a cama ou de comer, na rotina da manhã, ao decidir que roupa vestir (ou não vestir), ao sair de casa na hora certa, ao limitar o tempo de tela. Com os mais velhos, possíveis problemas envolvem amizades, lição de casa, o horário de voltar para casa, o uso de redes sociais, ou que esporte, faculdade ou carreira seguir. Conflitos com os filhos são inevitáveis.

O objetivo de encerrar as disputas de poder não é impedir que discordâncias ocorram, mas compreender como (e por que) elas impactam você, e então encontrar maneiras criativas e engenhosas de ajudar a criança a lidar com os conflitos. Abordar as disputas de poder dessa forma aumenta a colaboração entre todos os membros da família e contribui para um ambiente em que as necessidades (e os desejos) de todos são levados em conta na mesma medida, mesmo quando não podem ser atendidos de imediato.

É importante saber que isso leva tempo. Ou você passa esse tempo se magoando com seus filhos, exigindo que as coisas sejam como você quer e se sentindo sufocada/o pela quantidade de controle que precisa exercer para confiar neles, ou dedica esse tempo a construir uma dinâmica baseada no respeito mútuo, na escuta ativa e na resolução colaborativa de problemas no dia a dia. Seus filhos não estão tentando provocar você. Quando resistem aos pais, em geral é porque uma necessidade sua não está sendo atendida. Os pais costumam entrar na disputa porque, em um nível inconsciente, ficam fascinados com quão poderosos essa dinâmica faz com que se sintam.

## REDEFININDO RESPEITO

Quando uma criança se submete à vontade dos pais, chamamos isso de respeito. Quando os pais humilham e envergonham uma criança para que ela faça o que eles querem, chamamos isso de disciplina, e acreditamos que inspira respeito. Não se trata de respeito, no entanto. De acordo com o dicionário, respeito é um sentimento de admiração profunda por alguém com base em suas habilidades, qualidades ou conquistas. Na abordagem tradicional da parentalidade, a condição mãe ou pai já é motivo para ser respeitada/o, devido à posição hierárquica que a pessoa ocupa. Não é preciso se comunicar com respeito e compaixão com o súdito — opa, com a criança — se o que foi pedido pelos adultos não for feito. A mãe ou o pai tem o direito de criticar e condenar qualquer passo em falso ou tentativa de tomar o poder, porque é assim que se ensina a criança a ter respeito.

Exercer poder sobre os filhos é custoso e desgastante. Isso não vai lhe render respeito como as gerações anteriores acreditavam que aconteceria. Ao contrário, seus filhos vão se ressentir, vão se sentir obrigados a passar tempo com você mesmo sem necessariamente gostar e não vão se abrir com você. Quando os pais exercem sua autoridade de maneira dominadora e autoritária, os filhos demonstram menor interesse em se relacionar com eles, porque é da natureza humana resistir ao controle.

Os seres humanos são incrivelmente astutos, criativos e colaborativos. Nossas conquistas como espécie se deram devido à nossa natureza inerentemente cooperativa. Traçamos rotas de viagem na terra e no céu, descobrimos a eletricidade, criamos a internet para conectar pessoas do mundo todo. E fizemos tudo isso incentivando a atitude colaborativa, honrando os pontos fortes de cada participante, vendo a vida de maneira nova. Podemos recriar esse espírito em nosso próprio lar, para que o clima de embate ceda espaço à colaboração. É hora de abrir mão da necessidade de poder e autoridade sobre o destino de seus filhos. Pare de dizer *Se eu não resolver isso agora, depois vai ser tarde demais*, e comece a dizer

*Esta é uma área em que precisamos crescer. Precisamos ser capazes de trabalhar juntos para melhorar a situação.*

As mudanças na dinâmica familiar começam com você. Todos existimos como pessoas separadas e que participam de sistemas diferentes — a família, a comunidade, a escola, o trabalho, o governo, a religião, a sociedade. Como adultos, interagimos com esses sistemas com uma consciência inata de que contamos com a liberdade individual de fazê-lo — ou de escolher não fazê-lo. Não é diferente no caso das crianças. Como todos os humanos, elas são seres soberanos. No entanto, no sistema familiar, muitas vezes as vemos como o barro que somos responsáveis por moldar, como seres que não contam com liberdade ou autonomia. Nós as vemos como reflexo das conquistas da criação, então é melhor que não nos façam parecer um fracasso, comportando-se mal ou fazendo escolhas ruins. Nós nos iludimos a ponto de acreditar que temos controle sobre nossos filhos, o que nos leva, em nosso desespero, a insistir no império da lei. E é essa desilusão que nos prende ao caos do controle.

É impossível transformar seus filhos em algo que eles não são exigindo que façam o que você diz. Isso só leva a ressentimento, amargura e desconexão,[1] como vemos à medida que mais e mais filhos escolhem o afastamento dos pais na vida adulta, em vez de manter relacionamentos disfuncionais com membros da família que não respeitam limites. Você pode escolher se conectar em vez de brigar com seus filhos, e com esse investimento garantir segurança a longo prazo no relacionamento entre vocês.

## A ORIGEM DAS DISPUTAS DE PODER

Pais tendem a operar nos extremos. Pais-helicóptero pairam sobre os filhos o tempo todo e não permitem que eles deem um passo que seja sem que estejam cientes. Não é sua intenção serem controladores. Eles acreditam que estão mantendo os filhos seguros e mostrando que os amam prestando atenção e se envolvendo ao máximo. Os filhos, no entanto, sentem-se sufocados pela necessidade de controle dos pais. Em geral, vemos mais disputas de poder no caso de pais-helicóptero.

Pais dominadores desafiam e ordenam de maneira agressiva que os filhos façam o que eles dizem, e não o que eles fazem, na esperança de criar pessoas fortes e capazes de se virar sozinhas. Nesses lares, há pouca margem para erro. Os filhos podem aprender que as pessoas conseguem o que querem da vida oprimindo os mais vulneráveis. Falta investimento na segurança do relacionamento com a criança, e o risco de desconexão e tensão no longo prazo é maior.

Pais permissivos, por outro lado, deixam que os filhos comandem, em geral com medo de como vão reagir a limites ou orientações. Muitos pais desse tipo resistem a meus conselhos dizendo coisas como "Minha filha nunca permitiria isso", o que aponta para uma necessidade profunda de diretrizes claras no sistema familiar. Não se trata do que seus filhos permitirão ou não. Sim, eles podem impor limites — acredito fortemente nisso. No entanto, é uma responsabilidade importante da infância aprender a cooperar e trabalhar com os outros. Não se trata de "permitir" que você faça alguma coisa, seja redirecionar o comportamento deles, validar seus sentimentos ou algo do tipo. É uma questão de quais habilidades você tem disposição a ensinar e quais limites vai sustentar. No entanto, para manter a paz, pais permissivos cedem poder demais aos filhos — dando-lhes escolhas demais, negociando demais, isentando-se da liderança e da tomada de decisões em momentos importantes. Embora não exerçam seu controle de maneira aberta, muitas vezes se veem nas disputas de poder que tentaram desesperadamente evitar.

Às vezes a permissividade dos pais é *tão* grande que eles acabam demonstrando um afastamento psicológico e deixam os filhos responsáveis pela própria criação. Esse pode parecer o sonho de qualquer criança, mas na verdade é um pesadelo. Esses filhos precisam lutar pelo envolvimento dos pais. Quando o desinteresse se torna aparente, a criança precisa processar sentimentos complicados, como abandono e rejeição, psicologicamente solitários para alguém que depende da contenção segura de adultos atenciosos, sintonizados, responsivos e dispostos a dar apoio.

## LIDANDO COM DISPUTAS DE PODER

Parte do seu crescimento como mãe ou pai envolve desaprender as crenças arraigadas quanto a seu direito inviolável de exercer poder, controle e autoridade sobre os filhos. Na verdade, é melhor criar uma dinâmica de respeito mútuo que leve em conta os pensamentos, sentimentos e as necessidades de todos os membros da família. Se todos no sistema se sentem vistos, ouvidos e compreendidos, a segurança prevalece, e o espírito colaborativo abre caminho para interações mais saudáveis e frutíferas.

Quando seu condicionamento mostrar o lado mau, seja gentil consigo. Vai acontecer. É parte do processo. Não cabe a você julgar sua necessidade de controle, e sim ter autocompaixão e se atentar ao gatilho. Você pode fazer isso com o método MOVE. Lembra a ferramenta da Parte 1? Voltaremos a ela aqui, assim como você vai fazer de tempos em tempos na vida.

Monitore seus gatilhos.

Observe seus pensamentos.

Varie sua perspectiva.

Engendre uma mudança.

Roger, pai de Iris, começou a fazer terapia para que eu o ajudasse a se regular melhor. Ele se impunha fisicamente à filha, puxando-a de um lado para o outro. Costumava ameaçá-la e puni-la, e chegara a deixá-la uma hora sozinha no quarto durante uma crise só para depois encontrar o cômodo destruído. Quanto mais tentava controlar a menina, mais ela saía de controle.

Primeiro Roger aprendeu a **monitorar** seus gatilhos. Sempre que a filha o desobedecia, ele ficava furioso. Sentia-se desrespeitado e não conseguia compreender por que ela não acatava sua autoridade. Pedi que Roger refletisse a respeito. Ele buscou desacelerar e realmente sentir o que o abalava. Por dentro, vivenciava isso como um nó na garganta, punhos se cerrando, um buraco no estômago. Sentia-se encurralado, e conversamos sobre isso. Roger havia crescido com um pai alcoólatra que tinha ataques de fúria bastante agressivos. Ele vira a mãe apanhar quando o pai estava sob efeito do vício. As feridas do passado projetavam sua sombra de maneira que Roger se sentia inseguro e desprotegido, e o deixavam hipervigilante a qualquer sinal de ameaça.

Roger temia que o mesmo ambiente disfuncional estivesse emergindo em sua família, ou pior ainda: temia se tornar seu pai. Embora não fosse alcoólatra, sentia necessidade de usar castigos corporais para recuperar o controle.

Depois, Roger aprendeu a **observar** seus pensamentos estressantes. Ele tendia a tirar conclusões com base no pensamento extremista. *Isso nunca vai acabar! Ela sempre vai ser assim!* Sua criança interior queria botar a culpa na filha. *Ela é que faz da nossa família esse caos.* E a vergonha extravasava em "deveres". *Ela já deveria saber. Não é como se nunca tivéssemos discutido isso!*

Então Roger aprendeu a **variar** sua perspectiva. O conflito não ia durar para sempre (porque nada dura para sempre), e era responsabilidade dele promover mudanças que poderiam apontar para uma direção diferente com a filha. O comportamento de Iris era desafiador, e a falta de eficácia em solucionar os problemas de modo colaborativo só piorava as coisas. Roger também precisava ser mais paciente, considerando que crianças necessitam que as lições sejam repetidas inúmeras vezes pra enfim absorvê-las.

Por fim, Roger aprendeu a **engendrar** uma mudança. Ele nunca pedia a opinião de Iris sobre a hora de ir para a cama, a rotina matinal ou seus compromissos extraclasse. Tampouco era consistente em como reagia a ela. Portanto, comprometeu-se a ouvi-la, a acolher suas ideias quando fossem razoáveis e a manter uma postura estável, no sentido de não subir o tom junto com a menina. De maneira intencional, Roger se aterrava e desacelerava sempre que via a filha se inflamando. Sabia que precisava ser a mudança que queria ver nela. Isso exige coragem e compaixão.

Em três dias, Iris passou de destruir o quarto em um acesso de fúria na hora de dormir a pedir ao pai para ler um livro para ela e pegar no sono tranquilamente. Os dois criaram juntos uma rotina antes de ir para a cama, que ele anotou, deixando que ela escolhesse a ordem. Em vez de vociferar ordens a serem seguidas, Roger simplesmente se sentava na cama e aguardava que Iris concluísse suas tarefas, fazendo um comentário específico e positivo sempre que ela realizava um passo ("Ótimo trabalho vestindo o pijama!"). Ele não perdia a compostura e mantinha sua criança interior nutrida e segura, mesmo nas primeiras noites com a nova rotina, quando a filha se comportou de maneira mais disruptiva. Iris sentiu a regulação do pai, o que permitiu que ela acalmasse seu próprio sistema nervoso e seguisse com o plano. Em vez de Roger implorar que a filha se deitasse para ler um livro para ela, Iris ia até ele quando estava pronta. No início, nem conseguiu acreditar que apenas dez minutos haviam se passado desde o início da rotina até a menina estar pronta para se deitar.

A dinâmica familiar se transformou de desempoderada a empoderada. Roger buscou tratamento acreditando que a filha tinha um sério problema de saúde mental (o que ela não tinha). Quatro meses depois, nosso trabalho terminou com ele se sentindo muito mais confiante em sua capacidade de orientá-la e apoiá-la. Agora Roger estava alerta para sua tendência de controlá-la, e exercícios como MOVE o ajudavam a transformar energia reprimida em algo mais produtivo. Iris mostrou que podia ser muito hábil na colaboração ao longo de todo o processo terapêutico, e nos ensinou a nunca subestimar uma criança de temperamento forte. Elas podem ter suas próprias vontades, mas isso não significa que não estão interessadas em expandir suas habilidades, ou que não são capazes disso. Crianças precisam saber que você acredita e confia nelas, e que não vai despejar sobre elas suas inseguranças pessoais e feridas abertas.

## TRANSFORMANDO A DISPUTA DE PODER

Embora muitos pais vejam o controle como uma maneira de manter a paz, o excesso impede que a criança aprenda a lidar com emoções difíceis. É impossível proteger os filhos da decepção, frustração, ansiedade e tristeza. Aprender a lidar bem com o fato de que nem sempre conseguimos o que queremos é uma parte importante da vida. Dito isso, não precisamos tornar essa lição mais dolorosa do que já é. Crianças estão organicamente abertas a aprender. Elas não temem suas emoções e querem *vivenciá-las*. É o nosso medo das emoções que as leva a ter medo de seus sentimentos. Não é porque seus filhos vivenciam todos os sentimentos que você está fazendo algo de errado. Ou às vezes se sente como um disco riscado. Vamos ser sinceros: a criação dos filhos parece uma repetição eterna das mesmas coisas. Insistimos nas mesmas orientações e correções porque é assim que as crianças aprendem, de modo que precisamos nos esforçar até que finalmente sejam absorvidas.

Imagine se a professora do jardim de infância do seu filho tentasse lhe ensinar o alfabeto três vezes seguidas, e então jogasse as mãos para o alto exausta e declarasse que ele simplesmente não estava entendendo, então não adiantava repetir. Ou se todos decidissem ignorar seu filho até que ele aprendesse o alfabeto. Ou pior: se decidissem que ele precisava ser punido fisicamente, ter seus privilégios retirados e sofrer outras consequências até ser capaz de ler? Desistir, ignorar e punir são atitudes ilógicas e ineficazes quando se trata de ensinar às crianças habilidades que elas ainda não possuem. Aposto que você nunca aceitaria esse tipo de tratamento em nome do sucesso escolar de seus filhos. No entanto, todos os dias vejo pais lamentando o esforço necessário para chegar ao sucesso emocional e comportamental das crianças. Estamos condicionados a recorrer a técnicas menos eficazes porque elas alimentam a ilusão hierárquica de que os pais estão acima dos filhos. Não são os filhos que nos mantêm presos no mesmo lugar; é a nossa reação a eles que nos mantém aprisionados em disputas de poder.

### EU QUERO O BRINQUEDO!

Silvia com frequência perdia o controle com o comportamento de Luna, sua filha pequena, e precisava de ferramentas para se acalmar e ajudar a menina a se regular. Quando chegou ao consultório agitada e ansiosa, entreguei-lhe um slime magnético para apertar. Interessada, Luna começou a gritar: "Eu quero!". Silvia disse "não" com calma vezes seguidas, até não aguentar mais. "Chega! Eu disse que não!", ela gritou. Todos os pais que conheço já passaram por esse tipo de situação.

Em interações assim, é mais eficaz reconhecer o desejo da criança e sua decepção para então reafirmar o limite com tranquilidade, firmeza e carinho. É uma questão de sustentar seus sentimentos sem perder a compostura: "Ouvi você dizer que quer isto, e não poder ter é mesmo uma decepção. Só que não é um brinquedo". No caso de crianças pequenas, você pode redirecioná-las: "Mas você pode brincar de massinha". Com as mais velhas, é o caso de convidá-las a encontrar maneiras de solucionar o problema: "Com o que mais você pode brincar aqui que não seja perigoso?". Nesse dia, Silvia sugeriu que Luna brincasse com a areia mágica. A menina recebeu a mensagem, mas expressou sua frustração batendo os pés, gritando e chorando.

Aquilo irritou Silvia. Ela acreditava que o plano secreto da filha era manipulá-la até que cedesse a todas as suas exigências. Esse é um dos motivos pelos quais os pais perdem nas disputas de poder. Eles supõem planos grandiosos por parte das crianças e preveem como a situação está "fadada" a se desenrolar. Os pais são rápidos em rotular os filhos, e limitam seu potencial com as projeções de quem acham que seus pequenos são.

Há uma abordagem melhor, capaz de fazer com que você se sinta bem em relação a esses momentos, em vez de sofrer apenas esgotamento ou irritação. Da próxima vez, procure se manter no presente, validar as emoções da criança e resistir ao impulso de consertá-la, mudá-la ou controlá-la. Foi o que Silvia fez. Ela reconheceu uma ou duas vezes: "Estou te ouvindo. Você queria brincar com isso". Logo Luna enxugou as lágrimas e anunciou que havia encontrado outra coisa com que brincar. A menina deixou de se lamentar e aceitou o redirecionamento com rapidez e facilidade. O que mudou foi a maneira como Silvia se comunicou com ela.

### EU COLOCO OS SAPATOS!

Jani era uma menina de dois anos e meio com um impulso forte para o poder e o controle. Sua mãe, Julie, se irritava rapidamente quando a menina começava com suas exigências. Jani só estava fazendo aquilo que fora programada a fazer: estabelecer sua independência e seu controle pessoal. Quando chegam a essa idade, as crianças são motivadas a provar sua competência, não apenas para os pais, mas para si mesmas. Isso aumenta a autoconfiança, a autossuficiência e a autoestima. Crianças precisam do nosso apoio no processo de desenvolver habilidades.

Toda manhã, quando Julie ia calçar os sapatos de Jani, uma batalha tinha início. A menina gritava: "Eu ponho! Não você! Sai!". Sempre atrasada para o trabalho, Julie se surpreendia reagindo de maneira emocionalmente imatura: "Então tá! Nunca mais te ajudo!". Depois de uma dose de autorreflexão, ela reconheceu que perdia o controle e alimentava a disputa de poder. Ter gatilhos não é um problema; o que importa é o que fazemos com eles. Não cabe à criança se responsabilizar por não acionar nenhum gatilho nos adultos: cabe a nós usarmos as ferramentas LIDE para trabalhar nele e MOVE para seguir em frente.

A infância de Julie girou em torno da ideia de ela ser a filha perfeita: não dava trabalho, ficava em silêncio e sempre obedecia. Quando os pais lhe diziam para calçar os sapatos, não havia espaço para desafio ou erro. Julie apenas fazia como mandado, porque temia ser repreendida verbalmente, como seu irmão mais velho era. Na vida adulta, dependia do direcionamento de outros e não acreditava que devia seguir seu instinto. Preocupava-se com a possibilidade de cometer erros, falhar e ser punida. Esse condicionamento tinha sua serventia para o trabalho administrativo que ela realizava em uma grande empresa, mas pouco contribuía para sua maternidade.

Julie começou a perceber que gritar para que Jani se apressasse ou forçá-la a calçar os sapatos mandava a mensagem errada. Ela queria que a filha se tornasse mais competente em habilidades importantes para a vida, mas reagir de maneira excessivamente restritiva não fortalecia aquele relacionamento (e tornava as manhãs muito mais difíceis). O estresse de Julie refletia as feridas da sua criança interior relacionadas a dúvida e insegurança, e ela corria o risco de projetá-las na filha por meio de seu comportamento, de suas ações e de suas escolhas como mãe.

Em vez de complicar uma interação normal entre pais e filhos, incentivei Julie a estabelecer um limite claro: "Vejo que você está calçando os sapatos para que a gente possa sair. Vou terminar uma coisa na cozinha, e se quando eu voltar os sapatos ainda não estiverem nos pés vou te ajudar, para que não nos atrasemos". Honrando as necessidades de desenvolvimento de Jani, Julie contribuiu para atender as necessidades da sua própria criança interior, tornando-se uma mãe mais sintonizada e capaz de oferecer apoio. Em vez de receber a mensagem de que era incompetente, Jani se sentiu encorajada pela confiança da mãe nela, e aliviada em saber que, se precisasse de ajuda, poderia contar com Julie. É assim que estabelecer limites claros, amorosos e consistentes com os filhos impede que as disputas de poder fujam ao controle.

Limites claros e consistentes criam uma estrutura cooperativa e colaborativa em casa. Eles ajudam as crianças a se sentirem seguras. É como se as cercassem, e dentro dessa cerca elas tivessem a liberdade de se expressar como desejam. Na maior parte das famílias com que trabalho, identifico um entre dois problemas relacionados a limites: ou os pais são muito restritivos e limitam a liberdade da criança, ou são insuficientes e a criança tem liberdade demais. Ambos os cenários levam a um aumento nas disputas de poder. O estabelecimento de limites adequados à idade das crianças as ajuda a aprender a lidar com a liberdade pela qual tanto anseiam, além de ensiná-las a agir de acordo com o que essa liberdade acarreta.

**FÓRMULA SIMPLES PARA ESTABELECER LIMITES COM AS CRIANÇAS**

Seja positiva/o: "Quando/Se [comportamento esperado], então [resultado]".

- Exemplo: "Quando você arrumar essa bagunça, podemos ir ao parque".
- Exemplo: "Se você se comportar, podemos continuar brincando".

Evite frase negativas: "Se você não [comportamento esperado], então [punição]".

- Exemplo: "Se você não arrumar essa bagunça, não iremos ao parque".
- Exemplo: "Se você não se comportar, não vou mais brincar com você".

Essa fórmula é especialmente útil para crianças pequenas, embora possa ser usada até os dez ou doze anos. No caso de pré-adolescentes e adolescentes, é melhor envolvê-los em discussões sobre a necessidade de limites e ajudá-los a desenvolver o pensamento crítico, a capacidade de resolver problemas e o gerenciamento do tempo e das emoções.

## CRIANÇAS BEM-COMPORTADAS ESTÃO SEMPRE BEM?

Segundo o estilo de criação tradicional, ter filhos obedientes e dóceis equivale a uma nota dez no boletim. Pais de crianças que "não ouvem" supostamente são um fracasso.

Construir um relacionamento de cooperação e compromisso com seus filhos é o objetivo no longo prazo do estilo de criação que procuro ensinar neste livro. No entanto, obediência e docilidade demais — em outras palavras, não afirmar a própria vontade — não costumam ser sinais de uma dinâmica saudável. Embora seja fácil lidar com uma criança excepcionalmente bem-comportada, as chances são grandes de que ela se esconda atrás de uma máscara. Não estou falando de crianças que em geral se comportam bem, mas de vez em quando resistem, exigem alguma autonomia e correm riscos sabendo que podem decepcionar os pais. Elas estão aprendendo como e quando consultar a opinião deles ao mesmo tempo que exercitam o músculo da escuta das necessidades da própria alma. Há doses saudáveis de conflito, colaboração ativa e determinação. Essas são qualidades positivas para a dinâmica de qualquer relacionamento, e é vital exercitar habilidades no contexto do relacionamento com os pais para preparar a criança para seus relacionamentos futuros.

As crianças de quem falei são como patos na lagoa. Acima da superfície parecem boiar tranquilamente, enquanto abaixo dela pedalam com força para se manter assim. Talvez tenha sido seu caso na infância. Essas crianças não são vistas como candidatas à terapia, mas muitas vezes acabam no meu consultório na vida adulta. Essas pessoas se agarram ao rótulo de "boas" por medo de receber o rótulo de "más", e se sentem intimidadas pelas emoções e pelos comportamentos dos filhos. Tudo isso se deve ao fato de nunca terem aprendido a equilibrar suas necessidades relativas a poder. Em vez disso, aprenderam a abrir mão de seu poder em nome das exigências e dos desejos dos adultos. É um círculo vicioso do qual você pode libertar seus filhos.

Crianças que usam a máscara da obediência e da docilidade desproporcionais se esforçam demais para manter as aparências, impedindo que seus sentimentos se manifestem e fazendo o necessário para assegurar a paz. É possível ter filhos naturalmente tranquilos, do tipo que não gostam de tumultuar, mas a chave é demonstrar *curiosidade* sobre o comportamento deles. Sempre foi assim? Só é assim em determinadas situações? Será que eles têm medo de decepcionar você? Tome cuidado ao pedir a opinião desse tipo de criança, porque ela precisa ser assegurada de que pode se defender, de que suas necessidades não são egoístas e de que os adultos estão sintonizados com o seu mundo interior (e não apenas satisfeitos com como parece fácil lidar com ela).

Não estou sugerindo conduzir crianças obedientes a interações incômodas só para despertar algo nelas. Isso não é necessário. Só estou dizendo que existe um lado bastante negativo em uma criança não aprender a gerenciar suas necessidades relativas a poder de maneira eficaz.

Algumas crianças decidem parar de se esforçar para manter as aparências e acabam se rebelando. Minha cliente Chelsea circulou pelo sistema de acolhimento antes de encontrar uma família que a adotasse em definitivo, e se agarrou à máscara da perfeição para garantir o amor dos pais. Na adolescência, se sentia tão sobrecarregada pelos anos de repressão emocional em nome da paz que compensou apresentando um comportamento sexual arriscado e bebendo em excesso.

Algumas crianças sentem que agradar aos outros é a única maneira de manter proximidade com eles, o que as deixa sujeitas a uma dinâmica relacional pouco saudável, com pessoas tirando vantagem de seu comportamento dócil e generoso. Observei isso em centenas de mulheres com quem trabalhei: elas temem não conseguir estabelecer limites ao comportamento prejudicial do companheiro por medo de serem desrespeitadas. Preferem ser repetidamente feridas em seus relacionamentos e sofrer em silêncio a abordar o conflito, por medo de se sentir desempoderadas (embora já se sintam assim, de qualquer forma).

O filho obediente precisa de tanta atenção quanto aquele que te tira do sério, e nunca se deve considerar a ausência de disputa de poder algo a ser admirado e ignorado. Como pais, nos distraímos facilmente com emoções caóticas e comportamentos desafiadores, tanto que a criança que sente que não tem espaço para errar acaba passando despercebida. Se você já teve o impulso de ajudar aos outros ou de fazer de tudo para manter a paz; de perfeccionismo; e de reprimir seus sentimentos e/ou ressentimentos ao longo da vida, tenho certeza de que sabe do que estou falando. Nunca é papel da criança impedir o caos na família. Na verdade, eu diria que é papel da criança sacudir a jaula das feridas herdadas e nos guiar rumo a um caminho mais consciente e libertador.

## PARE, CONECTE-SE E COLABORE

Disputas de poder com os filhos são exigentes e desgastantes, contribuindo para um esgotamento ainda maior de pais que já estão se sentindo sem forças. O caos da disputa de poder faz com que as pessoas se sintam como se estivessem sendo puxadas em duas direções diferentes ao mesmo tempo.

Talvez você não tenha energia para lidar com uma criança sedenta por poder exigindo sua atenção ou que o desejo dela se concretize. No entanto, você tem uma escolha quando se trata de "solucionar" disputas de poder. Você pode decidir mergulhar de cabeça, sabendo que o conflito não vai ser produtivo para nenhuma das partes; ou pode usar a abordagem Pare, Conecte-se e Colabore (PCC) para assumir o controle e conduzir o barco para longe da tempestade.

Imagine que você pede à criança que se arrume para dormir. Ela logo retruca: "Não, não vou, e você não pode me obrigar!". Então corre, rindo como um gênio maligno, e você se irrita, porque teve um dia estressante e não aguenta mais falar a mesma coisa. Seu estilo de criação é gentil, mas o estilo da criança não é nada gentil. Você sente sua frustração crescendo enquanto pensa o que praticamente todos os pais pensam uma vez ao dia, no mínimo: *Por que crianças não ouvem???*

### PARE

Primeiro pare. Respire fundo. Observe o que acontece dentro do seu corpo. Faça uma avaliação completa, da cabeça aos pés, percebendo pontos de tensão, conexão, calor e desequilíbrio. Use as ferramentas aprendidas na Parte 1 que possam ajudar a determinar seu estado interno. Se você e a criança não estiverem em perigo, pare, centre-se e se aterre. Pergunte-se:

- Um gatilho foi acionado? É irritação? É a pressão do tempo? O que estou sentindo, em termos de emoções?
- Meu sargentão interior vai tomar conta? Vou me retirar e desistir?
- Sou capaz de ver a criança como um ser humano completo, digno de conexão e respeito, mesmo quando parece me desafiar?

- Posso abrir mão da necessidade de me sentir respeitada/o e abraçar a verdade: que a criança não me deve nada e que eu sou responsável por ela, e não o contrário?
- Estou aberta/o ao meu papel de ensiná-la e guiá-la, de nutrir e apoiar a criança em sua jornada única?

Quanto mais confortável com a autorreflexão você estiver, mais rápido a investigação correrá. No começo pode ser desafiador se permitir parar e realizar esse trabalho interior antes de responder à criança. Tudo bem. A maior parte de nós reage rápido demais. Parar nos ensina a desacelerar, a nos sintonizar e responder com mais intenção. Procure resistir ao impulso de acelerar o processo. Aguarde até sentir mais aterramento, regulação e controle interno. Talvez você ainda se sinta frustrada/o, mas no prumo (em vez de prestes a explodir). Talvez você ainda se sinta irritada/o, mas regulada/o (em vez de excessivamente crítica/o). Dar-se a chance de parar ensina o corpo a assumir as rédeas de suas emoções. Ajuda você a ficar alerta para o que está por vir, permitindo responder ao momento em vez de agir de acordo com as feridas da sua criança interior.

### CONECTE-SE

Em seguida, conecte-se. Muitas vezes corrigimos um comportamento rápido demais e acabamos perdendo a oportunidade vital de nos conectar com o sentido por trás dele. Conectar-se com a criança em um momento que envolve disciplina costuma ser o passo mais difícil para os pais. Muitos me dizem: “Não consigo identificar os sentimentos, porque minha atenção fica na criança que não me ouve!". Respire fundo e se abaixe para ficar na mesma altura que a criança, olho no olho. Fazer isso dirá ao seu cérebro e ao dela que não há ameaça, que vocês são capazes de lidar com a situação juntos. Permita que sua expressão facial e sua linguagem corporal espelhem as da criança. Por exemplo, se ela está gritando e com raiva, seu rosto e seu corpo podem refletir parte dessa raiva e dessa frustração. É melhor evitar o drama, então via de regra espelhe de volta cerca de metade da carga emocional que ela demonstra. Se a criança estiver chorando, não chore: apenas leve a mão ao coração e assinta, permitindo que seu rosto transmita preocupação e cuidado verdadeiros. O objetivo da conexão é observar, ouvir e compreender o que está acontecendo dentro da criança.

Se você pediu que a criança se arrume e ela correu para longe, é perfeitamente apropriado limitar a fuga dizendo, com amor e firmeza: "Pare o corpo, por favor". Ande devagar e deliberadamente na direção dela. Mesmo que seja uma criança pequena que acha que tudo não passa de brincadeira, ela vai acabar encurralada. Quando estiver de frente para ela, abaixe-se, pegue a mão dela e valide os sentimentos: "Você queria que não fosse hora de se aprontar. Entendo isso". Seu rosto deve comunicar que você compreende o desejo de continuar brincando. Parece simples, porque é mesmo. Não precisamos tornar a conexão mais complicada do que é. Aqui vão quatro maneiras fáceis de iniciar a conexão com a criança em um momento desafiador:

- "Estou ouvindo."
- "Estou com você."
- "É difícil mesmo."
- "Você queria que [*completar com a situação*] e eu entendo."

Como mencionei, parte da conexão com a criança é fornecer orientação em caso de comportamentos improdutivos, que não cumprem sua função. Limites claros e consistentes ajudam a criança a entender exatamente o que você espera e criam o limiar para um maior sucesso interpessoal. Queremos que nossos filhos se sintam no controle do próprio corpo e confiantes em seus relacionamentos. Para isso, eles precisam de orientações carinhosas, firmes e claras de como se comportar. Procure não complicar as coisas se concentrando em "agir certo". Explique à criança exatamente o que é aceitável e o que não é.

Você pode dizer: "Sair correndo quando peço alguma coisa não é legal". Crianças não são frágeis, e certamente podem tolerar a consciência de que ultrapassaram os limites. É possível comunicar isso sem envergonhá-las, ridicularizá-las, humilhá-las ou prejudicá-las. Quando encaramos as disputas de poder dessa forma, criamos uma parceria com nossos filhos. Estas são quatro maneiras simples de impor limites que você pode adotar para incentivar que seus filhos se responsabilizem pelos próprios atos:

- "Não é legal quando..."
- "Essa não é uma maneira segura de se expressar."
- "Não posso permitir que você..."
- "Isso não está dando certo."

### COLABORE

O último passo é colaborar. Desde cedo, pergunte a seus filhos: "Como podemos trabalhar juntos?". Crianças de três anos de idade já ficarão ansiosas para contribuir com sua perspectiva. Às vezes você aceitará a sugestão, outras quem tomará uma decisão será você. Procurando encontrar um equilíbrio, você ajuda seus filhos a aprenderem a arte da negociação, ao mesmo tempo que faz com que se sintam membros valiosos da família (o que eles certamente são).

Colaborar é uma habilidade ativa que envolve contribuir com ideias e chegar juntos a uma solução. Lembre-se de que as crianças precisam aprender a pensar nos problemas. Em vez de ver você ou o relacionamento como o problema, elas devem ver o problema como o problema para assim poder contorná-lo. Se queremos nos envolver em menos disputas, precisamos apoiar as crianças no processo de aprender a estratégia por trás da resolução das adversidades.

Disputas de poder são ineficazes para resolver conflitos. O que ajuda é: antecipar que um problema possa vir a ocorrer; identificar qual é ele; listar prós e contras; optar por uma solução; e avaliar o resultado. Uma maneira divertida de ensinar essas habilidades é através de jogos de estratégia, como damas. Resista ao impulso de dizer à criança que movimento realizar, ou você assumirá o controle da parte estratégica. Prefira sempre esclarecer o problema: "Sua peça branca precisaria seguir para a minha casa, mas então minha peça preta poderia saltar a sua". Veja se (e como) ela testa diferentes soluções.

As habilidades de resolução de problemas das crianças dependem do estágio de desenvolvimento em que se encontram. Com base em meu trabalho, estabeleci algumas diretrizes gerais para ajudá-las a solucionar problemas de forma colaborativa.

**Até dois anos:** Quando têm duas opções, provavelmente escolherão uma. Às vezes, no entanto, precisarão que você faça a escolha. Atenha-se a duas opções, porque incluir mais pode sobrecarregá-las.

**De três a cinco anos:** São capazes de articular uma ou duas soluções, mas provavelmente dependerão de algumas escolhas suas. Quando chegam ao jardim de infância, o impulso ao pensamento crítico e a encontrar soluções para problemas se torna o foco. Cabe a você apresentar a elas oportunidades de solucionar seus problemas (*Como resolvemos isso?*) e depois ajudá-las com suas ideias, tornando o processo mais rico.

**De seis a dez anos:** São capazes de resolver problemas de maneira ativa, definindo o impasse, imaginando de duas a três soluções, identificando prós e contras de cada ideia em potencial e implementando um plano. Crianças dessa idade podem precisar que adultos supervisionem o processo de implementação ou contribuam com algumas ideias iniciais. Também pode ser benéfico que adultos as ajudem a avaliar a eficácia de um plano que ambos criaram juntos.

**Pré-adolescentes e adolescentes:** Os pais precisam se afastar e deixar que os filhos dessa idade assumam a liderança no exame dos problemas e na proposição de soluções apropriadas. Pré-adolescentes e adolescentes gostarão de saber que podem contar com seu apoio se necessário, mas trabalham ativamente para correr riscos, explorar e aprender sobre erros e reparações em um nível muito mais elevado. Isso não significa que os pais não devam se envolver, apenas que não é porque o quarto deles está uma bagunça que você deve passar um sermão de pronto. Procure seguir estes passos:

- Ajude a identificar o problema: o adolescente está com dificuldade de se organizar e manter a limpeza.
- Peça três soluções possíveis para o problema: talvez o adolescente precise de gavetas ou cestos etiquetados, lembretes visuais ou um limite claro que o motive, por exemplo? "Você pode ir para a casa dos seus amigos depois que seu quarto estiver arrumado".
- Peça que o adolescente liste os prós e contras de cada solução em potencial: os cestos facilitariam a organização, mas precisariam ser comprados; os lembretes visuais ajudariam com a memória, mas não tornariam a organização mais fácil; o limite claro faria com que ele se responsabilizasse por suas escolhas, mas poderia terminar em frustração.
- Incentive o adolescente a definir uma solução e testá-la. Se ele escolher os cestos, por exemplo, incentive-o a criar um sistema e ofereça ajuda caso seja necessário. Não fique à porta ditando cada passo. Deixe que se vire de maneira tão independente quanto possível.
- Ensine o adolescente a avaliar como o plano está se saindo. Caso ajustes sejam necessários, ajude a fazê-los. Se tudo correr bem, comemore a realização e expresse sua gratidão pela abertura dele a aprender algo novo. Se o adolescente tiver dificuldade com o processo, não é apenas porque é preguiçoso ou não se importa com as regras da casa. Provavelmente deve haver alguma relação com a função executiva, e o quarto bagunçado é um sinal de que ele precisa de mais apoio com organização, estrutura e planejamento.

**CASOS EM QUE A COLABORAÇÃO AJUDA A REDUZIR AS DISPUTAS DE PODER**

- Limite de tempo de tela para crianças maiores e adolescentes.
- Tarefas domésticas, como tirar pó, passar aspirador, limpar (os brinquedos, a cozinha, os quartos, os espaços compartilhados), lavar roupa, fazer compras, cortar grama, cuidar do jardim.
- Responsabilidades como lição de casa, estudo, amizades, atividades extracurriculares, relacionamento com os irmãos.
- Necessidades pessoais como higiene, nutrição, saúde mental e saúde física.
- Comprometimento com uma comunicação respeitosa, amorosa e atenciosa dentro da família.

Como guia dos seus filhos, você deve ajudá-los a aprender a criar soluções colaborativas para quaisquer desafios que eles possam vir a encarar. Às vezes o processo se dará com tranquilidade, em outras a criança resistirá a cooperar. Tudo bem. Aprender a trabalhar juntos é demorado. Quando necessário, troque a postura de colaboração por uma postura de direção e se comunique com intenção e compaixão, de forma calorosa e firme. Aqui vão quatro frases que você pode dizer a seus filhos para indicar que vai assumir a liderança na resolução do problema:

- "Vou te dar um minuto para escolher, e se nesse tempo você não conseguir então escolherei por você."
- "Parece que você está precisando de ajuda. Tenho um plano."
- "Quero ouvir suas ideias, mas para isso você precisa compartilhá-las. Senão teremos que seguir com o meu plano neste momento."
- "Obrigada por dar sua opinião, mas precisaremos fazer algo diferente. Sei que é uma decepção, mas sinto que vai ser melhor para todos."

Quando você não estiver se sentindo afetuosa/o e gentil, respire fundo, seja bondosa/o consigo e lembre-se de que você não precisa acertar o tempo todo. O objetivo é acertar em parte do tempo e, no restante (quando você erra), fazer as reparações necessárias.

## TENTANDO DE NOVO

Quando você se pega agindo de uma forma da qual se arrepende, seja humilde e peça desculpas, faça as reparações necessárias e tente de novo. Sentir vergonha e se culpar a cada erro cometido vai acabar com você. Uma das minhas maneiras preferidas de reparar o que fiz de errado é dar o exemplo de como se volta atrás. Sempre que se pegar agindo de uma maneira da qual sabe que vai se arrepender depois, pare e diga à criança: "Nossa, não gosto do que estou fazendo. Vou tentar outra vez". Respire fundo e reformule o que você pretendia dizer. Ver você corrigindo seu comportamento de imediato servirá de incentivo para que os pequenos não tenham medo de errar também. Assim, você abre espaço para que eles reconheçam sua humanidade em vez de temê-la.

Sempre que entrávamos no carro para ir para a escola, meus filhos discutiam de quem era a vez de escolher a música. Era uma maneira desagradável de começar o dia. E eu mesma às vezes contribuía para a disputa, dizendo algo como: "Se vocês não são capazes de concordar em nada, não vai ter música hoje!". Essa reação estava relacionada com minha própria necessidade de poder e controle, e não ensinava meus filhos a lidar com as necessidades de poder, controle e cooperação deles. Por isso, decidi agir diferente.

Escolhi parar por um momento. Nos dias em que tinha energia, eu optava pela conexão: "Meninos, sei que vocês se sentem frustrados porque querem escolher primeiro". Naturalmente, isso suscitava queixas individuais: "Ele foi ontem!", "Ele escolheu o livro de noite!". Depois que os dois externavam suas mágoas, eu assumia o papel de colaboradora: "Como podemos resolver esse problema?". O conceito parecia amplo demais para o caçula, que na época tinha menos de três anos. Meu mais velho (que tinha cinco), no entanto, estava pronto para contribuir. "A gente alterna. Eu escolho a primeira música e o primeiro livro nas terças e quintas, ele escolhe nas quartas e sextas." O menor concordou com o plano, e chegou a hora de oferecer uma segunda chance. "Vamos tentar de novo. Em vez de começar o trajeto até a escola com gritaria, perguntem que dia é hoje, pra gente saber de quem é a vez de escolher a primeira música." Os dois ficaram encantados em seguir a sugestão.

Mesmo colaborando, seus filhos ainda vão precisar de lembretes e incentivo. Não pense que isso significa que sua abordagem "não está funcionando". Esses conceitos dependem de um nível alto de desenvolvimento psicológico para se integrar perfeitamente à rotina das crianças.

Se você é do tipo que perde o ímpeto com facilidade, quero que saiba de uma coisa: quando você está aprendendo a incorporar esse trabalho de maneira consistente à rotina, leva apenas uma fração de segundo para que a raiva, a frustração, a ansiedade ou o medo tentem afundar o navio. Mas você não é o *Titanic*. Há botes salva-vidas em quantidade mais do que suficiente, e de qualquer maneira o navio não vai afundar. Mesmo que você se deixe levar pela disputa — brigando, exigindo obediência ou ameaçando (como acontece com todos nós) —, ainda é capaz de mudar o curso do navio a qualquer momento.

# 9. O domínio da disciplina

Crianças cometem erros — como todos os seres humanos —, e cabe aos pais ajudá-las a aprender com eles. Quando se trata de filhos, devemos fazer como os médicos, que juram nunca causar mal ao assumir a profissão. Na posição de adulto, você é a autoridade, mas isso não significa que pode exercê-la como bem quiser ou que não tem responsabilidade pelo seu impacto. A forma como você apoia os filhos nos desafios ao longo de seu desenvolvimento os prepara para lidar com as dificuldades da vida no futuro. O que você diz e faz importa. E, se aprendi alguma coisa com as crianças que atendo, é que elas não precisam de alguém que dê sermões, puna ou faça com que se sintam culpadas. Elas precisam é de orientação, de alguém a cuja sabedoria possam recorrer para entender como o mundo funciona. Elas precisam de apoio e compreensão quando falham para se sentir inspiradas a se levantar e seguir em frente. E o mais importante: elas estão loucas para trabalhar *com* você.

## DISCIPLINAR É ENSINAR

A definição original de "disciplina"[1] não incluía a ideia de punição, apesar do uso coloquial do termo nos dias de hoje, que tem sua origem na tradução para o francês antigo. "Disciplina" vem do latim e significa "instrução e treinamento". Deriva de *discere*,[2] que significa "aprender". Portanto, disciplinar significa instruir e ensinar, e ser disciplinado significa aprender. A definição não exige punição para aprender, no entanto essa é a mensagem que os pais recebem há gerações.

Como mãe ou pai, você assume um papel professoral. Considere-se uma/um treinadora/treinador. Uma/um guia. Uma/um xamã. Independente do arquétipo, veja-se como uma/um líder que observa e apoia de fora enquanto o aprendiz (a criança) embarca em sua jornada. Sua função é proporcionar momentos de reflexão sobre o passado e o futuro e oferecer uma correção de curso quando necessário, mas permita que a criança avance sem interferir de forma desnecessária.

Todos aprendemos por meio da prática e da repetição. Não é porque você acerta uma cesta de três pontos que vai se considerar o novo Kobe Bryant. Pais tendem a respeitar o processo de aprendizagem quando se trata de ler, escrever, conceitos de matemática, andar de bicicleta etc. No entanto, quando se trata da aprendizagem emocional e social, historicamente os pais têm uma compreensão equivocada das capacidades inatas da criança. Em uma pesquisa da Zero to Three[3] conduzida nos Estados Unidos em 2016, cerca de 50% dos pais relataram que os filhos eram capazes de ter autocontrole e atingir outros marcos de desenvolvimento muito antes de o serem de fato. Essa lacuna entre a expectativa e a realidade pode ser incrivelmente frustrante para os pais — talvez mais do que os comportamentos em si.

Quando você ajusta suas expectativas de funcionamento social e emocional da criança da mesma forma que faz com os outros marcos de desenvolvimento, percebe que disciplinar não é tão assustador. É exaustivo, claro. O cansaço é inerente ao papel que você está desempenhando. Ser uma/um professora/professor *eficiente* é desafiador. Disciplinar através do ensino é especialmente extenuante quando se tem um reservatório de feridas inexploradas e não reconhecidas. Pais que priorizam cuidar de si mesmos primeiro descobrem que lidam com mais facilidade com a disciplina depois que incorporam as habilidades aprendidas na Parte 1 deste livro.

Talvez a punição tenha se tornado a forma de disciplina padrão porque, na hora, gritar, humilhar ou bater parece menos desafiador e produz resultado imediato. Em geral, as crianças obedecem às suas ordens no mesmo instante quando táticas de indução ao medo são usadas, porém não necessariamente por respeitarem suas regras ou sua autoridade. Em vez de aprenderem a trabalhar em cooperação, elas obedecem por medo de que você as machuque. Nessas condições, a dinâmica pais-filhos se concentra em quem tem todo o poder e controle e em quem é oprimido por esse poder e controle. Em uma dinâmica funcional, poder e controle são uma responsabilidade compartilhada entre pais e filhos. A criança precisa aprender a exercer seu poder sem machucar os outros, assim como os pais.

É "mais fácil" se utilizar de estratégias duras de disciplina, que não exigem nenhum autocontrole da sua parte. É "mais fácil" reagir de maneira emocionalmente imatura do que ficar alerta e escolher uma forma mais consciente de guiar a criança. No entanto, até mesmo os pais entrevistados que puniam fisicamente os filhos relataram que bater e gritar não era a maneira mais eficaz de ensinar. Cerca de 30% deles disseram: "Bato mesmo não me sentindo bem em fazer isso". E 69% reconheceram que "rebaixar verbalmente uma criança ou xingá-la pode ser tão prejudicial quanto o abuso físico". Entre os pais que batiam nos filhos,[4] 77% "não consideram esse um dos métodos de disciplina mais eficazes".

Apesar de suas queixas (às vezes) obstinadas, as crianças desejam ser orientadas, mas sempre resistirão ao controle. Punições, ameaças, manipulações emocionais, coerção e outras estratégias orientadas para o controle pretendem "ensinar" infligindo dor para eliminar o comportamento. Fomos condicionados a acreditar que um pouco de sofrimento (e, em alguns casos, muito) "ensina" a criança a não repetir o "mau comportamento". No entanto, o exato oposto é verdade quando consideramos isso sob a óptica do desenvolvimento. Se a criança ainda não é capaz de fazer algo, simplesmente não vai fazê-lo. Se ainda não aprendeu a controlar o corpo quando está brava, bater nela quando ela bater em você não a ensinará a não bater. Quando se trata do comportamento da criança, não é a *vontade* que importa, e sim a *capacidade.* Ao punirmos, ensinamos nossos filhos a nos temer. Ao isolarmos uma criança, ensinamos que não agradar aos outros resulta em solidão. Ao controlarmos nossos filhos, os ensinamos a resistir e fazer pressão contrária.

## O QUE É DISCIPLINA EFICAZ?

Existem dois extremos na disciplina. Pais sargentões costumam ser rigorosos e severos, e governar com mão de ferro. Sua motivação é: *Não vou criar uma criança mimada.* Já pais permissivos são cuidadosos e apoiam as emoções dos filhos, mas em geral pecam em consistência, confiabilidade e previsibilidade quando se trata de estabelecer limites saudáveis. Sua motivação é: *Quero que meus filhos gostem de mim.*

A disciplina eficaz (que é o nosso objetivo), no entanto, exige uma abordagem diferente. Alguém que exerce uma disciplina eficaz se parece mais com Mary Poppins, que dá um remédio amargo, só que com um pouco de açúcar. Mary Poppins lida com limites e sentimentos ao mesmo tempo. Pais sargentões são ótimos em impor limites, mas não se dão bem com sentimentos. Pais permissivos são fenomenais com sentimentos, mas têm dificuldade em impor limites. Para encontrar o ponto ideal, é preciso personificar as qualidades observadas na parentalidade autoritativa (originalmente estudada por Diana Baumrind, psicóloga clínica e do desenvolvimento, nos anos 1960):

- Alto padrão afetivo.
- Afirmação de limites claros.
- Colaboração e consistência.

A pesquisa de Baumrind[5] descobriu que filhos criados dessa forma tinham uma energia alegre e vivaz, acreditavam em sua capacidade de realizar tarefas, eram resilientes diante dos desafios e apresentavam regulação emocional e habilidades sociais bem desenvolvidas. Outras pesquisas confirmaram que tais crianças se tornam adultos independentes, autoconfiantes, socialmente conectados, academicamente bem-sucedidos, seguros, atenciosos e realizados. Esse estilo de criação reduz o risco de que seus filhos sofram de depressão e ansiedade, e de que se envolvam com delinquência juvenil e drogas.[6]

Ninguém se torna um disciplinador eficaz da noite para o dia. É preciso repetição e paciência. Também é necessário ter uma boa dose de autocontrole, que é a parte mais difícil para dominar essa habilidade. Mas, para começar, você não precisa dominar nada: só tem que dar o primeiro passo. Acredite que seus filhos são capazes e querem te ouvir e aprender com você. Lembre-se de que eles são programados para ser solidários e estão preparados para um crescimento físico, psicológico e espiritual imenso enquanto estiverem sob seus cuidados. Tenha em mente que eles desejam se sentir uma parte importante e valorizada da família. Nunca se esqueça de que vocês estão do mesmo lado, mesmo nos momentos mais difíceis e estressantes.

Quanto mais você incorpora essas verdades, mais evidente ficará que as estratégias de disciplina tradicionais, como recompensas e punições, são ineficazes. Você reconhecerá que o objetivo por trás dessas táticas é moldar a criança, em vez de incentivá-la a descobrir quem está destinada a ser. Você deixará de ver o mau comportamento como desrespeito e passará a enxergá-lo como um sinal de que a criança ainda está trabalhando uma habilidade, o que fará com que se sinta mais equipada/o para guiá-la e apoiá-la ao longo do caminho. A colaboração começará a parecer intuitiva, lógica e acessível.

Tradicionalmente, o objetivo da disciplina é fazer com que os filhos se comportem de acordo com as regras estabelecidas pelos pais, que se mostrem mais obedientes, sigam ordens de pronto, não retruquem e respeitem a autoridade. No entanto, o verdadeiro objetivo da disciplina é fazer com que os filhos trabalhem de maneira cooperativa e colaborativa. Muitos pais acreditam no conceito equivocado de que, se derem uma mão aos filhos, eles vão querer um braço.

A verdade é que, quando *sabem* mais, as crianças *se saem* melhor. E, para auxiliá-las nisso, sua abordagem disciplinar deve se concentrar em ajudá-las a aprender a controlar o próprio corpo, a estar alertas a suas emoções e a se automotivar.

- Quando seus filhos estão descontrolados, você deve ensinar o que podem fazer para recuperar o controle físico.
- Quando se comportam mal em vez de expressar suas emoções, você deve ajudá-los a identificar os sentimentos relacionados a essas ações e como eles impactam suas escolhas.
- Quando têm dificuldade de lidar com algo novo ou complicado, você deve deixar claro que eles podem desistir em dias bons, quando tudo vem fácil e eles curtem o momento, mas não podem desistir em dias ruins, quando precisam mostrar curiosidade quanto a novas maneiras de encarar o problema.

Disciplina eficaz não produz seres humanos "perfeitos", tampouco garante que seus filhos atendam às ideias de "sucesso" sancionadas pela sociedade. Disciplina eficaz cria pessoas que se expressam de maneira autêntica e funcional, não causam danos aos outros intencionalmente (mas se responsabilizam quando isso acontece) e têm uma motivação inerente a expressar seu potencial máximo através de compaixão, empatia, curiosidade, gentileza e coragem. Você ajuda seus filhos a conquistarem isso responsabilizando-os sem envergonhá-los.

## RESPONSABILIZAR SEM ENVERGONHAR

Meu filho aprendeu a provocar com os colegas do jardim de infância, e uma manhã decidiu experimentar isso. Aparentemente do nada, anunciou: "Eu preferiria que você estivesse morta, mamãe". Irrompeu em risos logo em seguida, como se aquilo tivesse sido uma piada. Como reagir a momentos assim, quando estamos certos de que a criança não sabe o que disse (por falta de habilidade social e de uma compreensão real da frase), mas tampouco queremos que saia dizendo algo do tipo, porque poderia ofender ou magoar outras pessoas?

Se eu tivesse dito algo parecido quando pequena, imagino que minha mãe reagiria com uma fúria desproporcional. Sem dúvida ela me envergonharia dizendo algo como: "Ótimo! Aja como se eu estivesse morta e faça tudo por conta própria a partir de agora!". Depois bateria a porta, se trancaria no quarto e acenderia um cigarro.

Vergonha e desconexão são maneiras comuns de tentar ensinar as crianças sobre a marca que deixam no mundo, mas isso não impede ou previne o mau comportamento. Expressamos nossas mágoas, dores e feridas, às vezes de maneira exagerada, só para provar um argumento. Nossos filhos precisam que sejamos emocionalmente maduros e que os responsabilizemos de maneira adequada. Precisam que ensinemos o que se passa dentro deles, como ler o que se passa dentro dos outros e como corrigir o curso quando suas intenções e o impacto que causam estão desalinhados.

Meu filho queria me fazer rir e não tinha ideia de que eu era particularmente suscetível a comentários sobre mães mortas, porque era uma mãe sem a própria mãe, que com frequência ansiava por voltar a ouvir a voz dela (mesmo que fosse ao mesmo tempo fonte de conforto e dor para mim). Eu não podia esperar que ele demonstrasse sensibilidade em relação às minhas feridas de infância, mas podia esperar que ficasse mais atento a como suas escolhas impactavam os outros. Sem exagerar na reação ao comportamento, ofereci a compaixão necessária para que meu filho se responsabilizasse pelo que tinha dito. "Pense um pouco nas palavras que você acabou de dizer, por favor", falei. "Depois vamos conversar sobre o que você aprendeu."

Como temos um relacionamento enraizado nas seis sementes da conexão (sintonia, curiosidade, corregulação, brincadeira, reflexão e reparação), ele foi cooperativo e concordou em colaborar comigo. Após alguns minutos, se levantou e disse: "O que eu falei não foi legal. Desculpa. Não é verdade". Eu o abracei, aceitei o pedido de desculpas e reafirmei suas intenções: "Eu sei, você só queria me fazer rir. Nossas palavras são muito poderosas. Nunca sabemos como os outros vão ouvir o que temos a dizer, e fico feliz que você tenha parado um momento para refletir e se corrigir". Pronto. Ele se responsabilizou por suas escolhas sem nos remetermos a necessidades não atendidas ou crianças interiores feridas, e reforçamos que podemos nos redimir de momentos de decepção, dificuldade e desconforto.

Como acontece na maioria do que se relaciona à criação dos filhos, é importante levar em conta a idade e o desenvolvimento da criança ao fazer com que ela se responsabilize sem envergonhá-la. Nos primeiros cinco anos, seres humanos são egocêntricos — o que significa que não têm maturidade suficiente para compreender a perspectiva dos outros e acreditam que todos pensam, sentem e veem as coisas como eles. Se você diz "Para! Você está me machucando!" quando uma criança pequena te bate, está esperando que ela veja a situação da sua perspectiva, algo que não está apta a fazer. Ver algo sob a óptica do outro é uma habilidade que leva muitos anos para ser desenvolvida, por isso é importante nos concentrarmos em expandir as habilidades da criança em vez de puni-la por um marco de desenvolvimento ainda não alcançado.

Simplificando: a criança tem uma idade que corresponde a seu caminho único no desenvolvimento social e emocional, além da idade cronológica, contada a partir da data de nascimento. Por exemplo, uma criança de quatro anos pode ter as habilidades linguísticas e a altura de uma criança de seis anos e a regulação emocional de uma criança de dois. Quando você olha para essa criança e interage com ela, sua mente pode te levar a acreditar que está lidando com alguém muito mais velho; então, quando ela se descontrola emocionalmente porque você disse não, você pode esperar que se comporte de acordo com sua idade cronológica (quatro anos) ou com a idade que aparenta ter fisicamente (seis anos). Não será o caso, e tanto você como a criança vão se frustrar.

Convido você a se perguntar: *Quantos anos meus filhos parecem ter agora?* Se eles parecerem mais novos, seu objetivo é intervir de acordo com seu nível de desenvolvimento. Isso fará com que se sintam vistos, ouvidos, compreendidos e seguros, e permitirá que você nutra e expanda suas capacidades.

## COMO ENSINAR A CRIANÇA A SE RESPONSABILIZAR SEM ENVERGONHÁ-LA

**Desde o nascimento:** Descreva as emoções dela como você as vê: "Você está triste, vou te abraçar". Narre o comportamento sem julgamento e estabeleça limites simples: "Você está mordendo. Vamos dar um tempo e tentar de novo mais tarde". Essas duas abordagens fundamentais evoluirão de acordo com a idade da criança. Para que ela internalize a ideia de se responsabilizar pelo que faz, deve compreender bem suas emoções, seus impulsos e suas necessidades.

**Acima de um ano:** Ensine como as ações *dos outros* causam um impacto *nela*: "A mamãe disse não, e você não gostou", ou "Ela pegou seu brinquedo, e você não queria emprestar". Nessa idade, a criança ainda não tem muita autoconsciência, mas pode começar a compreender emoções e ações com base em como os outros a afetam.

**Acima de um ano e meio:** Ensine como as ações *dela* impactam *crianças da mesma idade* e proponha uma solução: "Você jogou a bola por cima do muro, agora o menino está chorando. Ele ficou triste e quer a bola de volta. Vamos ajudar a encontrá-la". Isso ensina à criança que erros não são fatais e que a maioria dos problemas pode ser resolvida de maneira colaborativa. Se a criança foge e não participa da solução, pegue a mão dela e a guie. Lembre-se de que a ideia é ter alto padrão afetivo, afirmar limites claros, colaborar e ser consistente.

**Acima de quatro anos (dependendo da maturidade emocional):** Ensine como as ações *dela* impactam os *adultos* sem usar uma linguagem que a envergonhe. Valide sua perspectiva, explique o problema de maneira concisa e defina claramente seu limite ou sua expectativa.

- *Criança mais nova:* "Não gostei quando você me deu um tapa no rosto. Sei que está chateado/a, mas encontre outra maneira de expressar sua raiva".
- *Criança mais velha:* "Sei que está sendo difícil na escola, mas não é legal você me xingar. Sempre vou estar aqui pra te ajudar, amar e apoiar. Quero que você encontre outra maneira de comunicar que precisa de espaço".

A menos que a criança corresponda em desenvolvimento ao que se espera de alguém começando a andar, procure resistir ao impulso de direcioná-la demais nesse tipo de situação (dizendo coisas como "Respire fundo"). Embora eu incentive os pais a darem um exemplo mais construtivo de como lidar com as emoções, a verdade é que as crianças devem fazer o trabalho pesado. Se você sempre oferece as ferramentas certas, se "realiza o trabalho por eles", seus filhos não vão contar com um kit próprio, desenvolvido por eles.

Sentir culpa pelo mau comportamento é apropriado. O remorso constrói caráter e guia a moral. Envergonhar a criança por seu mau comportamento, no entanto, ensina que ela é má. E se ela acreditar que é má, vai acabar tornando a profecia real. Crianças começam a se sentir culpadas por volta dos três anos de idade. Não é preciso forçar. A vida é a melhor professora. Concentre-se em ensiná-las e orientá-las com amor, compaixão e gentileza.

Ensinar os filhos a se responsabilizar sem envergonhá-los é um processo de longo prazo. Tudo bem se você encontrar resistência mesmo que não utilize a ferramenta da vergonha. Isso não significa que a abordagem é ineficaz. Só significa que é difícil mudar, que a maioria das pessoas não gosta de ser repreendida, que reconhecer ter causado danos sem querer leva a uma posição de vulnerabilidade, que é preciso muita coragem para acertar as coisas com os outros. Levando o desenvolvimento infantil em consideração, você vai guiar seus filhos a fazer escolhas mais conscientes e intencionais, permitindo que eles compreendam melhor as complexidades da dinâmica relacional humana e percebam o que podem fazer para reparar uma situação e seguir em frente.

## AJA COM CLAREZA, CONSISTÊNCIA E CONEXÃO

Se você sente que seus filhos estão fora de controle e "nunca ouvem", é possível que sua dinâmica careça de um ou mais dos três Cs da disciplina: clareza, consistência e conexão. Todos devem estar presentes e em equilíbrio para que os pais sintam que sua abordagem disciplinar é eficaz.

### CLAREZA

Limites e orientações devem ser expressos claramente e de maneira apropriada ao nível de desenvolvimento da criança. Seu comprometimento com a comunicação clara garante que ela não precise adivinhar nada e possa simplesmente confiar em sua orientação.

Durante o almoço, Marcus pede um doce ao pai, que responde: "Depois". Assim que terminam, Marcus volta a pedir o doce. "Você pode comer depois, mas agora não", diz o pai. Marcus atira o garfo em protesto, e o pai se pergunta por que o filho não o ouve. Ser incrivelmente clara/o não apenas pode resolver o problema na hora como também impedir que chegue a se tornar um problema. O pai poderia ter dito: "O doce vai ficar para a noite. Agora é hora de comer macarrão com queijo e ervilha". Se Marcus reclamasse, tudo o que o pai precisaria fazer seria repetir o limite com clareza até que o menino o respeitasse. Se ele se recusasse a comer qualquer coisa além de doce, o trabalho do pai seria se manter comprometido com a comunicação clara.

## CONSISTÊNCIA

Limites e orientações devem ser repetitivos, confiáveis e previsíveis para que as crianças os internalizem. A consistência lhes oferece uma estrutura firme à qual podem recorrer.

Raj se recusa a guardar seus brinquedos, o que se torna uma batalha diária. Os pais ou o repreendem ou arrumam tudo depois que ele vai para a cama. Devido à falta de consistência, estrutura e acompanhamento, todos perdem uma oportunidade valiosa de aprender. O problema pode ser resolvido com a criação de rotinas consistentes e confiáveis, e talvez com a utilização de lembretes visuais, como listas, para apoiar Raj. Os pais não podem depender dele para implementar a estrutura e o acompanhamento necessários — a supervisão das tarefas recai sobre os adultos até que a criança tenha maturidade para fazer isso sozinha. Se você se identifica com os pais de Raj e tem dificuldade de fazer esse tipo de coisa, vai precisar desenvolver alguns sistemas para apoiar a organização e o acompanhamento. São necessárias cerca de dez semanas[7] para criar um hábito, e pode levar de dezoito a 254 dias para desfazê-lo.[8] Isso significa que é relativamente fácil aprender algo novo, mas é difícil desaprender. Você precisará ficar alerta aos padrões que te impedem de ser consistente. Crianças não são robôs que obedecem instantaneamente a nossos pedidos (não importa o quanto desejemos que sejam). Elas precisam que acompanhemos os padrões previamente estabelecidos de maneira consistente para realizarem o que é solicitado.

Limites e orientações devem se guiar pela energia da compaixão, da empatia, do amor e da delicadeza. A conexão amolece o coração dos seus filhos para qualquer correção que você tenha que fazer em apoio a seu bem-estar social, emocional e relacional.

Leo, de seis anos, sempre resiste aos pedidos da mãe. É raro que demonstre interesse em colaborar com ela. A mãe acredita que ele tenta manipulá-la ou enganá-la para conseguir o que quer. A estrutura cerebral de crianças de menos de sete anos não está madura o suficiente para desempenhar tarefas cognitivas tão avançadas, ainda que possa parecer que elas têm segundas intenções. A mãe é rápida em julgá-lo e criticar seus erros, e o rotula como uma criança má quando ele não se comporta, o que contribui para os atritos no relacionamento. A dinâmica é facilmente alterada com a mãe escolhendo liderar com compreensão para conquistá-lo: "Você não gostou quando te pedi para parar de brincar e se arrumar para dormir, não é?". Depois, ela pode oferecer uma correção clara e consistente: "Mesmo assim, não é legal bater a porta para expressar sua raiva. O que suas mãos furiosas gostariam de dizer agora?".

## QUANDO A DISCIPLINA EFICAZ NÃO "FUNCIONA"

Caso pareça que esse estilo de disciplina não está dando certo, reflita se não está faltando clareza, consistência ou conexão. Talvez você se saia bem mantendo a conexão, mas não é consistente ou não deixa as coisas claras. Talvez esteja expressando tudo com clareza o bastante, mas peque na questão do afeto ou da confiabilidade. Quando em falta ou em excesso, esses ingredientes essenciais fazem com que os pais se sintam derrotados e exaustos.

Em vez de acreditar que o estilo de disciplina não está sendo efetivo porque há algo de errado com a criança, conduza uma autoavaliação honesta. Quando você estabelece um limite, oferece uma correção ou dá um comando a seus filhos, quão claras são sua fala e suas expectativas? Quão estruturadas e consistentes são suas regras? Você às vezes permite que algumas coisas passem? Às vezes surta e outras vezes é paciente? Você opta por conexão ou crítica? Você sempre pode usar os exercícios da Parte 1 para explorar os motivos por trás das suas ações, sobretudo se elas não estão alinhadas com quem você deseja ser como mãe ou pai. Sendo assim, ofereça a si mesma/o a gentileza necessária para internalizar esses ensinamentos através de tentativa e erro. Da mesma forma que a experiência é a melhor professora para seus filhos, a vida é a melhor professora para todos nós.

### A PROPORÇÃO ENTRE SAQUES E DEPÓSITOS

Cada orientação que você transmite a seus filhos equivale a um saque na reserva emocional e física deles. Pará-los, redirecioná-los, corrigir seu comportamento ou repreendê-los por algo inapropriado e ensinar uma conduta mais aceitável tem um "custo" interno para a criança. O foco de interesse deles precisa ser interrompido para que sigam o que você está propondo. Saques são uma parte inevitável das relações humanas, por isso não fique com medo de ter débitos com seus filhos. No entanto, é possível compensar os efeitos desses débitos fazendo mais depósitos: brincando com eles, dizendo que os ama, demonstrando interesse por suas atividades e hobbies, dizendo que o trabalho duro deles não passa despercebido.

Para manter o equilíbrio da reserva emocional dos seus filhos, a proporção entre saques e depósitos deve ser de um para dez, ou algo parecido. A cada saque, procure fazer dez depósitos. Assim a criança não se cansará de seus pedidos, e o relacionamento permanecerá caloroso, colaborativo e genuinamente conectado.

Imagine-se em um restaurante. Da sua cadeira, você observa seus filhos se comportarem como se nunca tivessem ido a um estabelecimento onde se espera que certas regras sociais sejam seguidas. Você se pega corrigindo-os por vários motivos (todos legítimos): ficar pulando na cadeira, falar alto demais, brigar debaixo da mesa. É razoável da sua parte querer comer sem chutar uma criança embaixo da mesa por acidente. No entanto, lembre-se de que cada tarefa que você impõe é um saque na reserva emocional deles — reserva essa que já deve se encontrar um pouco baixa, porque você está esperando que seus filhos realizem algo socialmente desafiador. Tenha esses fatores de estresse em mente ao lidar com momentos parecidos do dia a dia.

É preciso encontrar o equilíbrio, por mais delicado que seja. Se criticar cada movimento de seus filhos, eles não vão gostar de sair para comer com você. Se optar pela passividade e permitir que façam o que quiserem, é você que não vai gostar de sair com eles. Prepare-se de antemão, levando jogos de cartas, livros de atividades, quebra-cabeças ou qualquer coisa acessível de que todos possam desfrutar. (Procure evitar telas, se possível. Elas impedem que seus filhos aprendam o tipo de atenção e resiliência que você está tentando ensinar.) Mantenha o foco no equilíbrio entre corrigir seus comportamentos e desfrutar da companhia deles como pessoas. Você pode pedir que seus filhos se sentem direito e, quando eles obedecerem, oferecer sua mão para um "toca aqui", com um sorriso no rosto. Esse tipo de interação tem liquidez: o reconhecimento positivo dos esforços deles cancela o saque.

## O QUE FAZER E NÃO FAZER NA DISCIPLINA EFICAZ

1. **Comece dando uma orientação por vez.** Isso fará com que as crianças sintam que conseguem ouvir instruções e segui-las. Quanto mais capazes elas se sentirem, mais motivadas ficarão a continuar tentando. Em vez de dizer "Lave o prato, guarde seus brinquedos, depois corra para o banho, porque já está quase na hora de ir dormir", diga "Leve seu prato para a pia, por favor". Depois que seus filhos estiverem fazendo isso de maneira automática, aumente o número de orientações.

2. **Estabeleça limites com clareza.** Diga a seus filhos o que você quer que façam, em vez do que não quer que façam. "Andando, por favor", em vez de "Sem correr". Se eles não entenderem o limite, é maior a chance de que o desrespeitem.

3. **Não dê uma orientação e vá embora sem o devido acompanhamento.** Seus filhos não vão te levar a sério. Além do mais, se eles têm dificuldade com organização (ou se são mais novos e suas habilidades nesse sentido ainda não estão plenamente desenvolvidas), a falta de acompanha-

mento costuma levar ao fracasso. Você se sentirá frustrada/o porque parecerá que seus filhos não ouviram. Isso pode ser evitado se você aguardar que eles completem qualquer que seja a tarefa pedida para só depois ir fazer outra coisa. Reconheço que o tempo pode ser curto (sempre é), mas as crianças não contam com seus anos de experiência prática com planejamento, organização e execução. Elas precisam de muita repetição antes que algo tão corriqueiro quanto a rotina da manhã, a de depois da escola e outras sejam seguidas naturalmente.

4. **Ofereça ajuda quando necessário.** Crianças *fazem* o que *podem*. Isso significa que, se não seguem o que foi pedido, é necessário ajudá-las. Em vez de dizer "Então tá, vou jogar todos os seus brinquedos fora se você deixar essa bagunça", diga "Estou vendo que manter seus brinquedos organizados é desafiador para você. Vamos trabalhar juntos. Faça uma pilha de bonecos. Vou fazer uma pilha de blocos de construção. Depois, podemos pensar em onde guardar as coisas e colar etiquetas com imagens nos lugares, para você não esquecer". A perspectiva da criança é validada, o problema é definido e a solução é discutida de maneira colaborativa.

5. **Tenha um plano para circunstâncias novas ou difíceis.** Situações como o primeiro dia de aula, uma nova babá ou uma atividade extraclasse diferente podem apresentar desafios inesperados. Se uma experiência é nova para seus filhos, você deve ajudá-los a compreender as expectativas com clareza e procurar antecipar quaisquer limites que talvez precise sustentar. Por exemplo, se uma criança vai começar a treinar futebol de salão, explique: "É numa quadra fechada, então pode ser barulhento, e é

provável que haja várias turmas jogando ao mesmo tempo". Deixe os limites claros: "Podemos ir, e você joga quando sentir que está pronto. Vou ficar na arquibancada o tempo todo. Se não quiser jogar, pode esperar comigo na lateral da quadra até querer".

Situações difíceis bastante comuns envolvem a rotina da manhã e da hora de dormir, brigas entre irmãos, o corredor de doces do mercado, lojas de brinquedos e tempo de tela. Planejar as expectativas e os limites com as crianças as torna parte do processo, e contribui para mais alegria e paz em casa. Se você sabe que seu filho tem dificuldade de sair do mercado sem ter um "curto-circuito" emocional porque quer comprar doce, explique o plano antes de ir: "Vamos ao mercado comprar X, Y, Z. Você pode escolher uma coisa que queira". Seja específica/o quanto às opções e clara/o quanto ao limite: "Mesmo que você sinta raiva, grite e chore, só vamos comprar uma coisa para você". É ao plano que você recorre para conter seus sentimentos e não sair da linha.

Peça que a criança repita o plano para confirmar que ela o compreendeu. Então faça um depósito: "Olha só como trabalhamos bem juntos! Parabéns pra gente!". Depois que a criança honrar o limite, faça um comentário positivo: "Obrigada/o por ter colaborado comigo. Eu disse que você só ia poder escolher uma coisa. Você escolheu, e manteve a tranquilidade em todo o processo. Muito bom! Como conseguiu?"

6. **Não diga "Por que você fez isso?".** A resposta provavelmente vai ser "Não sei", e esse tipo de pergunta tende a envergonhar a criança. Ela duvida de si mesma e se sente questionada por você, o que abre a porta para sentimentos de insegurança e corrói a autoconfiança.

Em vez disso, pergunte: "O que estava acontecendo dentro de você quando fez essa escolha?". Se a criança precisar que você seja mais específica/o, tente: "O que estava passando pela sua cabeça? O que você estava sentindo?". Em seguida, faça a relação entre o que ela estava pensando e sentindo e o que fez.

Por exemplo: "O que estava acontecendo dentro de você quando escolheu mentir sobre quantas balas comeu?". A criança pode responder algo como: "Fiquei com medo de me encrencar. Não queria que você ficasse com raiva". Então você faz as relações necessárias: "Entendi. Você ficou com medo de se encrencar, e escolheu mentir para evitar uma punição". Então ofereça empatia e correção: "Meu amor, aqui em casa não punimos ninguém, e você nunca vai se encrencar por dizer a verdade. Agradeço por ter dito agora. Todos cometem erros, e você comeu mais do que estava combinado, o que vai deixar seu irmão sem. Por favor, decida com ele como pode compensar os doces a mais que comeu". (Aqui você ganha pontos extras se conseguir ver que a questão está relacionada a impulso e controle e criar mais estrutura na rotina diária da criança para apoiá-la no desenvolvimento do autocontrole.)

7. **Concentre-se na regra, e não na exceção.** Reagir de maneira exagerada às vezes, pedir desculpas e se reparar de maneira intencional não é o mesmo que usar disciplina punitiva consistentemente para conseguir que seus filhos obedeçam. Se você tem um crítico interno que gosta de apontar cada passo em falso seu, escreva uma lista de todos os avanços e retrocessos ao longo da semana para enxergar com mais clareza o que está acontecendo na sua casa. Quase todos os clientes a quem peço que façam isso

chegam à sessão seguinte com uma sensação de alívio, por terem se dado conta de que não estavam errando tanto quanto achavam. Aposto que com você é igual.

## CONSEQUÊNCIAS DEVEM VIR NATURALMENTE, NÃO SER IMPOSTAS

Com frequência, ouço coisas como "Se eu não impuser consequências a meus filhos, como vão aprender a não repetir certos comportamentos?", ou "Meus filhos estão se comportando mal e precisam sofrer as consequências disso. Não quero que se tornem adultos mimados, que acham que podem tudo. Sou a mãe/o pai. O que eu digo tem importância".

Esses medos comuns são sustentados por um sistema social que interpreta mal as motivações e intenções das crianças. Esquecemos que as crianças vivem suas primeiras experiências sob nossos cuidados. Elas não sabem o que é aceitável e o que é inaceitável, e cabe a nós ensiná-las com gentileza e respeito, sem ser "moles" ou permissivos demais.

Não sou contrária à ideia de consequências. Esse é um termo neutro que implica uma reação a uma ação. Fazemos escolhas todos os dias, e escolhas diferentes implicam consequências. Se eu ficar acordada a noite toda, vou ter que lidar com exaustão e confusão mental no dia seguinte. No entanto, em se tratando de filhos, no geral usamos o termo "consequências" como algo que os pais precisam "impor" para que eles "aprendam" a não fazer algo que não queremos que façam. Não apoio essa ideia de consequências impostas pelos pais na maioria das circunstâncias, porque elas funcionam como punições e enfatizam os pais como motivadores do bom comportamento, em vez de permitir que as crianças encontrem dentro de si mesmas a motivação para se comportar de maneira mais apropriada e flexível.

Consequências naturais, por outro lado, convidam as crianças a vivenciar relações de causa e efeito. Permitir que elas sintam as consequências naturais de suas decisões as ensina a analisar suas escolhas e procurar dentro de si o caminho a seguir. Um exemplo de consequência imposta seria: "Como você não entrou no carro quando mandei, não vamos tomar sorvete depois". A criança pode "aprender" a correr para o carro assim que você mandar, porém, quanto mais você recorre a isso, mais o cérebro dela precisa de uma motivação externa — você ameaçando retirar o sorvete — para seguir instruções.

Com o tempo, os pais acabam se cansando de impor consequências, porque é a única coisa capaz de manter a criança na linha. Policiar cada ação de uma pessoa para garantir que seja adequada não é agradável para ninguém.

O melhor que você pode fazer por seus filhos é oferecer orientações claras e consistentes: "Precisamos entrar no carro logo para que dê tempo de tomar sorvete depois". Se a criança enrolar, a consequência natural pode ser: "Sinto muito, mas não vai dar tempo de tomar sorvete. Eu precisava mesmo que você se apressasse quando pedi. Na próxima vez talvez a gente consiga". A consequência deve ocorrer naturalmente e ser apropriada ao problema em questão. Se você precisar pensar em uma consequência para ensinar uma "lição" a seus filhos, então ela não é natural.

| EXEMPLOS DE CONSEQUÊNCIAS NATURAIS |
| --- |
| A criança se recusa a manter o quarto arrumado.<br>Consequência imposta: A criança fica de castigo até que seja capaz de manter o quarto arrumado.<br>Consequência natural: Você e a criança dão uma olhada em tudo e doam o excesso de coisas.<br><br>A criança se recusa a fazer a lição de casa.<br>Consequência imposta: Você passa tarefas domésticas para ela, para que "aprenda o que é bom".<br>Consequência natural: Ela tira 0 na lição daquele dia.<br><br>A criança bate em um colega.<br>Consequência imposta: Você a manda para a cama sem jantar.<br>Consequência natural: A brincadeira termina; a outra criança não quer mais ser amiga dela; ela precisa encontrar uma maneira de se reparar para manter a amizade.<br><br>A criança desenha com giz de cera na parede.<br>Consequência imposta: Você destrói algo dela para que "sinta na pele como é".<br>Consequência natural: Ela precisa limpar a parede, o que consumirá um tempo que poderia ser dedicado a outra coisa. |

Se a criança estiver sofrendo a mesma consequência natural repetidamente, talvez ainda não conte com as habilidades necessárias para conseguir fazer o que você está pedindo. Nesse caso, simplifique a tarefa para torná-la mais acessível. Se ela estiver lendo um livro a menos por noite porque enrola tanto que não sobra tempo para a rotina do sono completa, simplifique as orientações na hora de ir dormir. Apresente à criança um quadro visual para que ela possa identificar facilmente o que você espera, e ensine-a a recorrer ao quadro sempre que se desviar da tarefa.

A não ser que se trate de uma situação perigosa, o melhor é se manter fora do caminho e deixar que a criança aprenda através das consequências naturais. Permita que ela cometa os próprios erros e a ajude a processar como as decisões que tomou levaram ao que aconteceu. Você também pode incentivar a criança a pensar em escolhas alternativas que poderia ter feito e nos possíveis resultados delas. Processando os erros dessa maneira, você estabelece a base para ver deslizes e equívocos como uma parte normal e importante da vida, em vez de algo a ser temido e evitado a todo custo.

## UMA PALAVRA SOBRE ROTEIROS

A cultura dos influenciadores de redes sociais — ainda mais quando se trata da criação dos filhos — fez um desserviço aos pais ao convencê-los de que é preciso dizer palavras específicas aos filhos para "acertar". Embora eu ofereça algumas sugestões, nunca dou roteiros a serem repetidos, como se fossem capazes de transformar todas as suas interações diárias com eles em um passe de mágica. A forma como você se comunica em momentos difíceis importa. A forma como você lê o que há por trás do comportamento dos seus filhos, sua linguagem corporal, sua escolha de palavras e suas ações acabarão por influenciar como eles se sentem em relação a si mesmos, seus relacionamentos e o mundo que os cerca.

Você não é um artista atuando em uma peça, e sim uma mãe ou um pai tentando melhorar seu relacionamento com os filhos. Aplaudo você por isso. Não quero que sinta o cérebro derretendo, que fique em dúvida se está dizendo as palavras certas, que torça para que alguém surja com uma resposta perfeita para te tirar de uma interação estressante. A disciplina eficaz exige que você saia do racional e se ancore em seu corpo, esteja presente no momento, pare e ouça verdadeiramente a si mesma/o e a seus filhos. Ela é medida não por uma criança perfeitamente comportada, mas por nossa disposição a falhar, conversar sobre nossos deslizes, encontrar amor no processo e seguir em frente. Tudo bem se você se atrapalhar com as palavras ou se sentir desconfortável quando falar com seus filhos sobre uma questão disciplinar. Crianças valorizam a autenticidade — são ótimas em identificar papo furado, e se sentirem que alguém está sendo condescendente com elas podem simplesmente não ouvir.

## ISSO VALE O SEU TEMPO

Muitos pais já me disseram: "Essa abordagem consome muito tempo e energia. Não tenho tanto a oferecer". A verdade é que o tempo é gasto de uma maneira ou de outra. Você pode usar seu tempo brigando e gritando com seus filhos, colocando-os de castigo e policiando constantemente seus comportamentos até que eles se rebelem na adolescência, ou pode investir seu tempo ajudando-os a compreender seus comportamentos, a aprender sobre limites, a se responsabilizar pelas coisas e a descobrir maneiras construtivas de se expressar. As pesquisas são evidentes demais para que ignoremos o fato de que investir tempo quando o cérebro das crianças ainda está em desenvolvimento e elas ainda querem aprender conosco vale a pena.

O relacionamento entre pais e filhos é especial porque a maneira como escolhemos nos relacionar com eles prepara o terreno para como vão se apresentar instintivamente em seus relacionamentos com outras pessoas pelo resto da vida. As crianças aprendem se podem errar e decepcionar os outros com base em como reagimos a elas. Aprendem a querer agradar excessivamente às próprias custas quanto mais transacionais somos com nosso tempo, nossa presença e nosso afeto. Aprendem a estabelecer e manter seus limites dependendo do exemplo que damos e do que permitimos em nosso relacionamento com elas.

Quando tratamos nossos filhos da maneira respeitosa, compassiva e consistente que procurei expor ao longo deste livro, ensinamos a eles como merecem ser tratados no mundo e como devem tratar as pessoas que encontrarem pelo caminho. Não quero soar exagerada, mas mudamos o mundo dependendo da forma como escolhemos apoiar nossos filhos na infância.

Limites claros, consistentes e conectados criam um continente seguro dentro do qual nossos filhos podem explorar o mundo com liberdade. À medida que eles começam a reagir a nossos limites, podemos começar a convidá-los a compartilhar suas opiniões e a dar ideias de como resolver os problemas que enfrentamos, dando-lhes mais responsabilidades (e mais oportunidades de "falhar" e aprender com seus erros).

Isso não quer dizer que nossos filhos sempre terão a palavra final. Muitos pais temem que, como resultado da colaboração, os filhos assumam o comando. Se pisamos em ovos quando o assunto são os sentimentos deles porque temos medo da sua reatividade emocional, então sim, é muito provável que eles assumam o comando (mas só porque permitimos que isso ocorra). No entanto, se você incorporar os ensinamentos deste livro, esse cenário dificilmente se tornará realidade. Procure lembrar que às vezes você tomará a decisão porque é razoável e porque isso atenderá às necessidades de toda a família da maneira mais justa e diplomática possível. Outras vezes seus filhos farão pedidos razoáveis, que você poderá atender. Não há um conjunto de regras fixas a seguir independente das circunstâncias. Você só precisa se comprometer a estar presente no momento, ficar alerta a seus próprios gatilhos e projeções inconscientes e se sintonizar com os pensamentos, os sentimentos e as necessidades das crianças. Essa é a mentalidade capaz de transformar você em alguém que domina a arte da interpretação e realiza intervenções eficazes sempre que seus filhos precisarem.

Reconheço que há muitas mães e pais que se desdobram para dar conta de tudo e garantir o sustento dos filhos. Se for o seu caso, quero que saiba que tornar a conexão um hábito em momentos desafiadores, mesmo que seu tempo seja muito limitado por causa da opressão do trabalho, vai ensiná-los a transformar conflito em diálogo, e por fim em conexão.

# PARTE 3
# CUIDANDO DE TODA A FAMÍLIA

# 10. Lidando com a dinâmica entre irmãos

Criar mais de um filho exige muito dos responsáveis. Não apenas é preciso lidar com diferentes personalidades como também encontrar constantemente maneiras criativas de manter a dinâmica familiar em harmonia. É raro, ou até impossível, que alguém consiga criar dois filhos de maneira exatamente igual, porque cada criança desperta algo diferente nos pais. E os pais são versões diferentes de si mesmos com cada criança.

Minha cliente Katie era uma mãe solo extremamente leal às duas filhas, Claire e Vera, que tinham personalidades opostas. Claire era franca, rebelde e dava trabalho; Vera era ansiosa, apegada à mãe e louca para agradar. Como costuma acontecer entre irmãos, as duas com frequência disputavam a posição de preferida. "Por que você deixa a Vera fazer coisas que eu não posso fazer?", Claire perguntava. Vera sentia que não recebia tanta atenção quanto a irmã, o que não deixava de ser verdade, porque Claire tinha dificuldade de regular suas emoções e seu comportamento em virtude de um transtorno do déficit de atenção com hiperatividade (TDAH).

Katie estava sempre em cima de Claire. Sua intenção era corrigir qualquer deslize para impedir que as crises épicas (e em geral violentas) da menina ocorressem. Ao longo de anos, Vera acompanhou esse padrão, até que começou a espelhar a ansiedade da mãe. Ela também passou a minimizar suas necessidades e a ceder às exigências de Claire, o que criava descontentamento e ressentimento na família. Katie via muito de si em Vera, e se pegava querendo "protegê-la" da irmã. Sem perceber, ela interferia no relacionamento das duas desde o começo.

## O RELACIONAMENTO ENTRE IRMÃOS

O relacionamento entre irmãos pode ser desafiador. Os pais muitas vezes se alinham sem perceber à criança que complementa suas próprias necessidades — por exemplo, sua natureza sossegada pode levar a conflitos com uma criança de temperamento forte, e você se sente mais à vontade com uma criança tranquila, feliz em seguir o fluxo. Independente do que pensamos, os filhos *sempre* vão notar qualquer sinal de tratamento preferencial e apontá-lo. Em geral, em vez de pararmos um momento para refletir sobre essa acusação, respondemos na defensiva e culpamos as crianças por não estarem à altura das nossas expectativas: "Bom, seu irmão não dá tanto trabalho quanto você, então é bem mais fácil lidar com ele. Mas amo os dois da mesma forma".

Muitos pais têm mais de um filho achando que darão ao primeiro um melhor amigo para a vida toda, sem se atentar para a pressão enorme que essa expectativa impõe à criança. Pense que precisa ser menos uma questão de "Te dei um irmão para que você sempre tenha um melhor amigo" e mais de "O vínculo entre irmãos é especial, e vou ensinar vocês a tocar a vida juntos". Em geral os relacionamentos entre irmãos se provam os mais longos da nossa vida, o que não significa que sejam automaticamente harmoniosos e agradáveis. Pode haver um choque de personalidades ou uma divergência de interesses. É preciso fazer um esforço intencional para ajudar as crianças a respeitarem suas diferenças inatas, descobrirem pontos em comum e celebrarem a individualidade na família.

Ter mais de um filho sempre complica a dinâmica familiar. Com mais bocas para alimentar e bumbuns para limpar, há mais caos e mais pressão, mas também mais risadas e brincadeiras. Irmãos têm o benefício de poder praticar suas habilidades sociais um com o outro. Ao mesmo tempo, você pode se ver menos regulada/o para dar o exemplo e ensinar habilidades importantes a seus filhos por conta da sobrecarga que os cuidados com eles envolvem. Dois filhos não dão apenas o dobro de trabalho, como os pais sabem muito bem. É mais como o triplo ou o quádruplo.

Muitos pais são avessos a conflitos, e todos temos a reação quase involuntária de escolher um lado em caso de embate entre os filhos. Nosso instinto é sempre culpar alguém em vez de mediar a situação, ouvindo ambos os lados e buscando uma solução boa para todos. Em vez de ajudar nossos filhos a desenvolverem suas habilidades de resolver problemas, nós nos comportamos como crianças e apontamos o dedo, interferindo no relacionamento entre irmãos e concentrando os conflitos em quem ganhará nossa aprovação e quem se mostrará do lado errado.

Quando Claire se irritava porque Vera vivia pegando seus brinquedos, Katie tomava o partido de Vera e justificava suas ações: "Sua irmã é pequena e não reclamou quando você pegou os brinquedos dela. A Vera não faz de propósito. Procure outra coisa para fazer enquanto ela brinca". A mensagem que Claire recebia era de que, não importa quão injusto o comportamento de Vera parecesse, a mãe sempre ficaria do lado dela. Quando as crianças percebem essas pequenas injustiças, muitas vezes o comportamento negativo se agrava, assim como a tensão entre os irmãos, que testam repetidamente a lealdade dos pais.

Para incentivar de maneira mais eficaz a colaboração entre seus filhos, você precisa primeiro identificar se está agindo com base em antigas feridas, decorrentes do relacionamento com seus próprios irmãos. Katie era a mais nova de cinco filhos, e costumava se sentir negligenciada na infância. Seus pais dedicavam bastante energia aos mais velhos, e quando chegava a vez dela sempre estavam cansados demais para apoiá-la como precisava. Katie muitas vezes era provocada, humilhada e ridicularizada pelos irmãos, um padrão comum em famílias disfuncionais. Quando pedia ajuda aos pais, eles diziam "É só não brincar com eles", o que não a ajudava muito no sentido de defender suas necessidades, interromper os maus-tratos e resolver conflitos em vez de fugir.

O abuso entre irmãos é uma forma subnotificada e subestimada de bullying. Não estamos falando de rivalidade, comum em muitas famílias, que envolve discussão, inveja e competição, em geral com o objetivo de ganhar a atenção dos pais. O abuso entre irmãos envolve atos indesejados e repetitivos com o objetivo de ferir, manipular ou coagir, por exemplo obrigando um irmão a fazer coisas, debochando dele, intimidando-o com ameaças, envergonhando-o, xingando-o constantemente, batendo, cutucando, imobilizando, puxando o cabelo, abusando sexualmente. Em ambientes onde não impera uma disciplina eficaz, irmãos mais velhos podem ser levados a descontar sua raiva nos mais novos, que muitas vezes querem agradá-los, o que só perpetua o ciclo de abuso de poder e a vitimização crônica.

Acredita-se que até 80% das crianças sofrem maus-tratos por parte dos irmãos, no entanto isso raramente é abordado de maneira apropriada. Esse comportamento é aprendido através do exemplo dos pais, de maneira aberta ou não. Muitos pais acreditam que interações nocivas são normais entre irmãos e não reconhecem que podem causar trauma no longo prazo.[1]

Katie precisou reconhecer que a raiva que sentia por não ter sido protegida das agressões verbais dos irmãos mais velhos era o que a levava a escolher o lado de Vera, e assim projetar sua necessidade de poder na infância sobre Claire, de certa maneira transferindo seu fardo à filha.

O comprometimento de Katie permitiu que ela refletisse e fizesse uma opção consciente por um novo estilo de interação quando as filhas entravam em conflito. Em vez de reagir, Katie aprendeu a abrir espaço para sua parte ferida, mas também para o que suas duas filhas sentiam no momento. Agora, quando Claire reclama porque Vera pegou seus brinquedos, a mãe responde: "Vamos tentar resolver juntas esse problema entre irmãs".

### MOTIVOS DE RIVALIDADE ENTRE IRMÃOS

A seguir, enumero alguns temas que costumam alimentar a competição, a inveja e uma sensação geral de desconexão entre os irmãos (conforme observei em meus atendimentos):

- A criança mais velha se sente substituída pela mais nova e mais fofa.
- Uma criança recebe mais atenção que a outra, por qualquer que seja o motivo (inclusive por apresentar comportamento negativo).

- Uma criança não está bem e desconta na outra.
- Uma criança se vinga de algo que aconteceu mais cedo.
- A criança mais velha é encarregada de cuidar da mais nova, o que muitas vezes leva a ressentimento. Por exemplo, alguém de doze ou treze anos que fica de babá dos irmãos mais novos, ou alguém no ensino médio que leva os irmãos mais novos de carro para lá e para cá. Não estou dizendo que é má ideia pedir que os filhos mais velhos se envolvam com a rotina da casa; no entanto, preste atenção se não há piora na rivalidade e na competição. Nesse caso, experimente exigir menos deles e verifique se isso melhora o relacionamento.
- A criança mais nova se safa de tudo porque é menor.
- A criança mais velha fica com a culpa de tudo porque é maior e "já deveria saber".
- Perguntar a um/a filho/a porque ele/a não pode ser como o/a outro/a.
- Elogiar demais e favorecer claramente uma criança e criticar e/ou humilhar a outra.
- Diferenças significativas nas habilidades. Por exemplo, quando uma das crianças tem uma deficiência ou é neurodivergente, pode haver expectativas tácitas (ou explícitas) de que os outros filhos sejam mais independentes, para que os pais possam apoiar melhor a criança PCD. Essa pode ser uma dinâmica complexa, portanto costumo sugerir terapia em família para trabalhar com as questões decorrentes dessa situação.

## SEM COMPARAÇÃO, SEM COMPETIÇÃO

Na infância, nossos pais e professores costumavam comparar minha irmã mais nova, LaDare, e eu. Tínhamos apenas treze meses de diferença de idade e nossas personalidades não podiam ser mais diferentes, mas ela sentia que vivia à minha sombra. Eu ficava irritada com como esperavam que LaDare fosse uma cópia minha. Professores escarneciam dela com perguntas como "Por que você não pode ser mais como a Bryana?". Em vez de vê-la como outra pessoa, engraçada e com um talento único para o cuidado, esperavam que ela fosse como eu, o que teve um impacto negativo em nossa relação.

Quando éramos pequenas, LaDare reclamava que eu era espalhafatosa demais e a envergonhava, algo com que minha mãe concordava, alimentando a competição entre nossas maneiras intrinsecamente diferentes de expressão. Minha mãe insistia que eu não ficasse por perto quando as amigas de LaDare vinham em casa, o que só contribuía para o clima de rivalidade e para nos distanciarmos uma da outra. Minha irmã, muito engraçada e boa de conversa, sempre fora muito melhor do que eu em fazer amizades, algo que eu mais invejava do que admirava. Eu era muito sensível, e quando LaDare começava a debochar de mim era elogiada por sua inteligência, enquanto eu era ridicularizada por me magoar com facilidade — outro motivo de rusgas entre nós.

Os anos de comparação crônica em um ambiente competitivo destruíram nossa relação. A única coisa que nos mantinha juntas era o fato de sermos parentes, o que era péssimo. Decidi que queria melhorar as coisas, que queria conhecer LaDare de verdade e que ela me conhecesse também. Então fui clara quanto a meus limites envolvendo os comportamentos que me provocavam vergonha, e desde então reparamos o que não tínhamos como abordar na infância.

Grande parte da dor e do ressentimento entre irmãos poderia ser evitada se os pais aprendessem a promover relacionamentos saudáveis e colaborativos desde o início. A comparação (em especial quando feita por adultos) não tem lugar na dinâmica entre irmãos. É da natureza das crianças se comparar umas às outras. Na verdade, todos nos comparamos para medir nosso sucesso e nossa competência. Seus filhos já estão notando as diferenças que têm em relação aos irmãos. Uma criança pode ver que outra gosta de estudar e temer estar falhando, porque a escola não parece tão fácil para ela. Quando adultos fazem comentários como "Você precisa melhorar suas notas, como sua irmã", mesmo sem intenção, dão crédito à autoavaliação da criança. Ela acredita: *Estou falhando. Simplesmente não estou à altura. Não adianta.*

Quando crianças são comparadas — e principalmente quando são rotuladas —, o tiro costuma sair pela culatra. Quando você diz sobre um filho "Ele é o inteligente da família", os outros filhos ouvem "O único inteligente". Quando você diz sobre uma filha "Ela é a esportista da família", os outros filhos ouvem "A única esportista". Rotular e comparar crianças só as coloca umas contra as outras, forçando-as a competir por um "título". Enzo talvez pense: "Se Gianna começar a se sair bem nos esportes, vai ser ruim para mim! Se eu não for mais o melhor nos esportes, meus pais não vão me amar e me querer". E as chances de que ele chegue a essa conclusão são ainda maiores se o fato de ser identificado como "o esportista da família" fez com que recebesse mais amor e carinho dos pais. Pode não parecer racional, mas é assim que a mente das crianças funciona.

Embora a comparação pareça ser da natureza humana, precisamos desestimulá-la, porque ela leva à competição. Por exemplo, depois de ouvir que Gianna é uma excelente jogadora de beisebol, Enzo pode começar a provocá-la: talvez ele diga que a irmã fica ridícula de chuteira e que deveria fazer dança, porque meninas não são boas no beisebol. De repente, as sementes da rivalidade foram plantadas, e as crianças passam a competir pelo título — e pela sua atenção.

Quando a comparação e a competição são tiradas de cena, cria-se mais espaço para a colaboração.

- Resista ao impulso de rotular seus filhos (ex.: "Este é o boa-praça"). As crianças podem ter os mesmos interesses ou não, e isso não importa. Concentre-se no que torna cada uma única e incentive-a a encorajar os interesses e hobbies dos outros.
- Procure não tornar uma criança exemplo para ensinar algo à outra.
- Não estimule a competição entre seus filhos: eles devem trabalhar juntos. Em vez de dizer "O primeiro a entrar no carro ganha!", experimente: "Temos cinco minutos para entrar no carro. Quero só ver se conseguem trabalhar juntos para ser o mais rápidos que puderem. Encontro vocês lá!".
- No caso de crianças com mais de oito anos, considere a possibilidade de passar trabalhos em equipe. Em vez de "Quem limpar mais ganha um bônus na mesada", diga "Preciso que todos trabalhem juntos na limpeza do banheiro e da cozinha, por favor!".
- Disponibilize itens "comunitários", para que seus filhos aprendam a dividir, e itens pessoais, pelos quais cada um deles é responsável. Ajude-os a aprender a estabelecer limites no que se refere a seus itens pessoais, assim como a se revezar para usar o que está disponível para todos.

- Dê comida primeiro a quem tem mais fome. Você não vai conseguir atender às necessidades de todos ao mesmo tempo. Às vezes uma criança vai exigir mais atenção, e você vai precisar se dedicar a ela antes. Esperar é uma lição importante a se aprender quando temos irmãos. Se uma criança sempre "sente mais fome", certifique-se de explorar possíveis fatores de estresse e necessidades que possam não estar sendo atendidas no caso dela, e se esforce para estar presente para os outros filhos de maneira mais intencional.
- Concentre-se no problema do momento. Resista ao impulso de recorrer ao histórico. Em vez de "Você sempre interrompe a aula de piano dele!", procure se conectar com as necessidades da criança na afirmação do problema: "Sei que é difícil para você esperar que a aula acabe, mas seu irmão precisa que você busque respeitar esse limite, por favor. Ele precisa se concentrar".
- Quando eles disserem "Não é justo!", não morda a isca. Em vez de responder "Eu fiquei do seu lado da última vez, portanto você deveria mostrar gratidão", concentre-se na necessidade que está por trás desse protesto: "Fale mais sobre o que está acontecendo dentro de você, quero entender".

## PROMOVENDO O ESPÍRITO COLABORATIVO

Conflito é uma parte inevitável da vida. Em vez de jogar lenha na fogueira, podemos ajudar nossos filhos a aprender a lidar com ele promovendo um espírito de colaboração. Ao incorporar o espírito colaborativo, você e sua família se alinham contra a situação desafiadora, o que ensina as crianças a verem o problema como o problema, em vez de verem uma à outra como o problema. No estilo tradicional de criação de mais de um filho, que envolve encontrar um culpado, as crianças não aprendem a lidar com os problemas juntas, mas a atacar umas às outras (às vezes no sentido figurado e às vezes no literal) para evitar punição, julgamento e vergonha.

O espírito colaborativo nem sempre vem com naturalidade. Lidar com as necessidades de mais de uma pessoa, tentar ser justa/o e ter suas próprias reações internas pode obscurecer seu julgamento e tornar mais difícil estar presente no momento com seus filhos. Invalidar, diminuir, negar ou rejeitar as crianças muitas vezes leva a mais problemas entre irmãos e a menos resoluções de conflitos.

**Culpar leva à vergonha**

Filha: "Johnny pegou meu brinquedo e não quer devolver! Odeio ele!".

Você: "Não é legal dizer isso. Você estava brincando com o que ele pegou?".

Filha: *Ela não entende. Acha que sou má.*

Filho: *Eu sabia que podia contar com a mamãe contra minha irmã malvada!*

**Acusações levam à busca de vingança**

Filha: "Johnny pegou meu brinquedo e não quer devolver! Odeio ele!".

Você: "Johnny, você sabe que é o brinquedo preferido dela. Devolve agora!".

Filha: *Eu estava certa e ele estava errado.*

Filho: *Mal posso esperar pra dar o troco.*

**Falta de direção não leva a lugar nenhum**

Filha: "Johnny pegou meu brinquedo e não quer devolver! Odeio ele!".

Você: "Vocês não têm jeito mesmo. Quando vão aprender a ser amigos?".

Filha: "Devolve!".

Filho: "*Não!* Está comigo".

(Segue-se mais caos.)

**Punição leva a desconexão**

Filha: "Johnny pegou meu brinquedo e não quer devolver! Odeio ele!".

Você: "Quer saber? Já que não conseguem se comportar, vou tirar o brinquedo dos dois!".

Filha: *Ele sempre estraga tudo!*

Filho: *Ela sempre estraga tudo!*

Repare que a intervenção do adulto não buscou o espírito colaborativo das crianças em nenhum dos cenários anteriores. Repare também em como as crianças podem internalizar nossas tentativas de pôr um fim a seus conflitos. Ajudar nossos filhos a se darem bem entre si é uma das maiores dificuldades da parentalidade, mas nem sempre a intervenção é necessária. Quando se tratar de um conflito menor, ofereça a seus filhos a oportunidade de se resolverem sozinhos. Brigas entre crianças são normais, por mais que nos irritem. Procure ignorar; porém, se as coisas esquentarem (ou se você sentir que alguma assistência é necessária), intervenha com a intenção de ajudá-los a mudar sua perspectiva para resolver o problema juntos. Isso os auxiliará a desenvolver empatia, chegar a um meio-termo quando necessário e se responsabilizar por eventuais deslizes.

Quando você promove o espírito colaborativo de maneira consistente, vê mudanças notáveis nas discussões e brigas entre seus filhos. A seguir, apresentarei quatro passos que, se implementados no seu dia a dia, garantirão que seus filhos:

- Aprendam a desacelerar, em vez de subir o tom, quando estiverem diante de um problema.
- Ouçam melhor você e os irmãos.
- Se comuniquem com mais inteligência emocional e mais presença.
- Se sintam mais preparados para lidar com passos em falso.
- Apliquem essas habilidades com outras pessoas ao longo do tempo.

### PASSO 1: SEPARE

A separação deve ser usada em altercações físicas ou quando os gritos se tornam tão intensos que todos precisam parar por um momento para acalmar os ânimos. Diga: "OPA! Isso não é seguro. Vou ter que separar vocês. Criança A, vá para lá. Criança B, vá para lá. Quando estivermos todos calmos, vamos retomar a discussão".

Gritar "O que está acontecendo aqui?", "Quem começou?" ou "No que vocês estavam pensando?" envergonha em vez de ajudar as crianças a retornarem à segurança rapidamente, o que deve ser prioridade em tais circunstâncias. Não permita que seus filhos se agridam. Precisamos ser cuidadosos para não normalizar o estereótipo de gênero de que irmãos do sexo masculino saem na mão porque "são meninos". Todas as crianças precisam aprender a se regular emocionalmente e controlar impulsos.

Crie uma distância física entre seus filhos. Em cenários mais intensos, talvez você tenha que fazer isso com as próprias mãos. Se seus filhos tiverem mais de sete anos e altercações dessa natureza forem a regra e não a exceção na sua casa, sugiro terapia em família. Pode haver fatores subjacentes, como neurodivergência, que precisam ser abordados para que se chegue a uma solução.

O tom de voz que você usa ao intervir é importante. Se demonstrar hesitação ou ansiedade quando for fazê-los parar, seus filhos sentirão sua insegurança. Se falar de maneira autoritária, irritada ou exagerada, eles reagirão ao seu estresse. Se sua voz comunicar medo ou fúria, pode ser que não te levem a sério e o conflito continue se exacerbando. Sua missão é conter o caos, separando-os, e abrir espaço imediato para a conexão, mantendo um tom claro, neutro e firme. Lembre-se: você pode ser ao mesmo tempo severa/o e respeitosa/o. Quando o comportamento físico dos seus filhos está saindo do controle, seu tom deve ser sério e direto, mesmo que eles não "gostem". Isso não causará nenhum dano, e você não precisa garantir que seus filhos "gostem" de ser corrigidos.

Quando você começar a pôr isso em prática, seus filhos vão reclamar: "Ele que começou!", "Ela disse que meu desenho ficou feio!", "Não é justo, não fiz nada de errado, não tenho culpa!". Vão continuar expressando sua fúria. E tudo bem. Pare, respire e se lembre de que vai passar.

Caso seus filhos se recusem a se separar, talvez um tom mais firme e sério seja necessário. Tome o cuidado de evitar ameaças: "Cada um para um lado, ou nada de treino de beisebol". Quando você reage assim, abre a porta para uma disputa de poder: está colocando o foco na sua necessidade de controlar, em vez de na necessidade deles de cooperar com você e um com o outro. Além disso, esse tipo de reação só os deixa mais inflamados e diminui a disposição de colaborar com você.

Firmeza e seriedade é algo do tipo: "Vocês podem se separar por conta própria agora ou posso ajudar". Conte até três e siga em frente. Tome cuidado, porque você é muito mais forte que seus filhos. Sua consistência e previsibilidade na sustentação do limite os ajudarão a respeitar a orientação. Se o conflito é entre uma criança maior e outra menor (por exemplo, uma criança que já anda e um bebê), você terá que agir rápido: "Criança maior, contenha seu corpo". Em seguida, pegue o bebê e explique: "Nossos corpos não estão agindo com segurança. Precisamos nos separar por um momento". A criança maior pode ficar chateada, e tudo bem. A integridade física de todas as crianças é a prioridade.

Em minha prática, observei que muitos pais se apressam em separar as crianças, enviando assim a mensagem de que elas não são capazes de se resolver sozinhas. É claro que a intenção é ajudar a encerrar a briga. No entanto, se as crianças aprendem que precisam que os pais as impeçam e as direcionem em momentos de conflito e perigo, isso prejudica o desenvolvimento e aumenta a dependência delas. Por isso, guarde essa medida para brigas físicas, quando a segurança estiver em risco. Ou, no mínimo, para quando elas estiverem gritando tanto que, se você não intervier, a coisa pode sair dos trilhos e se tornar arriscada ou perigosa. Aguarde até que seus filhos estejam mais regulados antes de seguir para o próximo passo.

### PASSO 2: VALIDE

Quando as coisas estão acaloradas e seus filhos precisam de apoio, valide a perspectiva de ambas as crianças sem ficar do lado de ninguém: "Criança A, o que aconteceu pra você? Criança B, o que aconteceu pra você?". Depois reflita o problema para eles, como o ouviu: "O que eu ouvi foi...".

Assim, você ensinará seus filhos a ouvirem múltiplas perspectivas, em vez de dizer a uma criança que ela está certa ou supor que a culpa é de alguém. Concentre-se em criar um espaço no qual todos os lados possam ser ouvidos e compreendidos.

> Você: "Ei, pessoal, vamos fazer um intervalo para analisar isso. Wren, o que aconteceu pra você?".
>
> Wren: "Theo fica pegando meu carrinho mesmo quando estou brincando com ele".
>
> Você: "Tá. Theo, o que aconteceu pra você?".
>
> Theo: "Eu disse que ela podia pegar emprestado, mas o carrinho é meu e eu quero de volta".
>
> Você: "O que eu ouvi foi: vocês dois querem brincar com o carrinho e discordam quanto a quem é o dono dele".

Você pode ter que expressar um limite para comportamentos inaceitáveis, principalmente agressão física de qualquer tipo. Quando necessário, afirme o limite em termos simples e demonstre curiosidade quanto à perspectiva das crianças. Se Wren empurrou Theo, você pode dizer: "Wren, você não pode empurrar, mesmo que esteja chateada. O que aconteceu pra você?".

### PASSO 3: COLABORE

Depois de validar os dois lados e refletir sua compreensão do problema, o próximo passo é ajudar seus filhos a entrarem no modo colaboração. Lembre-se de que não se trata de uma questão de vontade, e sim de habilidade. Quando as crianças brigam entre si, é porque ainda não aprenderam a chegar a um meio-termo, cooperar ou encontrar soluções criativas para os problemas que se apresentam. Cada nova briga (mesmo que recorrente) é uma oportunidade para encontrar novas maneiras de trabalhar juntas.

Pode ser que a criança tente se isentar de toda a culpa e jogá-la em outra pessoa: "Não fui eu, foi meu irmão", ou "Você é a pior mãe do mundo!". Em situações assim, procure se concentrar em ensiná-la a resolver o problema concreto. Algumas formas de abordar a colaboração entre irmãos de uma maneira saudável ao desenvolvimento:

- **De zero a dois anos:** Narre o problema e o solucione. Uma criança de dois anos deixa um brinquedo cair perto da cabeça da bebê e a assusta. Como a bebê não se machucou, primeiro valide: "O que aconteceu pra você, criança?". Se ela ainda não se comunicar bem verbalmente, narre o que você viu: "Sua irmã ficou com medo quando você deixou o brinquedo cair perto da cabeça dela". Então vem a colaboração: "Existe outra maneira de você mostrar os brinquedos à sua irmã". Dê o exemplo do que você gostaria de ver. Ofereça reconhecimento positivo quando a criança reproduzir a maneira apropriada de agir: "Esta é uma maneira segura de brincar".

- **De dois a três anos:** Ofereça duas opções, ambas aprovadas por você. Seus gêmeos de três anos começam a brigar por um urso de pelúcia e acabam rasgando o brinquedo. Primeiro valide: "Jaxon, o que aconteceu pra você?". Ele murmura em meio às lágrimas que queria abraçar Beary. "Mason, o que aconteceu pra você?". Com raiva, ele acusa o irmão de ter rasgado o bichinho. "O que eu ouvi foi: os dois queriam brincar com Beary e ficaram tristes porque ele rasgou, e não achavam que isso ia acontecer." Então vem a colaboração: "Tenho duas opções: ou tentamos costurar Beary ou nos despedimos do urso e vamos ver algumas de suas fotos preferidas com ele. Decidam juntos o que preferem". Se seus filhos não concordarem com suas propostas e/ou entre si, lembre-os de encontrar uma maneira de trabalharem juntos. Transmita sua confiança de que eles são competentes o bastante para chegar a um acordo. Procure não acelerar o processo. Se precisar se afastar para que tenham um tempo, tudo bem. Você não precisa ficar em cima deles.

- **De três a cinco anos:** Incentive seus filhos a criarem uma solução e apoie o desenrolar se necessário. Meg, de quatro anos, puxa o cabelo de Brody, de seis. Ele fica bravo e grita: "Você é tão irritante! Eu te odeio!". Primeiro estabeleça limites claros, depois valide: "Meg, você não pode puxar o cabelo do seu irmão, ainda que esteja se sentindo frustrada. Expresse em palavras qual é o problema, por favor". Com os braços cruzados e a testa franzida, Meg conta que Brody disse que a torre de lego dela era sem graça e que ele poderia construir outra melhor. "Brody, o que aconteceu pra você?" Ele diz que a irmã está sempre se intrometendo e não o deixa brincar sozinho. "O que eu ouvi foi: Meg, você trabalhou duro para construir a torre e ficou magoada por Brody não ter gostado. Brody, você não gosta que Meg ocupe seu espaço. E não foi legal quando ela puxou seu cabelo". Então vem a colaboração: "Como vamos resolver esse problema?". Incentive as crianças a dar ideias. Se elas precisarem de ajuda, facilite o processo: "Meg, dê uma ideia para resolver esse problema". Meg sugere uma competição para ver quem constrói não a melhor torre de lego, e sim a mais divertida. "Brody, qual é sua ideia?" Ele sugere que os dois passem dez minutos brincando cada um no seu canto para só depois construir as torres divertidas. "Então qual é o plano, crianças?" Eles decidem que a ideia de Brody permite que ambos tenham o que querem. Crianças dessa idade muitas vezes precisam de ajuda com a execução, então você pode oferecer: "Qualquer coisa é só me chamar. Vou ficar bem ali". A chave é encontrar o equilíbrio, em vez de subestimar ou superestimar a confiança delas, e oferecer ajuda na medida certa.

- **De seis a doze anos:** Incentive seus filhos a resolverem o conflito de maneira independente e apoie o desdobramento, se necessário. Nessa, de dez anos, está cansada de ser imitada pela irmã. Fifi, de seis anos, admira Nessa e fica magoada quando é repelida. Primeiro eu valido: "Vejo que vocês estão tendo um problema. O que foi, Nessa?".

Ela diz que Fifi roubou a sombra do estojo de maquiagem dela. "Fifi, o que aconteceu pra você?" Fifi diz que pegou a sombra porque, quando perguntou se podia usar, Nessa não deixou. "O que ouvi foi: Nessa, você não quer dividir a sombra. Sei que trabalhou duro para comprá-la sozinha. Fifi, você pensava que, se pedisse com educação, Nessa emprestaria a maquiagem dela. Agradeço por admitir que a pegou. Sei que você sabe que não foi legal. Entendo que seja frustrante para as duas." Caso as crianças se acusem mutuamente, tente não se envolver em discussões quanto a quem disse o quê. No entanto, se uma criança admite ter feito algo errado, agradeça por ter assumido a responsabilidade e reitere o limite. Então vem a colaboração: "Vamos ver a maneira que vocês encontram de resolver esse problema. Avisem se precisarem de ideias". Crianças dessa idade às vezes precisam de apoio no desenrolar do processo. Nesse caso, ajude-as a pensar em soluções até que cheguem a uma com que ambas concordam.

- **Adolescentes e jovens adultos:** Testemunhe o conflito e expresse confiança nas habilidades deles. Suas filhas adolescentes estão brigando sobre quem é mais amiga de Rebecca. Primeiro valide: "Morgan, o que aconteceu pra você?". Ela diz que ficou amiga de Rebecca primeiro e, como Jordan é popular, Rebecca não vai mais querer sair com ela caso se junte à panelinha do irmão. "Jordan, o que aconteceu pra você?" Ele diz que conhece Rebecca desde sempre e não entende por que não podem ser todos amigos. Então vem a colaboração: "Confio que vocês dois serão capazes de chegar a uma solução juntos. Estou aqui para ouvir. Se precisarem de um conselho, posso dar, e vocês não precisam se sentir obrigados a segui-lo". É importante oferecer aos adolescentes a oportunidade de resolver seus problemas de maneira independente, sem que você expresse sua opinião. Deixar que Morgan e Jordan se acertem juntos pode levar Jordan a ter mais empatia pelo medo da irmã de perder um relacionamento importante para ela. Também pode levar Morgan a ter mais compaixão pela perspectiva do irmão, uma vez que ele também considera Rebecca sua amiga. Os dois podem passar a uma mentalidade de compartilhamento, e não de competição, e apoiar um ao outro.

### PASSO 4: REINICIE

O último passo para promover o espírito colaborativo é tentar de novo. Incentive seus filhos a encontrarem maneiras frutíferas de avançar, fazerem as reparações necessárias e resolverem disputas de maneira amigável e respeitosa. É a chance que eles têm de testar as habilidades que desenvolveram juntos. Aprendi no teatro que é preciso transferir as falas e as orientações de palco da cabeça para o corpo, o que não acontece sem ensaio. Quando parecer possível e seus filhos se mostrarem dispostos, incentive-os a reiniciar a interação, incorporando a solução com que concordaram.

### CENÁRIO: "ELE PEGOU MEU BRINQUEDO E NÃO QUER DEVOLVER! ODEIO ELE!"

As crianças estão brigando por causa de um brinquedo, mas a princípio você se atém a ouvir para descobrir se é necessário fazer algo. A discussão se torna acalorada, e um cabo de guerra tem início. Assim que Sharri (de seis anos) vê você, Johnny (de cinco) se aproveita da distração, pega o brinquedo e o esconde num canto. Sharri chora e se agarra a você.

**Valide:** "Vamos parar por um momento para entender a situação. Sharri, o que aconteceu pra você?". Ela diz que o irmão pegou o brinquedo e não quer devolver. "Odeio ele!" Você assente em solidariedade e resiste ao impulso de corrigi-la no mesmo instante, embora saiba que "odeio" é um pouco forte. "Johnny, o que aconteceu pra você?" O menino diz que estava com o brinquedo primeiro e que a irmã o pegou sem permissão quando ele foi ao banheiro, embora tivesse pedido para ela não mexer. "O que ouvi foi: Você dois querem o brinquedo e não conseguem concordar com uma maneira de dividir. Essa é uma questão complicada."

**Colabore:** "Como devemos resolver esse problema?". Incentivar os dois a ver que a ideia de dividir — e não um ao outro — é o problema ajudará a seguir adiante. Sharri sugere se revezarem e marcarem o tempo que cada um tem para brincar. Johnny pergunta se ele pode começar, já que sua vez foi há mais tempo. Os dois concordam com o plano. Então você se coloca: "Só quero acrescentar que é importante tomarmos cuidado com o que dizemos, mesmo quando estamos bravos. Dizer que odiamos alguém pode machucar. Mas quando dizemos apenas que estamos bravos, não machucamos ninguém". Sharri se vira para Johnny e pede desculpas. "Tudo bem", ele diz.

**Reinicie:** "Agora vamos praticar o que aprendemos. Johnny, finja que você está voltando do banheiro. Sharri, pegue o brinquedo dele. Vamos nos expressar através das palavras e nos concentrar em resolver o problema". Johnny entra e diz: "Ei, isso é meu!". Sharri diz: "Mas você não estava brincando com ele". Crianças mais novas podem precisar de ajuda para não se esquecer de que se trata de uma encenação. Você pode lembrar Sharri de sugerir uma solução. "Tenho uma ideia", ela diz. "Por que não nos revezamos e marcamos o tempo?" Você cutuca Johnny para que ele se coloque. "Pode ser, mas quero ser o primeiro, porque não estava brincando até agora." Sharri pega a ampulheta, e os dois seguem em frente sem maiores atritos.

Caso seus filhos se recusem a fazer a parte da encenação, não insista. Outra possibilidade é você fazer o papel da criança e seus filhos te conduzirem. Eles adoram isso, porque é engraçado e porque têm a oportunidade de lhe mostrar o que sabem. Você também pode usar bonecos ou outros brinquedos na encenação (bichos de pelúcia, Barbies, dinossauros, super-heróis ou carrinhos). No entanto, caso seus filhos não estejam interessados, respeite isso. Confie que a situação vai se repetir e eles terão outras oportunidades de continuar crescendo.

## CIÚME

Ciúme é uma emoção perfeitamente normal, e irmãos têm ainda mais chances de aprender a lidar com ela. Mimar demais uma criança, a existência de padrões claros de favoritismo, comparações, competição constante e o nascimento de um bebê podem despertar ciúme nos seus filhos, pois são situações que ameaçam a sensação de segurança relacional deles.

Em vez de pôr tudo para fora, crianças costumam se expressar através do comportamento. Por exemplo, se ficam com ciúme porque você elogia outra criança, exigem sua atenção. Ou imitam o que a outra criança está fazendo, de maneira mais dramática. Ou então dizem: "Você não falou que fiz um bom trabalho. Gosta mais dele do que de mim". Uma criança também pode tentar tirar algo da outra para sentir que tem algum poder sobre como o ciúme faz com que ela se sinta impotente. A possessividade é um sinal comum de ciúme entre crianças, que passam a duvidar de suas habilidades se têm a impressão de que alguém é melhor do que elas.

Independente de como seus filhos expressam ciúme, vão precisar do seu apoio para interpretar essa emoção e o que ela os leva a fazer. Eles não precisam que você minimize ou silencie o sentimento, tampouco precisam que o julgue. É uma oportunidade de ajudá-los a se sentir vistos, ouvidos, compreendidos e seguros com você. Use o PCC para lidar com momentos de ciúme de maneira mais eficaz.

> Pare: Seja honesta/o consigo mesma/o quanto ao que o ciúme da criança desperta em você. Caso uma ferida da sua criança interior seja tocada, lembre-se de que cabe a você cuidar dela. Resista ao impulso de transferir o fardo da sua história para a criança.
>
> Conecte-se: Valide a perspectiva da criança: "O que ouvi do que você disse foi que, quando aponto as realizações dos seus irmãos, você sente que ninguém gosta de você ou se importa com quão duro trabalha. Faz sentido".
>
> Colabore: Procure apoiar a criança expandindo a perspectiva dela: "Você consegue ver essa situação de outra maneira?".

## QUANDO O CIÚME SE TORNA COMPETIÇÃO

Às vezes as crianças se provocam intencionalmente para conseguir uma reação. Com frequência, questões como falta de confiança e controle dos impulsos levam irmãos a serem ciumentos e competitivos. Eles querem trabalhar juntos, mas se veem presos a ideias de inadequação e insegurança e não conseguem acessar a colaboração como precisam, por isso provocam um ao outro: "Haha, sou mais inteligente que você!", ou "Seus amigos são chatos, os meus são muito mais legais", ou "Olha essa pedra incrível que eu achei. A sua não tem nada de mais", ou "Mamãe disse que gosta mais de mim. Por isso ganhei mais sorvete que você". Era esse o caso com Asher (de nove anos) e Andy (de seis).

Seus pais estavam compreensivelmente cansados de tentar impedir as brigas entre os dois. Até que desistiram, e as coisas saíram do controle rapidamente. Os meninos precisavam dos três Cs da disciplina: clareza, consistência e conexão. Quando chegaram para iniciar seu tratamento, se a mãe ou o pai lhes dava alguma orientação era no mínimo nebulosa. Faltava consistência e acompanhamento, e a raiva e o esgotamento acabavam com qualquer possibilidade de conexão. A família estava no deserto da conexão, o que também contribui para o ciúme entre irmãos.

Quando seus filhos entrarem em conflito por causa de ciúme, intervenha com um espírito colaborativo. Um dia, quando jogavam um jogo de tabuleiro em uma sessão, Asher não conseguiu lidar com o fato de que Andy havia ganhado mais uma peça e o acusou de roubar. Andy rebateu: "Se estou ganhando e você está perdendo é porque você é bobo!". Asher se recusou a continuar brincando, e sem nosso apoio as coisas degringolariam rápido. Eis como o processo colaborativo se deu entre os irmãos:

**Separe:** O que importa não é terminar o jogo sem brigar. O objetivo é ajudar os filhos a se expressarem de maneira construtiva, e não destrutiva. "Vamos dar uma parada no jogo para vocês dois esfriarem a cabeça."

**Valide + ensine sobre a emoção + apresente o limite:** "Vejo um problema entre irmãos aqui. Asher, o que aconteceu pra você?". Ele disse que não era justo Andy estar se saindo melhor: "Sou mais velho, eu que deveria ganhar". Ajude seus filhos a reconhecerem o ciúme, onde ele se situa no corpo e o que têm vontade de fazer por causa dele. Ensine sobre a emoção: "Entendo. Você está com ciúme. Você quer ganhar. Onde mais sente o ciúme no seu corpo?". Asher disse que no coração. "O ciúme apertou tanto seu coração que fez você virar o tabuleiro para ninguém mais poder jogar." Ele baixou a cabeça e fez que sim. "Andy, o que aconteceu pra você?" Andy disse que Asher sempre estragava a brincadeira e nunca deixava que ele se sentisse vitorioso. "Eu quis que Asher se sentisse mal, como eu." Ensine sobre a emoção: "Eu entendo. Você sentiu vergonha e não gostou. Onde sentiu mais vergonha no seu corpo?". Andy disse que na barriga. "Toda essa vergonha na sua barriga fez com que você se sentisse tão desconfortável que o chamou de bobo."

Apresente o limite com clareza, consistência e conexão: "Meninos, mesmo quando estiverem se sentindo mal, ainda precisam ser cuidadosos com as palavras, porque elas têm poder".

**Colabore:** "Vamos encontrar maneiras mais cuidadosas de expressar nossos sentimentos". Ofereci duas opções a eles: "Quando estiverem bravos, podem expressar seus sentimentos ou pedir um espaço". Andy concordou em dividir o que sentia: "Fiquei triste quando você me acusou de roubar!". Asher optou por um pouco de espaço.

**Reinicie:** Retornamos ao momento em que o ciúme consumiu Asher e desenvolvemos as habilidades deles em tempo real.

A princípio, Asher e Andy ficaram relutantes em participar com espírito colaborativo, o que eu já esperava. Eles tinham muitos anos de padrões repetitivos a corrigir, e mudar sempre leva tempo. No entanto, uma hora eles conseguiram encontrar uma solução, e os sentimentos intensos esfriaram.

O ciúme é uma emoção como qualquer outra. Pode ser desconfortável, mas as crianças precisam aprender a lidar com ele e encontrar o caminho de volta para a essência dos relacionamentos: o desejo de se sentir conectados e importantes. Ajudando seus filhos a encontrar conexão mesmo em momentos de ciúme, você perceberá que, com o tempo, eles aprenderão a cuidar um do outro.

## BRIGAS FÍSICAS

Felix (sete anos) e Silas (cinco) eram irmãos incapazes de resistir à tentação de sair na mão. Os pais tinham dificuldade de intervir e muitas vezes acabavam levando um tapa no rosto ou um chute na perna. À medida que o padrão se tornou mais prevalente, os pais passaram a pisar em ovos com os meninos e, diante de qualquer sinal de desregulação emocional por parte das crianças, sentiam-se visivelmente aflitos e sobrecarregados.

Preocupados com lutas corporais constantes, eles me perguntaram: "Deixamos que eles sigam em frente, na esperança de que acabem se resolvendo?". Não importava o quanto tentassem fazer os meninos terem bom senso, os dois continuavam partindo pra briga. Não admira que os pais quisessem desistir. É cansativo ter que estar sempre em alerta, sem mencionar o gatilho gerado nos adultos ao testemunharem tanta agressão.

No entanto, manter a distância quando as coisas parecem difíceis com nossos filhos apenas aumenta o problema.

Em vez de ver os confrontos físicos como algo que precisa ser impedido, procure vê-los como sintomas de uma questão maior. Demonstre curiosidade quanto ao que motiva esse comportamento. Não é uma coisa arbitrária, e não pode ser bom para a criança conviver com tanto caos e angústia. Embates físicos constantes entre irmãos sugerem que eles:

- Têm limitações quando se trata de resolver problemas de maneira eficaz.
- Ainda estão trabalhando a tolerância à frustração e o controle dos impulsos.
- Têm necessidades que não estão sendo atendidas, com frequência relacionadas a: conexão; contenção sensorial; contenção emocional e poder; controle; independência; e autonomia.
- Podem estar passando por um período estressante em casa ou na escola.
- Podem ter transtornos de saúde mental não diagnosticados. Aos seis anos, os embates físicos — bater, chutar, empurrar, socar etc. — regulares entre crianças devem ter sido praticamente eliminados, ocorrendo apenas vez ou outra. Isso também significa que crianças mais velhas, mesmo quando provocadas, não devem praticar retaliações físicas com as menores. Espera-se que crianças com mais de seis anos recorram a habilidades mais apropriadas. Se a disputa física é regra em vez de exceção, investigue questões subjacentes, como TDAH, transtorno do espectro autista (TEA), transtornos de aprendizagem, transtornos de processamento sensorial, transtorno de estresse pós-traumático (TEPT), depressão e ansiedade. Apoio profissional costuma ser necessário em cenários desse tipo.

O pai de Felix e Silas era um alcoólatra funcional. A mãe estava insatisfeita no casamento e se sentia sozinha. Nem ele nem ela eram grandes modelos para a resolução de conflitos, e seu instinto era sempre explodir com os meninos. O trabalho de autorreflexão constituía um processo doloroso para eles. Desenterrar feridas parecia mais insuportável que acabar levando um soco na cara. No entanto, ambos sabiam que, se pretendiam mudar a dinâmica familiar, tinham de encarar as coisas e colocar O LIDE em prática. O pai procurou ajuda com a bebida. A mãe baixou a guarda para encontrar segurança no companheiro. Ambos precisaram ficar frente a frente com temas que os deixavam desconfortáveis, como aprender a tolerar a angústia, a ansiedade, o ressentimento e o medo, para ajudar os filhos a lidarem com as mesmas emoções. Precisaram seguir com O MOVE para se livrar de toda a vergonha acumulada no corpo e abrir espaço para uma conexão maior consigo mesmos e com seus filhos. Precisaram aprender a cuidar melhor de si próprios, dosando seu crítico interno implacável com compaixão, para poder ensinar os filhos a cuidarem uns dos outros de maneira mais eficaz.

Eles cuidaram deles mesmos primeiro para poder se tornar os pais de que Felix e Silas precisavam, e assim puseram fim aos embates físicos dos meninos. À medida que curavam suas feridas, os adultos também aprendiam a criar os filhos de maneira mais curativa. Os meninos passaram a se mostrar muito mais receptivos às orientações claras, consistentes e conectadas dos pais: “Felix e Silas, parem o corpo de vocês. Separem-se e esfriem a cabeça”.

Nas poucas ocasiões em que os meninos não obedeceram de imediato, os pais se sentiram mais seguros a apartar a briga. Em vez de pedir com hesitação que sossegassem e ser fisicamente duros, ambos os pais aprenderam a agir depressa, com calma e confiança. A confiança corporal é importantíssima nesses momentos, e os irmãos passaram a se mostrar mais assertivos. Conseguiram isso intervindo sempre da mesma maneira. O cérebro adora repetição. Aquilo em que nossos filhos mais acreditam é aquilo que mais repetimos. E os pais de Felix e Silas aprenderam a repetir calma, tranquilidade e compostura, em vez de caos, desorganização e desregulação.

Lidar com a dinâmica entre irmãos vem sendo uma das partes mais desafiadoras e gratificantes da maternidade para mim. Por instinto, procuro evitar ciúme, brigas, agressão e competição. No entanto, há algo de curativo em se debruçar sobre o caos e ensinar às crianças como se envolver com desenvoltura em seus relacionamentos. Espero que você descubra que, quanto mais exercita o espírito colaborativo com seus filhos, mais eles aprendem a internalizá-lo e a exercitá-lo por conta própria, como descobri com meus próprios filhos e com meus clientes. À medida que seus filhos desenvolvem habilidades de cooperação, confie que a linha de base passará de discutir, cutucar, brigar e provocar a ouvir, expressar-se, envolver-se e solucionar.

# 11. O alinhamento com o/a companheiro/a

Qualquer pessoa intimamente ligada à vida dos seus filhos — seu companheiro/a, o pai ou a mãe das crianças, a pessoa com quem o pai ou a mãe está agora, avós, babás, os funcionários da escola ou qualquer combinação desses cuidadores — faz parte da sua equipe de parentalidade. Cuidar da família inteira exige um alinhamento dessas pessoas. No entanto, é comum que meus clientes cheguem a um momento em sua jornada de cura no qual se dão conta de que não estão alinhados com aqueles com quem dividem a criação dos filhos. Embora tenham se comprometido a trabalhar em si próprios, eles se pegam reagindo a padrões e gatilhos que desejam desesperadamente abandonar. Incapazes de identificar o papel que desempenham no ciclo, acreditam que quem está errada é a outra pessoa, e se incumbem da missão de fazê-la *querer* realizar o mesmo trabalho.

Esse esforço acaba tendo o efeito contrário, porque a ideia de cuidar de si mesma/o antes de tudo precisa vir de dentro. Se a pessoa não estiver pronta para se conhecer em um nível mais profundo, é impossível coagi-la a realizar esse trabalho. Por isso, incentivo você a embarcar em uma *jornada* rumo ao alinhamento com todos os seus companheiros de criação — sobretudo o primário, se tiver um. O objetivo não é concordar em todas as questões, mas se comprometer com valores compartilhados e chegar a uma visão mais clara para a sua família.

### A OUTRA PESSOA É UM ESPELHO PARA O PASSADO

Talvez você tenha notado que as feridas da sua criança interior que continuam abertas de certa forma se infiltram em sua parceria. Muitas vezes a pessoa com quem você se relaciona representa seu pai, sua mãe ou alguém que exerceu uma influência profunda em sua infância. Talvez sua mãe te lembrasse com frequência de todas as maneiras como você não era uma boa pessoa e agora você se encontre em um relacionamento com alguém que faz você se sentir uma pessoa pequena e indigna. Talvez seu pai tenha te deixado quando você ainda era criança, e agora você tenha um relacionamento com alguém emocionalmente indisponível. A cura da sua alma virá de encarar os desafios e descobrir maneiras melhores de gerenciá-los — e muitas vezes descobrimos isso nos curando e crescendo com nossos companheiros.

Quando criamos parcerias significativas, com frequência carregamos uma esperança inconsciente de que a outra pessoa acabe mudando para atender às nossas necessidades. Muitos clientes meus acreditam (de maneira equivocada) que podem mudar a mentalidade do/a parceiro/a. A verdade é que ninguém muda para atender às necessidades dos outros. A mudança depende da *própria* pessoa, e, quanto mais ela se comprometer a fazer pequenas mudanças em si mesma, mais romperá com os padrões a que ela e seu/sua companheiro/a davam continuidade. Essa disrupção promove mudanças. Alinhar-se a quem cria seus filhos depende de se abrir ao conflito e ter disposição para mudar, o que por sua vez permite maior harmonia no ambiente familiar.

## OS TIJOLOS DE UMA ABORDAGEM UNIFICADA NA PARENTALIDADE

É incrivelmente comum entre os casais que atendo que cada parte ache que a outra é o problema. Eles esquecem que estão do mesmo lado e reproduzem padrões de sobrevivência para se proteger. Essa crença equivocada impede as pessoas de verem o papel que desempenham no problema e cria mais distância emocional e sofrimento.

Se a necessidade de ser vista/o, ouvida/o, compreendida/o e mantida/o em segurança não foi atendida na infância, é possível que você aborde a dinâmica da criação dos filhos com a expectativa inconsciente de que seu par atenda a essas necessidades. Agora que está mais confiante na desconstrução do seu passado, é hora de reimaginar como pode construir um futuro em conjunto.

### PRIMEIRO TIJOLO: RESPONSABILIZE-SE PELO DANO QUE CAUSA

Na maior parte do tempo, Rafael e Yvonne se davam bem, até que o gatilho de um era acionado pelo outro e a coisa degringolava. Ele sabia que ficar mexendo no celular em vez de lhe dar atenção — mesmo durante uma briga — tocava em feridas profundas dela relacionadas a abandono. Ela sabia que ficar implicando e criticando tudo o que ele fazia tocava em feridas profundas dele relacionadas a vergonha. Ambos se aproveitavam dos pontos fracos do outro quando ficavam magoados, procurando preservar um pingo de dignidade própria. No entanto, é difícil se sentir digno explorando o calcanhar de aquiles de alguém. O normal é que mais dor venha à tona e mais distância se abra no relacionamento.

A parentalidade em equipe exige colaboração, intenção, escuta ativa e esforço coletivo de todas as partes envolvidas. A criação conjunta é um processo que envolve aprender com os erros. Todos temos pontos fortes e fracos, e ser humano não é uma falha de caráter. Se você aprende a esconder suas fraquezas porque teme que a outra pessoa possa explorá-las, vai acabar reprimindo seu verdadeiro eu. Esconder-se atrás de uma máscara para agradar ao/à parceiro/a só te distancia cada vez mais dele/a. A disposição a demonstrar vulnerabilidade — assim como o comprometimento a não explorar a vulnerabilidade do outro — é o que une as pessoas.

Resista ao impulso de julgar o/a companheiro/a de parentalidade por seus erros e se concentre em como você contribui para a reprodução de padrões. Não aguarde que a outra pessoa corrija seu comportamento disfuncional para fazer mudanças significativas em si. Rafael não precisava que Yvonne parasse de criticá-lo para deixar de se desconectar emocionalmente nos momentos de estresse. Yvonne não precisava que Rafael fosse perfeito para deixar de criticar cada passo em falso dele. A verdadeira conexão floresce quando estamos dispostos a reconhecer nosso papel em qualquer desconexão que haja.

Como muitos casais com que trabalho, Rafael e Yvonne viviam jogando a culpa no outro para evitar qualquer responsabilidade pelo próprio comportamento. Usando a ferramenta MOVE em vez de reagir às críticas de Yvonne e se considerar um fracassado, Rafael aprendeu a dizer a si mesmo: *Discussões são normais. Posso me manter presente.* E Yvonne aprendeu a se acalmar por contra própria e se responsabilizar quando o desespero tomava conta e despertava seu medo da solidão: *Ele não vai me abandonar. Posso expressar minha raiva de outra maneira.* Então chegou a hora de ambos darem um salto e partirem para a mudança.

Quando você está presa/o em um padrão de culpar, criticar e ficar na defensiva, o segredo é fazer as reparações necessárias e seguir em frente com a missão de se amar mais profundamente e continuar se esforçando ao máximo. Experimente dizer: "Podemos voltar a conversar sobre o assunto? Percebi a parcela de responsabilidade que tenho no problema". Se você reconhece seu papel, a outra pessoa pode baixar a guarda e reconhecer o dela também. Planejem o que cada um pode fazer diferente da próxima vez para que a interação seja melhor. Comprometam-se a se esforçar ao máximo, mas sejam realistas: às vezes seu máximo ainda é um pouco caótico.

### SEGUNDO TIJOLO: ESFORÇOS MÍNIMOS E CONSISTENTES LEVAM A MUDANÇAS GRANDES E TANGÍVEIS

Meus clientes Amy e Marco estavam no limite: entre os dois empregos bastante exigentes dele e os três filhos pequenos, ambos mal tinham tempo de se conectar ao longo da semana. Sentiam-se mais como duas pessoas dividindo um apartamento que como um casal, e a parceria sofria em consequência disso. Suas interações eram alimentadas por críticas e posturas defensivas e eles não conseguiam evitar reproduzir aquele padrão, embora o odiassem. Sua esperança era de que uma noite de folga compensasse tudo.

O dr. John Gottman diz:[1] "Relacionamentos bem-sucedidos no longo prazo são criados através de pequenas palavras, pequenos gestos e pequenos atos". Assim que Amy e Marco voltaram para casa após uma viagem de descanso, o esgotamento e a distância os esperavam à porta. Eles aprenderam que esses momentos não ocorriam com a regularidade necessária para causar uma mudança real em uma dinâmica já deficiente.

Quando parceiros passam um longo período no modo sobrevivência, a conexão emocional é perdida. As feridas da criança interior ainda abertas são expostas, e é mais provável que os envolvidos se expressem através de seu comportamento do que por meio de uma conversa sincera. Amy projetava seu ressentimento em mais ressentimento e menos afeto. Marco se defendia da rejeição se afastando emocionalmente dela. Como a maioria dos casais, eles sabiam como explorar os pontos fracos um do outro, e ao fazer isso só prejudicavam ainda mais a parceria.

Amy e Marco precisavam de ações simples, tangíveis e consistentes que fortalecessem sua parceria, então começaram a se comprometer um com o outro. Assim que acordavam, em vez de verificar o celular ou correr com a rotina das crianças, eles olhavam um nos olhos do outro e diziam: "Bom dia". Quando Marco voltava do primeiro trabalho, perguntava o que os filhos estavam fazendo e permitia que Amy tivesse um momento para ela, antes que saísse correndo para o segundo emprego. Amy se oferecia para massagear seus ombros, porque embora ela tivesse um excesso de contato físico ao longo do dia, isso faltava a ele, e a massagem fazia com que se sentisse cuidado. Com esses pequenos compromissos de se conectar diariamente — sem gastar com jantares e contratando babás —, a parceria entre os dois se consolidou. Eles começaram a conversar mais, rir mais e desfrutar mais um do outro, e sua conexão emocional e íntima se aprofundou.

O dr. Hanna, meu terapeuta, me disse uma vez: "Ter um relacionamento é uma questão de tornar a vida da pessoa que você ama um pouquinho mais fácil". De saída, nós nos unimos para aliviar a pressão e o estresse da vida, mas muitas vezes o oposto acaba ocorrendo. É preciso fazer um esforço consciente para aliviar seu/sua parceiro/a. Recomendo que vocês se sentem e discutam as pequenas coisas que podem fazer um pelo outro, então se comprometam a fazer um pequeno gesto a cada dia desta semana. No fim da semana, discutam se houve melhora na intimidade e na conexão. Seguem algumas ideias para começar:

- Dê um beijo na outra pessoa assim que se encontrarem.
- Lave a louça e limpe a pia sem esperar que ela peça.
- Faça café para a outra pessoa.
- Mande mensagens durante o dia para ver como ela está.
- Diga que você a acha sexy, inspiradora ou divertida.
- Surpreenda-a com a coisa de que ela mais gosta.
- Passem tempo juntos sem o celular.
- Mude sua agenda para ajudar a outra pessoa se ela estiver especialmente ocupada.

### TERCEIRO TIJOLO: COMO E QUANDO VOCÊ DÁ FEEDBACK FAZ DIFERENÇA

Justin estava cansado de ser contrariado por sua companheira Chantal. Pelo menos uma vez ao dia, ela se aproximava enquanto ele cuidava das crianças e dizia algo como: "Não, a gente não fala esse tipo de coisa", "Não, a gente não põe de castigo", "Não, você só está piorando a situação, dá licença que eu cuido disso". Ele às vezes perdia a paciência e tinha uma tendência a punir, por exemplo tirando das crianças algo que elas amavam, com o intuito de fazer com que se comportassem. Chantal sentia que não podia confiar nele. Achava que o comportamento do companheiro era inadequado e que ele demonstrava tão pouco interesse em implementar as mudanças discutidas nas sessões semanais de terapia em família que não restava escolha a não ser assumir o controle e corrigi-lo, tamanho o desalinhamento entre o comportamento dele e a visão dela. Justin parecia estar atrapalhando seus esforços de transformar os padrões que imperavam na família: vergonha, necessidade de agradar e sensação de estar sob controle de outras pessoas. Como muitos casais, os dois cometiam o erro clássico de ver *o outro* como o problema, em vez de ver *o problema* como aquilo que precisava ser resolvido.

Corrigir o modo como a outra pessoa cria seus filhos, dizendo algo como "Não fazemos assim aqui em casa", muitas vezes prejudica a parceria. Para piorar, não inspira confiança nas crianças, que aprendem a ser boas companheiras observando como vocês trabalham juntos.

Por isso, criar um protocolo de apoio para esses momentos é bastante útil:

1. **Pergunte à outra pessoa como ela quer que você aja caso note um momento mais acalorado com as crianças, em que ela talvez precise de ajuda.** Diga do que você precisaria se a situação fosse inversa. Com a maioria dos meus clientes, levar a mão ao ombro da pessoa e perguntar "Você precisa da minha ajuda?" foi o bastante. Esse passo não deve ser discutido em um momento de estresse: reserve um tempo para avaliar as preferências de ambos esta noite.

2. **Se a outra pessoa disser que não precisa de apoio, morda a língua e se afaste.** Não insista. Só comunique que está disponível se ela mudar de ideia.

3. **Depois que passar, discuta.** Peça que a outra pessoa reflita sobre o que estava pensando, sentindo e precisando no momento. Ela é capaz de relacionar o que estava acontecendo dentro dela com sua atitude externa?

4. **Reflitam juntos sobre o comportamento das crianças.** O que elas podiam estar pensando, sentindo e precisando no momento? Havia fatores de estresse atuando?

5. **Pergunte à outra pessoa se ela está aberta à sua opinião.** Em caso positivo, compartilhe como você teria abordado a situação e como as ações dela fizeram você se sentir, e discuta quaisquer abordagens que vocês estejam dispostos a tentar da próxima vez.

Importante: a menos que um comportamento gravemente disfuncional ocorra, não "resgate" as crianças de seu/sua companheiro/a. Intervir e retirá-las do local só deve ser feito se a outra pessoa socar a parede, atirar um objeto, gritar com violência, bater a porta, for fisicamente agressiva, xingar e provocar, humilhar ou levar a cabo punições duras e injustificadas. Procure ajuda profissional imediata se algo assim ocorrer em sua casa.

Notei que meu marido, Matt, se irritava com frequência com nosso filho mais velho, que tem uma curiosidade tão intensa que às vezes se torna cansativa e difícil de acompanhar. Quando pequena, eu recebia o mesmo tipo de mensagem de que era irritante e indesejada, por isso tinha consciência de que o revirar de olhos constante e o exaspero de Matt eram um gatilho para mim.

Uma noite, em vez de repreender Matt e fazer com que se sentisse mal por como tratava nosso filho e o que aquilo desencadeava em mim, eu disse: "Você parece estressado. Precisa de ajuda?". Ele pediu que eu assumisse a situação, e assim fiz. Conversamos depois, e Matt contou que se sentia frustrado porque nosso filho "nunca" o ouvia. "Ele empaca em uma ideia, e isso me esgota." Em se tratando de cuidar de si mesma/o antes de tudo, nunca se contente com uma compreensão superficial de seus sentimentos e pensamentos. Sempre se incentive a ir mais fundo.

A frustração de Matt não era com o fato de nosso filho não ouvir. Acontece que ele espelhava o padrão do próprio pai de abnegação e autorrejeição. Isso ajudou Matt a reconhecer que, se não estava se sentindo ouvido, o problema provavelmente era mútuo. Matt assumiu o compromisso de proteger a autoimagem do menino conduzindo seu próprio trabalho curativo de atender ativamente às suas necessidades e criar mais oportunidades de colaboração, o que nosso filho mais velho adora, porque lhe dá mais liberdade, poder e a chance de provar sua competência.

Isso não aconteceria se eu tivesse repreendido Matt — "Pare de revirar os olhos para ele. É muita falta de educação" —, o que sugeriria a nosso filho que não podia confiar no pai malvado e que precisava de mim para protegê-lo. É muito mais produtivo compreender o significado por trás das atitudes, ter empatia pela perspectiva da criança e criar um plano conjunto para avançar com mais harmonia e compaixão.

### QUARTO TIJOLO: DIVIDA A CARGA MENTAL DA PARENTALIDADE

Meera tinha quatro filhos e não trabalhava fora. Ela amava o papel de mãe, porém as demandas acabaram se tornando muito maiores do que imaginara a princípio. Ela sempre soubera que sua rotina diária envolveria tarefas físicas como ir ao mercado, lavar a louça, preparar o lanche da escola, levar e buscar as crianças etc. No entanto, estava despreparada para a carga mental de administrar uma casa e uma família. Estamos falando de todo o conhecimento de bastidores envolvendo as tarefas sem fim relacionadas à criação de filhos, como antecipar suas necessidades (garantir que as camisas estejam limpas para os jogos de futebol), planejar (manter o controle sobre a agenda de todos), tomar decisões (escolher a cadeirinha do carro) e delegar (decidir quem vai levar as crianças à festa de aniversário no fim de semana); organizar e levar a cabo obrigações importantes, como consultas médicas, controle do orçamento, reuniões familiares, eventos da escola, planejamento das férias e atividades extracurriculares. Carga mental envolve inclusive contribuir para a caça ao brinquedo perdido da criança: "Dá uma olhada na última gaveta da esquerda da cômoda, do lado da cama, atrás da calça de moletom verde, debaixo das meias. Você deixou lá na semana passada".

Ser a pessoa que sabe tudo é o que há de mais exaustivo na parentalidade. Infelizmente, em parcerias heterossexuais e cisgênero, o fardo quase sempre recai sobre a mãe. Desde o começo, meninas como Meera são social e culturalmente condicionadas a priorizar as necessidades dos outros. Sem perceber, elas são doutrinadas a garantir o conforto de todos à sua volta, às suas próprias custas. Não pretendo aqui atacar ou diminuir os homens, e sim escrutinar o sistema patriarcal que, em última análise, falha com eles, ao torná-los irrelevantes em seu próprio lar, e falha com as mulheres, ao oprimi-las ativamente com as expectativas de que deveriam ser as únicas responsáveis por tudo. As mulheres aprendem a estar sempre compostas, mesmo que estejam se afogando. Então seu companheiro acredita que ela se encarrega de tudo porque é boa nisso, e até "gosta", quando na verdade a maioria das mulheres é boa nisso justamente porque *faz* isso.

Embora não fosse um companheiro ou um pai ruim, o marido de Meera, Joaquin, contribuía minimamente com a família. Na cabeça dele, a casa e as crianças eram trabalho da mulher, algo de que ele procurava se manter o mais distante possível. Joaquin lavava a louça com relutância se a esposa pedisse, mas preferia se ater a tarefas mais técnicas de manutenção da casa, como trocar lâmpadas. Se Meera passava algumas horas fora com as amigas, ele enchia o celular dela de mensagens, perguntando onde estavam as fraldas e que horas as crianças precisavam comer. Morrendo de medo de sobrecarregá-lo, Meera evitava pedir ajuda e acabava fazendo tudo sozinha. Ela não queria ter que lidar com a culpa, e ensinar a rotina da família a Joaquin daria trabalho. Ironicamente, parecia que fazer tudo sozinha dava menos trabalho. Com o passar dos anos, no entanto, a sobrecarga cobrou um preço em termos de saúde mental. Como muitas clientes minhas, Meera se sentia ansiosa, deprimida, ressentida, furiosa e perdida na vida.

Se mães e pais modernos desejam conexões que os realizem mais, precisam fazer o necessário para aprender sobre carga mental e reconhecer quando assumem coisas demais e quando agem como se não fosse problema seu. A carga não vai mudar. O que pode mudar é como ela é levada. As mulheres precisam abrir mão de parte do controle sobre a família em troca de um cargo cognitivo menor. E os homens precisam assumir mais responsabilidades com a família (sem sobrecarregar as mulheres comparando-as a sua experiência de infância).

Um estudo conduzido em 2007 pelo Pew Research Center[2] apontou que os casais se sentem mais felizes e equilibrados quando as responsabilidades do lar são divididas de maneira justa. Dos adultos entrevistados, 62% consideraram que "dividir as tarefas domésticas" era muito importante para um relacionamento de sucesso. Apenas "fidelidade" e "uma boa vida sexual" foram mais citados. "Dividir as tarefas domésticas" apareceu com mais frequência que "interesses compatíveis", "tendências políticas" e "renda adequada". Quando você assume sua responsabilidade com a família, diz à outra pessoa: Estou fazendo isso *com* você, e não *por* você. Assumir sua responsabilidade inclui planejar, preparar, lembrar e executar, sem necessidade de supervisão da outra pessoa.

Joaquin concordou que a carga de Meera era pesada demais e assumiu a função de fazer as compras. Na primeira semana, ele ligou do mercado para perguntar se precisavam de ovos. Isso não apenas contribuiu para a carga mental da esposa (mesmo que sem intenção) como mandou uma mensagem inconsciente de que não estava totalmente investido na responsabilidade assumida. Meera foi clara em seu limite: "Preciso que você faça isso sozinho. Não vou estar disponível para ajudar da próxima vez". Não demorou muito para que Joaquin aprendesse a verificar a geladeira e a despensa antes de ir ao mercado, fazendo uma lista, comprando tudo e guardando quando chegava em casa. Meera não apenas ganhou uma hora em sua semana como passou a confiar que Joaquin podia dar conta daquilo. Ela finalmente pôde apagar aquela responsabilidade do cérebro, o que reduziu um pouco a pressão que sentia e aliviou parte da ansiedade e da depressão.

Aqui vão alguns passos que podem ser tomados para dividir a carga mental:

1. **Faça uma lista de todas as responsabilidades envolvidas no gerenciamento da casa. Divida em atividades diárias, semanais, mensais, trimestrais, semestrais e anuais.** Essa parte pode parecer chata, mas é a base do mapeamento de uma carga mental mais equilibrada no relacionamento. Monte uma planilha que possa ser atualizada com o passar dos anos, à medida que as necessidades da família mudarem.

2. **Discuta a distribuição atual das responsabilidades** e o que vocês pensam e sentem a respeito (principalmente se um ressentimento estiver sendo alimentado).

3. **Discuta como seria uma distribuição justa no caso da sua família.** Meera ficou satisfeita em manter 75% das obrigações do lar, enquanto Chantal sentia que no caso dela 50% seria melhor. A distribuição perfeita não existe: depende da sua situação específica. Planeje revisitar suas responsabilidades com frequência, principalmente se uma das partes parecer esgotada e ressentida mas não estiver pedindo ajuda.

4. **Defina quem vai gerenciar as atividades.** Quem vai fazer mercado? Quem vai planejar as refeições? Cozinhar? Lavar a roupa? Encarregar-se das consultas médicas? Do planejamento das festas? Das férias? De manter os brinquedos e armários organizados? De separar doações? Das inscrições em atividades extracurriculares? De marcar encontros com outras crianças? Organizem juntos.

5. **Uma vez por semana, verifiquem como está a carga mental de cada um.** Como as coisas estão indo? Vocês estão bem? Precisam de apoio? Nada de ficar só vendo a outra pessoa se desdobrar. Vocês são uma dupla.

Não se esgote tentando executar à perfeição tarefas básicas da parentalidade. Se às cinco da tarde vocês já estão acabados, tudo bem parar por aí. Usem pratos descartáveis para não precisar lavar a louça. Deem banho nas crianças antes do horário. Assistam um pouco mais de TV juntos e vão para a cama cedo. Não sinta obrigação de rigidez com a rotina e a vida. Tudo bem reconhecer como você está no momento e tomar decisões com base no que você *pode* dar, e não no que *deveria* dar.

### QUINTO TIJOLO: CASAIS QUE BRINCAM JUNTOS CONTINUAM JUNTOS

Brincar é a chave para relacionamentos saudáveis e duradouros. Pais que se sentem confortáveis nas brincadeiras um com o outro abordam dilemas da criação com mais criatividade e facilidade. Eles riem juntos, olham nos olhos e se tocam vez ou outra quando estão conversando. Usam um tom caloroso e tendem a se pôr de frente um para o outro. Também reservam um tempo para fazer coisas juntos, como jogar boliche ou ir a degustações de vinho. Basicamente, fazem questão de passar momentos felizes juntos. A brincadeira aumenta não só a alegria, mas a intimidade e a conexão, ao mesmo tempo que serve como amortecedor para os momentos difíceis. Quando esses casais discordam, o espírito leve propicia um estilo de comunicação mais positivo e produtivo.

Pais que não brincam tendem a abordar questões com maior ansiedade e peso, se sentir sobrecarregados mais facilmente e ser mais rígidos na hora de resolver problemas. Eles também tendem a ser mais sérios um com o outro. Evitam se olhar e em geral não há muito contato físico. Esses casais com frequência caem na armadilha de usar o celular na cama ou maratonar Netflix até pegar no sono, repetindo isso dia após dia. Com frequência, pais que têm dificuldade de brincar são engolidos pelo estresse. Quanto mais ansiosos e estressados nos sentimos, menos criativos, espontâneos e brincalhões somos.

Nunca conheci um casal que diga que se diverte e brinca além da conta. No entanto, encontrei *muitos* que diziam não fazer isso o suficiente. Seus filhos sentem essas brincadeiras de maneira positiva e pacífica: aprendem que relacionamentos amorosos incluem conexão, espontaneidade e alegria, e que não precisam ser sempre sérios, pesados e difíceis. É possível manter a brincadeira viva dançando juntos, cozinhando, procurando a casa dos sonhos na internet, fazendo artesanato, ginástica, saindo de manhã ou à tarde, quando estão mais bem-dispostos, fazendo uma noite de jogos e muito mais. Priorize esse assunto com seu/sua companheiro/a e faça esforços pequenos e crescentes hoje para promover grandes mudanças mais adiante.

Os cinco tijolos que apresentei trabalham juntos para tornar as parcerias mais homogêneas, estabelecendo as bases para a empatia, a sintonia e o respeito mútuo. Quanto mais você se compromete com integrar esses tijolos a seu estilo de vida, mais fácil parecerá sua dinâmica. Tenha em mente que, em se tratando de relacionamentos, ambas as partes precisam se mostrar abertas e dispostas a aprender e crescer juntas. Você pode descobrir que esses tijolos não se sustentam quando uma parte está mais investida que a outra. Se o casal tiver um histórico de se magoar mutuamente, talvez seja melhor contar com a supervisão de um profissional da área da saúde mental.

Depois que pegar o jeito, você está pronta/o para incorporar a parceria centrada em valores à dinâmica da família. Essa prática importantíssima ajuda a deixar seus valores claros, compreender as barreiras que atrapalham os esforços de viver de acordo com eles e desenvolver um plano para superá-las.

## PARCERIA CENTRADA EM VALORES

Desenvolvi os componentes centrais da parceria centrada em valores por uma questão de necessidade. Em determinado momento da minha carreira, eu liderava dez grupos de mães e filhos por semana e ouvia a mesma pergunta repetidamente: *Como chegamos a um acordo com o/a parceiro/a sobre a criação dos filhos?*

Meus clientes Teagan e Monica não concordavam nem um pouco quando se tratava de disciplina. Se Monica perdia as estribeiras com as crianças por causa da televisão, Teagan ficava magoado e levava para o pessoal. Isso deixava Monica confusa: "Achei que concordássemos na necessidade de impor disciplina". Ele acreditava firmemente que nunca se deve gritar com as crianças; ela não achava que gritar fosse um problema se o objetivo era disciplinar os filhos. Ambos tinham chegado a conclusões rápidas quanto ao que o outro entendia por "disciplina" — sem nunca discutir a questão de fato — e agora faziam as brigas serem sobre eles, e não sobre o problema (nesse caso, a falta de comunicação).

Alinhar-se com seu/sua companheiro/a envolve concordar em viver segundo os valores compartilhados pela família.

## DEFINAM SEUS VALORES MÚTUOS

O que mais importa para você e sua família? O que você gostaria de ver mais? Qual é sua visão para o relacionamento com a pessoa com quem cria seus filhos, com você e com a sua família como um todo? Para facilitar as coisas, formulei uma lista de valores comuns:

- Comunicação respeitosa.
- Saúde e bem-estar físico.
- Compartilhamento das responsabilidades.
- Divisão da carga mental.
- Disciplina consciente.
- Conexão espiritual.
- Vida religiosa.
- Estabilidade financeira.
- Responsabilidade social.
- Tradições culturais.

- Envolvimento com a comunidade.
- Justiça climática e ambiental.
- Amor incondicional.
- Busca por autoconhecimento.
- Limites saudáveis.
- Vida sexual satisfatória.
- Empatia e conexão.
- Mais compaixão.
- Alegria e brincadeira.
- Prazer e satisfação.

Não existe maneira certa ou errada de pensar sobre seus valores. Sua cultura, sua família de origem e sua comunidade podem moldá-los.

1. **Liste seus valores e peça que a outra pessoa faça o mesmo**, depois comparem. Identifique em quais pontos vocês estão alinhados e em quais não estão. Discutam sendo abertos à perspectiva do outro. O objetivo não é convencer ninguém, mas ouvir e compreender visões diferentes.
2. **Liste os valores comuns que vocês compartilham.** Esses serão os valores que vocês cultivarão, nutrirão e garantirão que cresçam no seu relacionamento e na sua dinâmica familiar.
3. **Continue a debater os valores que não são comuns, com o intuito de chegar a um entendimento.** Por exemplo, tal-

vez você tenha escrito "Disciplina consciente" e a outra pessoa tenha escrito "Punições rigorosas ao mau comportamento". Parte de seu trabalho juntos será pesquisar disciplina consciente e punições, fazer uma lista de prós e contras para cada, contar histórias pessoais e emoções relacionadas a cada estilo de disciplina e decidir que abordagem servirá melhor à família. Não qual é melhor, mas qual a mais adequada aos seus filhos. O alinhamento não é uma questão de criar filhos segundo um estilo particular. É uma questão de encontrar o estilo *de vocês*.

### EXPLOREM OS OBSTÁCULOS

Depois que expuseram seus valores, o próximo passo é pensar: *O que nos impede de viver segundo nossos valores compartilhados?* A seguir, listo alguns obstáculos que encontrei fazendo este mesmo exercício com centenas de famílias:

- Estresse.
- Privação de sono.
- Falta de modelos de comunicação eficaz na infância.
- Excesso de comprometimento com o trabalho de um lado do casal, deixando o outro com sobrecarga doméstica e parental.
- Excesso de atividades familiares.
- Estereótipos de gênero, que contribuem para uma divisão inadequada do trabalho e das responsabilidades.
- Planejamento financeiro insuficiente, gastos excessivos, pobreza na infância.

- Crítico interno ou atitude desdenhosa que contribui para o ressentimento na relação.
- Estilos diferentes — por exemplo, uma pessoa pode ser tranquila e aberta ao risco, enquanto a outra é hipervigilante e em consequência se sente mais responsável pela segurança das crianças.

Seguiremos a numeração anterior porque é tudo parte do mesmo processo:

4. **Ao lado de cada valor mútuo, anote os obstáculos que impedem vocês de viver de acordo com ele.** Por exemplo, digamos que estabilidade financeira seja um valor mútuo. Talvez vocês descubram que gastar mais do que ganham é um obstáculo. Em vez de fantasiar com ter estabilidade financeira, sejam claros quanto ao que os impede de alcançar seu objetivo. Ou digamos que empatia e sintonia sejam valores mútuos. Talvez vocês descubram que ambos têm mais dificuldade de realmente ver um ao outro quando estão sob estresse. Pode haver ressentimentos e frustrações que precisam ser resolvidos.
5. **Comemorem as vitórias.** Parabenizem-se quando sentirem que estão incorporando valores sem obstáculos. Talvez vocês sejam exímios em resolver problemas e o estresse desperte o melhor de cada um. Talvez vocês se sintam bem quanto a estarem ensinando seus filhos a se orgulharem de quem são.

## AJA PARA SUPERAR OS OBSTÁCULOS

Agora que vocês identificaram os obstáculos, é hora de imaginar o que vão precisar fazer para superá-los com o intuito de que sua família viva de maneira mais alinhada. Nesse passo, é preciso empreender mudanças honestas na dinâmica. Se você valoriza uma comunicação saudável e o esgotamento faz com que perca o controle, o próximo passo deve ser lidar com o esgotamento. Os gritos são sintoma de um problema mais profundo. A parceria centrada nos valores é uma questão de investir energia conjuntamente na solução de problemas centrais.

O processo de superar os obstáculos é trabalhoso, e as ferramentas da Parte 1 ajudarão na busca de um caminho a seguir. Trabalhei com um casal que tinha tempo de qualidade em família como um de seus valores compartilhados. No entanto, o pai, Armand, trabalhava oitenta horas por semana e passava quatro dias da semana viajando a trabalho. Quando Armand voltava para casa, estava exausto e estressado, o que era compreensível, e não conseguia tolerar o caos das crianças. Ele perdia a paciência, gritava e depois se fechava, envergonhado pelo que tinha feito e se sentindo um fracasso. Exaustão, esgotamento e expectativas pouco realistas eram obstáculos ao tempo de qualidade em família que ele idealizava.

Na infância de Armand, seu pai também lidava com o estresse perdendo a paciência e se fechando. A mãe inventava desculpas para a imaturidade emocional do pai, o que fez com que Armand não aprendesse a se manter conectado mesmo sob forte estresse. Através da conscientização, ele desfez sua programação antiga e encontrou maneiras de se acalmar, baixar as expectativas e se conectar com os filhos em interações que envolviam pouco esforço mas eram bastante recompensadoras, como jogos de tabuleiro e de cartas. Promovendo mudanças consistentes no próprio comportamento, ele superou os obstáculos para conquistar seu tempo de qualidade em família.

Não espere superar seus obstáculos da noite para o dia. Esse é um processo que exige esforço e atenção constantes. Alguns obstáculos serão óbvios e facilmente contornáveis; outros serão mais complexos e exigirão mais tempo. Verifique se alguma destas soluções pode ajudar sua família:

- Obter mais apoio com os filhos (contratando uma babá, pedindo ajuda a parentes, revezando o cuidado com amigos uma tarde ou uma noite).
- Obter mais apoio com a casa (você tem condições de contratar alguém para limpar ou pedir delivery ocasionalmente?).
- Estabelecer limites melhores quanto a como gasta seu tempo ("Não" é uma frase completa!).
- Fazer terapia (individual, em casal, em família — de acordo com seu tempo e seu orçamento).
- Passar mais tempo brincando e se conectando e menos tempo trabalhando.
- Fazer um esforço consciente para conversar e se envolver uns com os outros.
- Passar mais tempo com a família, em atividades simples e agradáveis.
- Passar mais tempo na natureza.
- Envolver-se mais com o planejamento e o preparo das refeições.

- Criar um plano concreto para dividir as responsabilidades.
- Definir um orçamento viável e se ater a ele.
- Dar início a uma prática de atenção plena diária para promover alegria e afeto na família.
- Agendar uma noite de cinema ou de jogos.

Permita que esse exercício seja o ponto de partida para muitas discussões reflexivas e afetuosas. Quando reconhecer que você ou a outra pessoa não está vivendo de acordo com os valores da família, tenha uma conversa e se concentre no obstáculo — e não na pessoa — para encontrar uma solução sem culpar ninguém.

## PROCURE O BEM DO/A SEU/SUA PARCEIRO/A

Eu me lembro de me sentir frustrada com meu marido e implorar: "Por que não consegue ver que não estou tentando machucar você? Estou cansada de ser a vilã". O que ele pedia era razoável e eu precisava me responsabilizar pelo que havia feito, mas se imploramos para ser vistos em nossa parceria isso significa que falta aceitação incondicional e que um padrão de amor transacional está sendo reproduzido, levando à insegurança na relação. No meu caso, eu não suportaria outro relacionamento íntimo no qual fosse vista apenas por minhas falhas e deficiências. Já tivera o bastante na infância. Precisava de um companheiro que me oferecesse o benefício da dúvida antes de me afastar. As pessoas precisam de alguém que veja o bem nelas. Ao levar em conta que seu/sua companheiro/a tem boas intenções, você permite que ele/a saiba que cometer um erro não é o fim do mundo e que você ainda vai desejar conexão mesmo diante de comportamentos e ações que não aprova.

Procurar o bem na outra pessoa não significa aceitar maneiras negativas e destrutivas de se comunicar. Significa aceitar que a outra pessoa é boa além da vergonha e da dor, e que vocês dois assumem total responsabilidade pelo que dizem, por como dizem e pela forma como o que dizem é recebido. É fazer uma escolha consciente de honrar a mágoa do outro e estabelecer um limite amoroso: "Sei que você está sofrendo, mas preciso que saiba que não gostei de como falou comigo. Vamos nos acalmar e voltar a isso depois, por favor". Comprometer-se a ver o bem no outro só vai aproximar vocês.

## O CONFLITO SAUDÁVEL

Muitos clientes com quem trabalhei cresceram vendo as brigas dos pais, mas não as reconciliações. Eles se lembram de ficar escondidos no quarto ouvindo as discussões. Outros clientes, como meu marido, raras vezes viam os pais brigarem, o que os levou a acreditar que conflitos são anormais e devem ser evitados a qualquer custo. A ausência total de conflito pode ser um sinal de distanciamento emocional, assim como o excesso de conflito pode ser um sinal de enredamento. Quero deixar claro que o conflito é normal em relacionamentos saudáveis.

O dr. John Gottman diz que, em 96% do tempo,[3] os três primeiros minutos de discussão determinam como um conflito se resolve. Se começa com críticas, postura defensiva, evitação ou condescendência, as coisas logo ficam feias. Jogar limpo fortalecerá sua parceria, garantindo que as necessidades e os desejos de ambas as partes sejam atendidos de maneira adequada.

A seguir, enumero algumas regras básicas para ajudar você a abordar conflitos de maneira mais saudável, com coragem, compaixão e conexão.

### BRIGUE SABENDO QUE SEUS FILHOS ESTÃO OBSERVANDO E APRENDENDO

Às vezes é útil para a criança testemunhar as discussões dos pais. Ela pode aprender a expressar suas opiniões de maneira mais construtiva ou a voltar atrás de maneira respeitosa em favor da opinião da outra pessoa. O modo como brigamos prepara o terreno para como nossos filhos esperarão que os conflitos se desdobrem em seus relacionamentos futuros. Queremos que eles saibam lidar com diferentes personalidades, estilos de comunicação e de argumentação sem perder de vista quem são no processo.

Dean tinha convicção de que não queria que seus filhos o vissem brigar com a namorada, Mia. Ele ficara traumatizado com as brigas explosivas dos pais na infância e não queria que os filhos vivenciassem aquele mesmo terror. Mia, por outro lado, achava que era pouco razoável esperar que reprimissem seus sentimentos e usassem uma máscara de felicidade só para poupar as crianças de qualquer desconforto. Dean, no entanto, continuava firme em sua postura e precisava de diretrizes de como brigar na frente dos filhos.

- **Em caso de discussão, mantenham o estilo e o conteúdo apropriados.** Guardem as brigas explosivas e agressivas para a terapia, assim vocês protegerão seus filhos do conflito tóxico. Não é apropriado brigar sobre questões íntimas na frente das crianças, mas é aceitável brigar sobre os gastos de mercado se vocês forem capazes de restringir a discussão ao orçamento da semana.

- **Não mencionem o passado.** Se o problema foi a louça acumulada na pia, não falem sobre todas as vezes no último mês que isso aconteceu. Concentrem-se no aqui e agora. Depois retornem a seus valores, quando tiverem recuperado a regulação, e discutam quaisquer obstáculos que se apresentarem. Nesse caso, vocês podem discutir como as responsabilidades estão divididas.

- **Briguem de mãos dadas.** Essa pode ser a última coisa que vocês desejam fazer, mas, se conseguirem suportar, as mãos dadas servem como um lembrete de que vocês estão no mesmo time. Fiquem frente a frente e olhem nos olhos um do outro. As chances de ferirmos a outra pessoa são menores se encaramos sua humanidade. Façam um esforço para prestar atenção nas palavras que dizem. Não se deixem levar pelo calor do momento e dizer coisas de que vão se arrepender depois.

- **Se brigarem na frente das crianças, façam as pazes na frente delas também.** Isso ensinará que conflitos têm solução e é possível encontrar maneiras saudáveis de seguir em frente. Fora que, quando não nos veem fazendo as pazes, nossos filhos podem concluir que a briga foi culpa deles. Crianças nunca são culpadas pelas brigas dos adultos. Em geral, o que causa a desconexão são nossas feridas e nossos padrões arraigados.

## DIGA O QUE SENTE E ENTÃO A CURA PODERÁ ACONTECER

Eu estava reclamando do meu marido para o meu terapeuta: havia um ressentimento de todas as demandas da maternidade com que vinha lidando e que Matt simplesmente "não entendia". Dr. Hanna me perguntou se eu havia compartilhado esse incômodo. Eu não havia, claro, porque aquela seria a maneira mais madura de lidar com as coisas e eu ainda era uma amadora quando se tratava de resolver conflitos de maneira saudável. "Por que eu diria a Matt como me sinto quando posso reclamar dele para você?", brinquei. Dr. Hanna sorriu e disse: "Você provavelmente não é a única que está sentindo os impactos".

Embora não haja nada de revolucionário na ideia, a perspectiva me comoveu. Em vez de perceber que meus sentimentos podiam espelhar os de Matt, eu acreditava estar sozinha naquela situação. Essa crença me levava a reprimir meus sentimentos e me desconectar da parceria. Matt lia minha falta de envolvimento como desinteresse, o que ativava seu medo de se sentir descartável e indigno de amor. Nosso desejo mútuo de não tumultuar causava tumulto. Precisávamos aprender a acalmar as coisas para crescer com mais proximidade. Quando você aprende a dizer o que sente de maneira eficaz e direta, sem fazer com que pareça ser culpa da outra pessoa, isso promove a cura dentro do relacionamento.

Quando ensino essas habilidades, é comum que meus clientes comecem a expressar seus sentimentos assim: "Sinto que você não está se esforçando o bastante para manter a calma com as crianças e eu que estou tendo que lidar com a confusão". Ou: "Sinto que você está sempre mandando em mim, como se eu fosse idiota". Ou: "Sinto que você está sempre no celular e não ajuda o bastante". Embora essas frases comecem com "Sinto que", logo se voltam para a outra pessoa. Ao dizer "Sinto que você", isso continua sendo uma crítica, o que incentiva o outro a ficar na defensiva.

Em vez disso, procure nomear os sentimentos em si, como tristeza, frustração, mágoa, sofrimento, ansiedade, raiva, irritação, ressentimento, confusão, ciúme, rejeição etc.

> "Fico chateada quando ouço você gritando com as crianças."
>
> "Fico inseguro e quero acreditar que você confia em mim, mas tenho dificuldade."
>
> "Estou esgotada e sinto que não sou a prioridade."

Essa é uma maneira mais vulnerável de se comunicar, então você pode demorar um pouco para pegar o jeito. Dizer "Eu me ressinto de você" faz com que seja tudo sobre a outra pessoa. Mas dizer "Estou alimentando certo ressentimento por esse motivo" torna a sua experiência o foco. A outra pessoa vai se envolver muito mais se não ouvir na defensiva, o que contribuirá para uma solução mais positiva. A princípio, compartilhar sentimentos dessa forma parece meio robótico e esquisito, mas você vai encontrar o ponto certo. Uma hora a sensação de se conectar assim fica boa, e as críticas vão começar a parecer forçadas e desconfortáveis.

Além de resistir ao impulso de culpar a outra pessoa por suas emoções, evite usar hipérboles, que em geral só exacerbam o conflito. Dizer "sempre", "nunca" e "não acredito que você" coloca a outra pessoa imediatamente na defensiva, de modo que o conflito não terá como acabar bem. O exemplo da comunicação saudável é um dos mais importantes que vocês podem dar aos seus filhos. Pais que se comunicam com presença emocional apuram a inteligência emocional de todo o lar e acabam tendo filhos mais felizes e regulados.

### DIGA DO QUE VOCÊ PRECISA E CONFIE QUE ISSO IMPORTA PARA A OUTRA PESSOA

"Não quero ter que dizer do que preciso, quero que ele saiba!", minha cliente Emily desabafou. Ela queria que o pai de seus filhos lesse mentes. Se precisar dos outros é visto como uma falha de caráter culturalmente reprimida pela defesa exagerada da independência, pode ser bem esquisito pedir aquilo de que precisamos, mas esperar que alguém leia nossa mente não tem como dar certo.

Quando você afirma suas necessidades, certifique-se de pedir aquilo de que precisa em vez de procurar controlar o comportamento da outra pessoa. "Preciso que você chegue em casa quando diz que vai chegar, porque parece que você não se importa com eu estar fazendo das tripas coração" não é eficaz, apesar de começar com "Preciso que". Atenha-se a afirmar sua necessidade: "Preciso que você chegue em casa quando diz que vai chegar". Ou: "Preciso que você me avise se for se atrasar". Você também pode combinar alguns dos ensinamentos deste livro e afirmar o que sente, do que precisa e estabelecer um limite: "Estou me sentindo sobrecarregada com as responsabilidades de depois da escola. Preciso de mais ajuda à noite. Vamos encontrar uma saída que funcione para nós dois".

Quando quiser entrar em uma discussão difícil com a outra pessoa, faça isso com delicadeza e respeito. A ideia é vocês dois contra o problema, e não um contra o outro. Manter essa crença fundamental protegerá a parceria. Siga estes passos quando precisar resolver um conflito ou iniciar uma conversa difícil:

- **Pergunte se é um bom momento.** Se não for, pergunte quando seria. Se você ou a outra pessoa tenderem a evitar conversas difíceis, ou se tiverem o costume de varrer as coisas para debaixo do tapete e fingir que não tem nada acontecendo, vão precisar se esforçar para lembrar que a conversa tem que acontecer. Ignorar e esperar que as coisas se resolvam sozinhas parece uma boa, mas elas não se resolvem. Só se agravam, o que cria mais ruído.
- **Comece dizendo algo que você admira na outra pessoa.** Isso faz com que ela fique menos na defensiva: "Vejo o quanto você está trabalhando por essa família e preciso agradecer, porque significa muito para mim".
- **Expresse preocupações de maneira sucinta, cuidadosa e com frases que demonstrem seus sentimentos.** "Fico chateada/o quando o lixo não é tirado."
- **Deixe claras as ações que você precisa que a outra pessoa tome.** "Preciso que você cumpra sua responsabilidade de tirar o lixo todo dia."
- **Afirme suas necessidades de maneira concreta, dizendo do que precisa.** "Preciso confiar no seu apoio com as tarefas do lar. Podemos revisar a lista de obrigações diárias para fazer ajustes, por favor? Isso me ajudaria muito."

Trabalhe nessas habilidades com a outra pessoa a partir de um conflito recente ou em um cenário inventado. Abordar o conflito dessa maneira não é algo que venha naturalmente, e vocês vão precisar trabalhar com intenção para incorporar isso. Assim como é preciso comer e beber água todo dia para manter a saúde física, essas habilidades são necessárias para a boa nutrição da alma do relacionamento. Sem elas, a relação sente o efeito rapidamente. Se as praticar de maneira consistente, no entanto, ela florescerá.

### SE AS COISAS FICAREM ACALORADAS, RECOMECE MAIS TARDE

Pais devem se esforçar para não traumatizar os filhos, por exemplo resistindo ao impulso de gritar um com o outro, atirar objetos, bater portas, socar paredes ou se comportar de maneira explosiva, o que assusta as crianças.

Há alguns comportamentos que precisam de limites rigorosos. No caso dos filhos, correr para a rua, brincar com facas ou fogo e dirigir alcoolizado, por exemplo. No caso dos pais, perder o controle e se tornar agressivo, independente de para onde a energia será direcionada. Essa não só é uma maneira ineficaz de comunicar sua raiva e sua frustração como também ensina aos filhos que é perdendo o controle que conseguimos o que queremos.

Repare se um gatilho foi acionado. Se foi, não é um bom momento para uma briga justa, e nesse caso é melhor recomeçar depois. Um intervalo exige a maturidade emocional necessária para reconhecer que a briga não será produtiva. Isso é obrigatório dependendo do vocabulário usado, de uma parte estar dissociando ou se desligando emocionalmente ou de a conversa se tornar acalorada e prejudicial demais. Qualquer parte pode pedir para recomeçar depois, e é importante que, caso a outra pessoa faça isso, você respeite e concorde em dar um tempo para acalmar as coisas.

Estipule de quanto tempo você vai precisar. Para a maior parte dos meus clientes, varia entre uma e três horas, mas isso depende dos envolvidos. Muitas vezes alguém que precisa resolver um conflito de imediato (mais ansioso) se junta a alguém que prefere lidar com as coisas devagar (mais evitativo). Ou ambas as partes preferem evitar o conflito e propõem recomeçar depois, mas nunca chegam a concluir a conversa. Em alguns casos, ambas as partes ficam ansiosas para resolver as coisas, recomeçam e avançam em seu próprio tempo. Tenha uma ideia do estilo de comportamento de vocês. Não procure corrigir ou mudar isso em você — ou na outra parte. Apenas reconheça o estilo de cada um e defina o tempo necessário. Às vezes vocês irão para a cama com raiva (caso dividam uma cama). Não é o ideal, mas é a vida real.

Durante o intervalo, continuem sendo cordiais. A pausa na conversa é para que possam dar sequência a ela de maneira mais produtiva e saudável. No entanto, se há responsabilidades em que ambos estejam envolvidos, vocês não podem simplesmente dar as costas a elas. É preciso muita maturidade para manter a educação, a gentileza e o respeito quando por dentro você está fumegando. Procurar o bem na outra pessoa ajuda. Não fique cabisbaixa/o nem faça cara feia, bufe ou use qualquer outra forma de linguagem não verbal para comunicar sua mágoa ou reprovação. Fazer isso só prende a pessoa à insegurança e faz com que ela se sinta responsável por seu bem-estar emocional.

Use o intervalo para regular seu corpo e suas emoções, de modo a poder ficar na presença da outra pessoa mesmo em momentos intensos e difíceis.

- **Pense no que você está sentindo e do que precisa.** Anote seus sentimentos, do que precisa da outra pessoa e do que precisa para si.

- **Quando o tempo estipulado passar, incorporem as ferramentas discutidas nesta seção.** Fiquem frente a frente. Deem as mãos. Olhem nos olhos um do outro. Respirem. Procurem o bem no outro. Compartilhem os sentimentos e as necessidades anotados. Discutam um plano para seguir adiante que pareça satisfatório. Faça o seu melhor para manter a interação afetuosa e calorosa. Se a briga aconteceu na frente das crianças, façam as pazes na frente delas também. Vocês também podem convidá-las para processar o que viram e como se sentiram a respeito.

Para se tornar uma unidade alinhada, vocês precisam estar investidos no bem-estar de todos os envolvidos na criação dos seus filhos. Se uma pessoa trabalha por uma resolução de conflito saudável e a outra não demonstra interesse em melhorar a dinâmica, haverá ressentimento. Aqui apresentei um plano para minimizar mágoas, ampliar a conexão e melhorar a interação. Cabe a você implementar essas ferramentas como um estilo de vida. No entanto, se isso parecer complicado ou difícil demais, sugiro procurar a ajuda de profissionais da área da saúde mental sempre que necessário. Cuidar da parceria na criação dos filhos exige muito esforço e energia, mas sei que, quando dedicamos o tempo necessário, criamos algo que vem para ficar.

# Conclusão

## *Cuidando da sua comunidade e além dela*

Quando dei início ao meu diário de cura, vinte anos atrás, eu não sabia bem o que estava fazendo. Foi como se adentrasse um labirinto tomado pela escuridão em posse apenas de uma lamparina a óleo que não me permitia enxergar mais de quinze metros adiante. O labirinto parecia infinito, tinha curvas fechadas e becos sem saída, e ficava em terreno acidentado. Eu me sentia encurralada de tal maneira por causa das minhas feridas que não parecia possível escapar. A ideia de extinguir a luz que eu carregava me consumia. Foram os dias mais sombrios da minha vida, mas uma voz dentro de mim sussurrava: *Siga em frente.*

Com esforço e dedicação, aprendi a confiar nessa voz, que me revelou a bifurcação na estrada pela qual eu nem sabia que estava procurando. Eu poderia continuar alimentando a crença de que era indigna de amor, um constrangimento para os outros, inerentemente ruim, ou poderia expandir minha luz interior aprendendo a amar a mim mesma e aos outros, aceitando as imperfeições de todos (sobretudo as minhas) e me sentindo genuinamente bem em relação ao ser humano que eu era. Escolhi a segunda opção, embora ainda me veja atraída pela primeira se não ficar atenta a mim mesma, ao meu entorno e às pessoas com quem interajo. Talvez você esteja diante da sua bifurcação bem agora, e nesse caso ofereço meus parabéns por ter chegado até aí. Sei que não foi fácil.

O trabalho de escavar a alma se torna muito mais profundo quando filhos entram em cena. O labirinto se complica de maneira significativa, mas o sussurro para seguir em frente ganha muito mais força. Filhos ampliam nossa necessidade de continuar colocando um pé na frente do outro, porque a sobrevivência deles depende disso. Caso contrário, atolariam junto, e seria responsabilidade deles desatolar *todo mundo*.

Eu me sinto levada de volta no tempo quando vejo a humilhação decorrente de minhas palavras insensíveis no rosto dos meus filhos. É como se um espelho surgisse bem na minha cara e eu não tivesse como seguir em frente sem olhar para ele. Um intervalo se faz necessário. E ali está ela, minha criança interior, tomada pela vergonha e pela autorrejeição, desesperada para que alguém a ame. A criança dentro de nós pode nos ensinar a cuidar da criança à nossa frente. Minha criança interior me ensina compaixão e humildade, então eu peço desculpas e corrijo meu erro. Embora não tenham me dado esse exemplo, foi algo que incorporei conscientemente ao longo do caminho da cura. A humilhação se transforma em abraços, abrindo uma porta de conexão no fracasso e permitindo que a jornada prossiga.

Levei muitos anos para compreender que não estava sozinha nessa jornada de cura, embora fosse uma expedição solo. Nenhum de nós está. Por algum motivo cósmico, todos escolhemos estar aqui, dessa forma, nesse momento preciso, não apenas para avançar na cura da nossa alma através de lições de amor e sofrimento, mas também da alma coletiva da humanidade. A experiência humana é um labirinto intrincado: alguém já se encontrou onde você está hoje, e onde você se encontrava ontem haverá outra pessoa amanhã. Alguém atravessou as mesmas águas traiçoeiras e viveu para contar como passar por isso. Assim, quando a sombra da solidão assustar você, lance sobre ela a estrela da interconectividade, da universalidade e da unidade, porque essa é a essência da vida humana. Se você se agarra a ela, outros encontrarão você com mais facilidade, e você também conseguirá vê-los melhor.

Fomos feitos para servir uns aos outros. Fomos feitos para erguer uns aos outros. Se você aprimora a bússola interna que te guia no seu trabalho pessoal, seus filhos colherão os benefícios disso. Você lhes ensinará a se virar na jornada deles. Em vez de lhes deixar uma lamparina a óleo, você lhes dará uma lanterna de alta capacidade, do tipo que se usa na mineração. Você não será capaz de controlar o caminho que seus filhos escolherão, mas pelo menos poderá equipá-los com as ferramentas necessárias para ver mais além e com mais clareza. A cura tem esse poder: à medida que avançamos em nosso trabalho curativo, acabamos curando também aqueles à nossa volta, mesmo que inadvertidamente.

Embora saiba, pela minha experiência, que a jornada da cura não "termina" da maneira linear como talvez desejássemos, o caminho se abre à medida que você expande seu autoconhecimento. Você nem sempre se sentirá encurralada/o e se coçando para escapar. Haverá lugares confortáveis onde montar acampamento, explorar, passear e desfrutar. Quando eles surgirem, aproveite. Não hesite. Não permita que suas feridas falem mais alto e te convençam de que você precisa se preparar para o Juízo Final. É assim que você aprende a confiar em si mesma/o e a recorrer às pessoas que fazem parte da sua vida. Logo outra tempestade virá e será hora de seguir em frente. Esses altos e baixos são naturais, e é melhor aprender a lidar com eles.

Você se deu o presente da cura ao escolher cuidar da sua criança interior antes de tudo. Deu a seus filhos o presente de ter uma mãe ou um pai mais afinada/o, disposta/o a revirar sua própria bagagem emocional em vez de deixá-la de herança. E o mais importante: você contribuiu para sua comunidade, sua cultura e para a sociedade em geral com o maior presente de todos: filhos resilientes, emocionalmente sintonizados, compassivos, empáticos, inclusivos e genuinamente investidos nas pessoas à sua volta — porque sentem o investimento que você fez neles. Juntos, vamos criar um mundo profundamente curado, um relacionamento parental por vez.

# Agradecimentos

Não há palavras para expressar a gratidão imensa que sinto por todos os envolvidos na criação deste livro. Sem cada pessoa que colaborou desde a concepção até a publicação, isso não teria sido possível.

Em primeiro lugar, quero agradecer a meu marido, Matt, por seu amor e apoio. Você se dispôs a ficar mais horas sozinho com as crianças nos fins de semana e em muitas noites de semana por quase um ano inteiro para que eu pudesse me dedicar de coração a estas páginas. Se conseguimos sobreviver ao processo de escrita deste livro, podemos sobreviver a qualquer coisa. Obrigada por garantir que eu me mantivesse humilde e honesta e por me incentivar a crescer sempre. Eu não gostaria de passar a vida com ninguém que não fosse você.

A meus filhos lindos, Matteo e Giovanni. É uma grande honra ser sua mãe. Os dois são meus professores mais importantes, porque me ensinam o que é compaixão e alegria de verdade. Vocês brilham como nenhuma outra luz, e amá-los é fácil demais. Espero que, caso decidam ler este livro um dia, sintam abertura para me lembrar das maneiras como eu nem sempre estive à altura do que ensino aqui.

Crescer não é algo confortável, porém estou comprometida a manter meu ego de fora da equação para aprender com sua sabedoria inata.

À minha equipe incrível de mulheres superpoderosas: obrigada por acreditarem em mim. Michelle Howry, minha editora, arriscou-se por uma autora novata com uma visão grandiosa do mundo. Também agradeço a todo o pessoal da Putnam/Penguin Random House, incluindo os profissionais de marketing e preparação de texto, que me ajudaram a transmitir a mensagem deste livro de maneira mais clara e inspiradora. A Sheila Curry Oakes, agradeço por nunca me julgar, por ajudar a organizar meu cérebro neurodivergente, por todas as suas contribuições e todo o apoio na criação deste livro. Ainda estou trabalhando meu complexo de ser "excessiva", mas você nunca fez com que eu me sentisse assim. À minha agente, Wendy Sherman, agradeço por ter me enviado mensagens e me incentivado a dar o próximo passo. Se não fosse por você, nada disso existiria. Foi um bálsamo para a minha alma me ver cercada de mulheres trabalhadoras se apoiando mutuamente e querendo ver o sucesso umas das outras.

Mama SharBear, você me inspirou a trabalhar com pais e crianças pequenas quando eu estava iniciando minha carreira de terapeuta. Como muitos relacionamentos entre mãe e filha mais velha, o nosso foi complicado e repleto de nuances, mas você é exatamente quem eu teria escolhido para ser minha mãe. Se estivesse viva, não sei como se sentiria em relação a este livro, mas de uma coisa tenho certeza: você ficaria orgulhosa de mim de qualquer maneira. *Te amo mais ainda.*

Ao dr. Nabil Hanna, meu terapeuta de longa data: você lançou uma boia e me resgatou quando a vida estava se tornando insuportável. Você me deu permissão para me conhecer melhor, interpretar meu passado e romper círculos viciosos relacionados a vergonha e autodestruição. Você me ensinou a me amar. E me mostrou como amar outras pessoas. Provavelmente foi o maior chefe de torcida da minha vida, e me esforço para demonstrar tanta compaixão, cuidado e sabedoria quanto você.

A todos os meus clientes da Conscious Mommy Community, assim como às mães da Mommy and Me de South Bay, com quem tive o privilégio de aprender tanto ao longo dos anos: obrigada por me oferecerem uma plataforma para compartilhar o que sei e aprender em tempo real como isso promove mudanças legítimas na vida das pessoas. Obrigada por confiar seus filhos e a si mesmas/os a meus cuidados. Cada uma/um de vocês ocupa um lugar especial no meu coração.

E, finalmente, à minha rede de apoio (vocês sabem quem são), que foi importantíssima para me manter aterrada: obrigada por serem meu porto seguro em momentos de estresse. Foi com vocês que aprendi a resistir à tentação da autorrejeição através de práticas de compaixão e gratidão. Quando eu só conseguia ver uma menina má no espelho, vocês me mostraram alguém digna de amor. Talvez eu nem estivesse viva se não fosse por vocês, então agradeço por não me deixarem e por me ensinarem o que significa uma amizade presente. Amo todos vocês, do fundo do coração.

# Notas

## 2. ROMPENDO CÍRCULOS VICIOSOS [pp. 41-68]

1. Andrew R. Dismukes, Elizabeth A. Shirtcliff e Stacy S. Drury, “Genetic and Epigenetic Processes in Infant Mental Health”. In: *Handbook of Infant Mental Health*, org. de Charles H. Zeanah Jr. Nova York: The Guilford Press, 2019. Disponível em: <massaimh.org/wp-content/uploads/2020/02/Chapter4GeneticAndEpigenetic.pdf>. Acesso em: 2 dez. 2024.

## 3. AUTOCONHECIMENTO E LIBERDADE [pp. 69-93]

1. Elisabeth Young-Bruehl, *Childism: Confronting Prejudice Against Children*. New Haven, CT: Yale University Press, 2013.
2. Claire Eagleson et al., “The Power of Positive Thinking: Pathological Worry Is Reduced by Thought Replacement in Generalized Anxiety Disorder”. *Behaviour Research and Therapy*, v. 78, pp. 13-8, mar. 2016, doi: 10.1016/j.brat.2015.12.017.

## 6. DESMISTIFICANDO O COMPORTAMENTO DOS FILHOS [pp. 153-83]

1. Ruthann Richter, “Among Teens, Sleep Deprivation an Epidemic”. *Stanford Medicine News Center*, 8 out. 2015. Disponível em: <med.stanford.edu/news/all-news/2015/10/among-teens-sleep-deprivation-an-epidemic.html>. Acesso em: 2 dez. 2024.

2. “Sleep Difficulties & Patterns Among Americans”. Centers for Disease Control and Prevention, National Center for Health Statistics, 29 jun. 2022. Disponível em: <www.cdc.gov/nchs/pressroom/podcasts/2022/20220629/20220629.htm>. Acesso em: 2 dez. 2024.

3. “Do Your Children Get Enough Sleep?”. Centers for Disease Control and Prevention, National Center for Chronic Disease Prevention and Health Promotion, 7 mar. 2018. Disponível em: <stacks.cdc.gov/view/cdc/56554>. Acesso em: 2 dez. 2024.

4. Eric J. Olson, “How Many Hours of Sleep Are Enough for Good Health?”. Mayo Clinic, 21 fev. 2023. Disponível em: <www.mayoclinic.org/healthy-lifestyle/adult-health/expert-answers/how-many-hours-of-sleep-are-enough/faq-20057898>. Acesso em: 2 dez. 2024.

## 7. BAIXANDO O ESTRESSE E A ANSIEDADE [pp. 184-202]

1. Jake M. Najman et al., “Does the Millennial Generation of Women Experience More Mental Illness Than Their Mothers?”. *BMC Psychiatry*, v. 21, jul. 2021, p. 359, doi:10.1186/s12888-021-03361-5. Disponível em: <www.ncbi.nlm.nih.gov/pmc/articles/PMC8285825>. Acesso em: 2 dez. 2024.

2. “Stress in America™ 2020”. American Psychological Association, out. 2020. Disponível em: <www.apa.org/news/press/releases/stress/2020/report-october>. Acesso em: 2 dez. 2024.

3. Rebecca M. Pearson et al., “Prevalence of Prenatal Depression Symptoms Among 2 Generations of Pregnant Mothers: The Avon Longitudinal Study of Parents and Children”. *JAMA Network Open*, v. 1, n. 3, 6 jul. 2018, e180725, doi:10.1001/jamanetworkopen.2018.0725.

4. Suzanne M. Bianchi, John P. Robinson e Melissa A. Milkie, *Changing Rhythms of American Family Life*. Nova York: Russell Sage Foundation, 2006. Disponível em: <www.russellsage.org/publications/changing-rhythms-american-family-life-1>. Acesso em: 2 dez. 2024.

5. Annette Choi, “Children and Teens Are More Likely to Die by Guns Than Anything Else”. CNN, 29 mar. 2023. Disponível em: <www.cnn.com/2023/03/29/health/us-children-gun-deaths-dg/index.html>. Acesso em: 2 dez. 2024.

6. “The Impact of Active Shooter Drills in Schools”. *Everytown for Gun Safety*, 3 set. 2020, atual. 20 fev. 2023. Disponível em: <everytownresearch.org/report/the-impact-of-active-shooter-drills-in-schools>. Acesso em: 2 dez. 2024.

7. Hillary A. Franke, “Toxic Stress: Effects, Prevention and Treatment”. *Children* (Basileia, Suíça), v. 1, n. 3, pp. 390-402, dez. 2014, doi:10.3390/children1030390. Disponível em: <www.ncbi.nlm.nih.gov/pmc/articles/PMC4928741>. Acesso em: 2 dez. 2024.

## 8. PONDO UM FIM NAS DISPUTAS DE PODER [pp. 203-31]

1. Rin Reczek, Lawrence Stacey e Mieke Beth Thomeer, “Parent-Adult Child Estrangement in the United States by Gender, Race/Ethnicity, and Sexuality”. *Journal of Marriage and Family*, v. 85, n. 2, pp. 494-517, abr. 2023. Disponível em: <onlinelibrary.wiley.com/doi/10.1111/jomf.12898>. Acesso em: 2 dez. 2024.

## 9. O DOMÍNIO DA DISCIPLINA [pp. 232-59]

1. “discipline (n.)”. Online Etymology Dictionary. Disponível em: <www.etymonline.com/word/discipline>. Acesso em: 2 dez. 2024.

2. “What Does Discipline Mean?”. Focus 3. Disponível em: <focus3.com/what-does-discipline-mean>. Acesso em: 2 dez. 2024.

3. “National Parent Survey Overview and Key Insights”. Zero to Three, 6 jun. 2016. Disponível em: <www.zerotothree.org/resource/national-parent-survey-overview-and-key-insights>. Acesso em: 2 dez. 2024.

4. Ibid.

5. Diana Baumrind, “Child Care Practices Anteceding Three Patterns of Preschool Behavior”. *Genetic Psychology Monographs*, v. 75, n. 1, pp. 43-88, fev. 1967.

6. Kendra Cherry, “Authoritative Parenting Characteristics and Effects”. Verywell Mind. Disponível em: <www.verywellmind.com/what-is-authoritative-parenting-2794956>. Acesso em: 2 dez. 2024.

7. “Science of Habits”. University College London. Disponível em: <www.ucl.ac.uk/epidemiology-health-care/research/behavioural-science-and-health/research/energy-balance-cancer/healthy-habits/science-habits>. Acesso em: 2 dez. 2024.

8. Phillippa Lally et al., “How Are Habits Formed: Modelling Habit Formation in the Real World”. *European Journal of Social Psychology*, v. 40, n. 6, pp. 998-1009, out. 2010. Disponível em: <onlinelibrary.wiley.com/doi/abs/10.1002/ejsp.674>. Acesso em: 2 dez. 2024.

## 10. LIDANDO COM A DINÂMICA ENTRE IRMÃOS [pp. 263-92]

1. Darlene Lancer, "Sibling Bullying and Abuse: The Hidden Epidemic". *Psychology Today*, 3 fev. 2020. Disponível em: <www.psychologytoday.com/us/blog/toxic-relationships/202002/sibling-bullying-and-abuse-the-hidden-epidemic>. Acesso em: 2 dez. 2024.

## 11. O ALINHAMENTO COM O/A COMPANHEIRO/A [pp. 293-326]

1. "Introducing: The Small Things Often Podcast". The Gottman Institute, 14 fev. 2020. Disponível em: <www.gottman.com/blog/introducing-the-small-things-often-podcast>. Acesso em: 2 dez. 2024.

2. "Modern Marriage". Pew Research Center, 18 jul. 2007. Disponível em: <www.pewresearch.org/social-trends/2007/07/18/modern-marriage>. Acesso em: 2 dez. 2024.

3. John Gottman, "The 6 Things That Predict Divorce". The Gottman Institute. Disponível em: <www.gottman.com/blog/the-6-things-that-predict-divorce>. Acesso em: 2 dez. 2024.

# Leituras e fontes recomendadas

## LIVROS PARA VOCÊ

*Social Justice Parenting*, Traci Baxley
*Ler o corpo para entender a mente*, Mona Delahooke
*Indomável*, Glennon Doyle
*The Explosive Child*, Ross W. Greene
*And Baby Makes Three*, John M. Gottman e Julie Schwartz Gottman
*The Out-of-Sync Child*, Carol Stock Kranowitz
*Will I Ever Be Good Enough?*, Karyl McBride
*The Blessing of a Skinned Knee*, Wendy Mogel
*Child of Mine*, Ellyn Satter
*The Power of Showing Up*, Daniel J. Siegel e Tina Payne Bryson
*O cérebro da criança*, Daniel J. Siegel e Tina Payne Bryson
*Conscious Uncoupling*, Katherine Woodward Thomas
*Pais e mães conscientes*, Shefali Tsabary
*Generation Sleepless*, Heather Turgeon e Julie Wright

## LIVROS PARA AS CRIANÇAS

*Love Makes a Family*, Sophie Beer
*Wilma Jean the Worry Machine*, Julia Cook
*O coelho escutou*, Cori Doerrfeld
*We're Different, We're the Same, and We're All Wonderful!*, Bobbi Kates
*O fio invisível*, Patrice Karst
*You Have Feelings All the Time*, Deborah Farmer Kris
*Have You Filled a Bucket Today?*, Carol McCloud
*Lulu lê para o Zeca*, Anna McQuinn
*Contando juntos!*, Innosanto Nagara
*Marvin Gets Mad!*, Joseph Theobald

*Sometimes I'm Bombaloo*, Rachel Vail
*Mop Rides the Waves of Life*, Jaimal Yogis

### ORGANIZAÇÕES (CONTEÚDO EM INGLÊS)

Common Sense Media: <https://www.commonsensemedia.org>
The Conscious Mommy Community: <https://www.consciousmommy.com>
Sex Positive Families: <https://sexpositivefamilies.com>
Wait Until 8th: <https://www.waituntil8th.org>

### APLICATIVOS

Calm
Headspace

# Índice remissivo

TIPOGRAFIA Adriane por Marconi Lima
DIAGRAMAÇÃO Osmane Garcia Filho
PAPEL Pólen Natural, Suzano S.A.
IMPRESSÃO Gráfica Bartira, junho de 2025

A marca FSC® é a garantia de que a madeira utilizada na fabricação do papel deste livro provém de florestas que foram gerenciadas de maneira ambientalmente correta, socialmente justa e economicamente viável, além de outras fontes de origem controlada.